高职院校积极
教育实践探索

韩兹莹　刘勇 著

西南财经大学出版社
Southwestern University of Finance & Economics Press
中国·成都

图书在版编目(CIP)数据

高职院校积极教育实践探索/韩兹莹,刘勇著.

成都:西南财经大学出版社,2025.5.--ISBN 978-7-5504-6457-5

Ⅰ.G444

中国国家版本馆 CIP 数据核字第 2024CW7649 号

高职院校积极教育实践探索

GAOZHI YUANXIAO JIJI JIAOYU SHIJIAN TANSUO

韩兹莹　刘　勇　著

策划编辑:余　尧
责任编辑:乔　雷
责任校对:余　尧
封面设计:何东琳设计工作室　张姗姗
责任印制:朱曼丽

出版发行	西南财经大学出版社(四川省成都市光华村街 55 号)
网　　址	http://cbs.swufe.edu.cn
电子邮件	bookcj@swufe.edu.cn
邮政编码	610074
电　　话	028-87353785
照　　排	四川胜翔数码印务设计有限公司
印　　刷	成都市火炬印务有限公司
成品尺寸	170 mm×240 mm
印　　张	19.25
字　　数	337 千字
版　　次	2025 年 5 月第 1 版
印　　次	2025 年 5 月第 1 次印刷
书　　号	ISBN 978-7-5504-6457-5
定　　价	88.00 元

序言

在全球化与信息化交织的今天，青少年的成长面临着前所未有的机遇与挑战。他们不仅要完成既定的心理发展任务，还需在快速变化的社会中找到自我定位，以适应时代发展的要求。然而，信息化与互联网的飞速发展加快了生活节奏，增加了竞争压力，致使青少年心理健康问题日益突出，严重威胁着国家和民族的未来。为此，2023年4月，教育部等十七部门联合发布《全面加强和改进新时代学生心理健康工作专项行动计划（2023—2025年）》，将青少年心理健康提升至国家战略高度。这不仅是时代的召唤，更彰显了教育对"人的全面发展"这一本质命题的深刻回归。在此背景下，《高职院校积极教育实践探索》一书的出版正当其时。

20世纪90年代，积极心理学思潮如同一缕清风，将心理健康的视角从问题干预吹向人类潜能的激发与幸福的建构。"预防与赋能"自此成为心理健康教育领域的行动纲领，推动着心理健康从被动应对转向主动塑造人类心理繁荣的可持续生态。清华大学对塞利格曼PERMA幸福模型的本土化实践，成功将抽象的心理学理论转化为可操作的教育行动。《高职院校积极教育实践探索》一书以此为指导，努力在职业教育中开辟一条技能培养与人格成长并重的创新教育路径。

职业教育是托举大国工匠的基石，而高职院校的学生正处于从青少年向职业人过渡的关键阶段。他们不仅需要掌握一技之长，更需要锻造坚韧的心理品质。如何在作业中保持专注？如何在技术迭代中持续学习？如何在职业竞争中保持自信？这些问题不仅是技能的提升，更是心理韧性的考验。为回应这些挑战，成都工业职业技术学院与清华大学共建职业教育积极教育研究中心，致力于探索职业教育与心理成长的深度融合。《高职院校积极教育实践探索》通过系统化的积极教育实践，尝试将培育心理素质的心理成长"脚手架"嵌入职业教育：从情绪管理训练到团队协作实践，从生命意义感唤醒到工匠精神价值观培育……这些创新探索不仅填补了积极教育的实践空白，更为职业教育立德树人根本任务注入了鲜活内涵与注解。

本书的独特价值在于它深耕理论，但又超越了理论探讨的边界。六大模块的理论框架体现着学术建模的严谨性，而专业细致的实践环节则展现了积极教育的生命力。翻开本书，你会发现一张经过实践检验的路线图，它会告诉我们，积极教育不仅是理念，更是能融入职业教育日常的育人智慧。在书中，你会看到教师如何用成长型思维重塑学生对学习的积极认知，如何通过"活动—叙事—对话"点燃学生的职业热情与生命意义。书中的文字勾勒出学生们在积极教育中从"被动适应"到"主动成长"的真实蜕变。这些经验的可贵之处，不仅在于其方法论层面的借鉴意义，更在于它们证明了，当教育真正以"幸福"为起点时，技能传授与心灵培育就可同频共振。

期待本书的出版能为更多职业院校的心理健康教育打开一扇窗，让积极心理学的阳光洒满校园生活的每一个角落。在这里，技术学习与心灵成长相辅相成、携手共舞。愿未来的大国工匠不仅拥有精湛的技艺，更具备追求幸福的能力，成为实现个人发展和助力社会繁荣的时代新人。

是为序。

郭成

西南大学心理学部，教授，博士生导师

2025 年 5 月 14 日

于西南大学荟文楼

前言

2023 年 4 月，教育部、国家卫生健康委等 17 个部门联合印发了《全面加强和改进新时代学生心理健康工作专项行动计划（2023—2025年)》，标志着加强学生心理健康工作已经上升为一项国家战略，摆在更加突出、更加重要的位置。

青少年是民族的希望与国家的未来，提高学生心理健康水平、帮助学生健康幸福成长是我们共同关注的重要话题。学校作为青少年成长过程中的重要场所，对其身心发展、成长成才都起着重要和关键的作用。以积极心理学为基础的积极教育为学校干预学生心理健康提供了一种新思路。积极心理学是致力于研究人类幸福的科学，它诞生于 20 世纪末，是对传统心理学的一次革命。积极教育是促进人类全面发展的积极心理品质教育，是积极心理学研究成果在教育领域的应用。它强调通过培养学生的积极品质和能力，使他们能够积极地面对生活中的挑战，实现自我价值。清华大学积极心理学研究中心在积极心理学之父塞利格曼的幸福模型（PERMA 理论）基础上，提出了国内积极教育的模型，即积极自我教育、积极情绪教育、积极关系教育、积极意义教育、积极投入教育和积极成就教育。

　　成都工业职业技术学院与清华大学携手共建职业教育积极教育研究中心，致力于推进西部地区的积极职业教育，目前已实施了一系列实践探索，形成了一定的实践经验，本书将实践经验汇编成册，并按照积极教育的模型范式逐一进行介绍。

韩兹莹　刘勇

2025 年 2 月

目录

第一章　积极教育概述 / 1

第一节　幸福的科学——积极心理学 / 2

第二节　幸福的教育——积极教育 / 20

第三节　积极教育的核心模型 / 22

第四节　国内外积极教育的实践发展 / 24

第二章　积极自我——完美人格 / 27

第一节　自我意识 / 28

第二节　积极自我的培养路径——优势教育 / 55

第三章　积极情绪——收获欣欣向荣的生活 / 63

第一节　消极情绪与积极情绪 / 64

第二节　积极情绪的意义 / 74

第三节　如何管理情绪 / 76

第四节　帮助学生管理情绪 / 86

第四章　积极投入——福流体验 / 88

第一节　福流体验 / 89

第二节　中华优秀传统文化中的福流体验 / 96

第三节　如何激发学生的福流体验 / 97

第五章　积极关系 / 106

　　第一节　人际关系 / 107

　　第二节　积极关系 / 110

　　第三节　积极语言 / 118

　　第四节　积极沟通 / 127

　　第五节　积极关系在教育中的运用 / 137

第六章　积极意义 / 141

　　第一节　空心病——缺乏意义感的黑洞 / 142

　　第二节　生命的意义 / 143

　　第三节　积极信念 / 146

　　第四节　积极意义教育 / 152

　　第五节　积极意义教育的实践案例 / 159

第七章　积极成就 / 162

　　第一节　成就与幸福 / 163

　　第二节　实现成就的心理因素 / 164

　　第三节　培育工匠精神 / 185

第八章　积极教育实践及其效果 / 189

　　第一节　"五心护航"的心理育人工作体系 / 190

　　第二节　规模化应用积极心理学，建设积极心理品质 / 194

　　第三节　积极教育的实践效果 / 195

参考文献 / 215

附录　大学生积极心理素质自助训练手册 / 217

第一章 积极教育概述

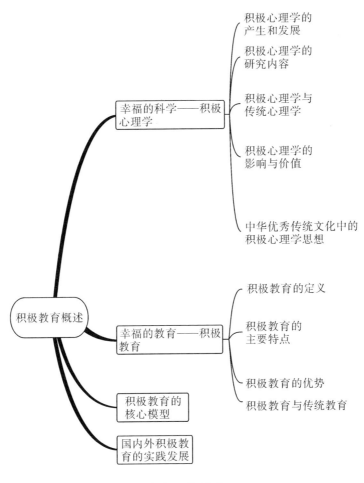

积极心理学的产生和发展

积极心理学的研究内容

积极心理学与传统心理学

积极心理学的影响与价值

中华优秀传统文化中的积极心理学思想

幸福的科学——积极心理学

积极教育概述

幸福的教育——积极教育

积极教育的定义

积极教育的主要特点

积极教育的优势

积极教育与传统教育

积极教育的核心模型

国内外积极教育的实践发展

本章思维导图

1

第一节 幸福的科学——积极心理学

积极心理学的诞生可以追溯到 1998 年，当时美国心理学会（American Psychological Association，APA）的前主席、宾夕法尼亚大学教授马丁·塞利格曼，提出了这一概念。塞利格曼在就任美国心理学会主席期间，将积极心理学定义为"研究普通人的优点和美好事物的科学和实践"。他的目标是将心理学的焦点从主要关注心理疾病和功能障碍，扩展到包括研究人类的幸福感、优势和积极特质在内的领域。

一、积极心理学的产生和发展

1879 年，冯特在德国莱比锡大学创建了世界上第一个心理学实验室，心理学开始成为一门以实验为基础的独立学科。心理学拥有三大主要任务：一是描述心理事实，对心理现象进行科学的研究，并对各种心理现象进行科学界定；二是揭示心理规律，探索心理现象所遵循的规律；三是预测和控制，在认识心理现象和规律的基础上，指导人们在实践中如何了解、预测和调控人的心理。

第二次世界大战刚结束时，饱受战争蹂躏的国家迫切需要消弭人们所受的心理痛苦和心理创伤。因此，在临床心理学中，人们更加重视治疗痛苦，特别是与创伤相关的痛苦（后来被称为创伤后应激障碍）。在美国，国家心理健康研究所（专门关注健康问题的机构）和退伍军人管理局的发展加速了这一进程。这两个机构都资助和鼓励精神疾病功能失调方面的研究。

马斯洛和罗杰斯等人本主义心理学家的研究对于积极心理学的产生起到了巨大的推动作用。1996 年，塞利格曼当选美国心理学协会主席。上任伊始，他便大力推广积极心理学运动，将积极心理学作为新的心理学学科加以创建。1999 年，积极心理学的发展史上三件具有里程碑意义的事件接连发生。首先，塞利格曼和米哈伊·西卡森特米哈伊提出了积极心理学的三大研究支柱：积极的情感体验、积极人格和积极的社会组织系统；其次，美国心理学会第 107 届年会第一次在官方场合使用"积极心理学"这个术语，吹响了积极心理学运动的号角；最后，在美国林肯市召开的第一次积极心理学高峰会议，明确了积极心理学的发展方向——成为世界性的心理学运动。2000 年 1 月，塞利格曼和西卡森特米哈伊在《美国心理学家》杂志上发表名为《积极心理学导论》的文章，详细阐述了积极心理学产生的背景、主要研究内容和今后的发展方向。2002 年，斯奈德和谢恩·洛佩兹主编的《积极心理学手册》由牛津大学出版社出版。该书对积极心理学诞生之前人们所取得的研究成果进行了全面的总结，共包括 55 篇有影响力的文章。

2009 年 6 月，第一届世界积极心理学大会在美国费城召开。

2010 年 8 月，中国首届国际积极心理学国际研讨会在清华大学举办。清华大学是我国最早引进和推广积极心理学的高校。2014 年 8 月，清华大学积极心理学研究中心正式成立。

二、积极心理学的研究内容

积极心理学的研究内容包括个体的幸福感、积极情绪、福流体验、个人优点和优势、意义和目标追求、人际关系等。积极心理学试图回答一些重要的问题，例如，什么是幸福？如何培养积极情绪和心理健康？如何发展个人优点和才能？如何建立有意义的人际关系？通过这些研究，积极心理学为个人和社会提供了促进幸福和提升生活质量的方法和工具。

（一）PERMA 模型

在《持续的幸福》一书中，塞利格曼详细介绍了幸福生活的 PERMA 模型。他认为追求幸福就像搭建庙宇一样，庙宇的穹顶就是终极的幸福，穹顶需要坚实的支柱和扎实的地基。于是，塞利格曼构建了 PERMA 幸福模型，如图 1-1 所示。

图 1-1　PERMA 模型

PERMA 模型呈现了支撑人类所追求的全面幸福的五个支柱。

1. 积极情绪（P：Positive Emotion）

积极情绪是快乐人生的一个重要元素，包括幸福感、生活满意度、喜悦、感激、宁静、兴趣、希望、自豪等。这些情绪能够帮助人们更好地应对生活中的挑战和压力，增强创新力，提高人们解决问题的能力。

在学校教育中，教育者应关注学生的情绪状态，通过积极的沟通、营造快乐学习氛围等方式来提升学生的积极情绪。

2. 人际关系（R：Relationships）

马克思说人是所有社会关系的总和。人是社会性动物，需要与他人建立和谐的人际关系。良好的人际关系能够给人提供支持，让人体验到爱和归属感。在学校里，和谐的人际关系是学生心理健康的支持性保护因子，也是快乐学习的源泉之一。教育者要注重建立良好的班级、寝室关系，鼓励学生之间进行交流和合作，及时化解冲突，营造积极向上、团结友爱、具有凝聚力的班级氛围。

3. 投入（E：Engagement）

投入指的是在做一件事情时全心全意、沉浸其中的状态，也被称为"福流"状态。在这种状态下，人们会忘记时间的流逝，只关注手头的任务。对于学生而言，投入感来源于对学习的热爱和认同，以及清晰的目标和反馈。教育者应注重激发学生学习的动机，培养学生的学习兴趣，比如鼓励学生设定明确的目标，并提供及时的反馈和积极评价，促进学生全身心地投入学习。

4. 意义（M：Meaning）

意义是人行为的目的和动力。当工作和生活有了明确的意义和目标时，人们就会有动力去面对挑战，去追求目标的实现。教育者应帮助学生找到学习的意义所在，让学生认识到自己的学习对于自己、家庭、社会和国家的重要性。同时，教育者应鼓励学生通过参与有价值的事务或服务他人等方式来增强意义感。

5. 成就感（A：Accomplishment）

成就感是行为的结果，是整个幸福创造过程的结局和外化。它可以是客观的，如获得的荣誉或奖励；也可以是主观的，如完成一项任务后的满足感。教育者应注重提升学生的成就感，因为学生的成就感与其学习的自我效能感显著相关，决定着学生学习的投入程度和学业成绩。因此，教育者可对学生给予及时的肯定和鼓励，增强学生提升成就感。教育者可以通过积极的评价和丰富的活动等方式，比如突出过程性评价、增强学生参与感与存在感，来提升学生的成就感。

PERMA 模型将原本相对抽象化、浪漫化的幸福概念变得更加具体、可感、可评估。同时，它也强调了幸福是可以通过学习和努力获得的，只要我们在上述五个维度上不断努力和提升，就能够实现全面的幸福。

此外，PERMA 模型不仅在个人幸福感的提升方面具有重要意义，还在组织管理、产品设计等领域具有广泛的应用价值。例如，在产品设计中，可以利用 PERMA 模型的五个维度为用户营造一个令人难忘的体验；在组织管理中，可以通过关注员工的 PERMA 需求来增强员工的幸福感和工作满意度。

（二）人格优势与美德

在 PERMA 模型中，一个人要获得真正持久的幸福感，最重要的就是发现和了解自己最好的品质、最擅长的才华，在生活中反复实践，化枯燥为乐趣，并为更大的意义、更高的目标服务。

积极人格特质又叫人格优势。积极心理学发展至今，积极心理学家们已经建构起了"人格优势的价值实践分类体系"（Values in Action Classification of Strength，VIA）。该体系提炼出人类本性中的六大美德，即智慧、勇气、仁慈、正义、节制与超越。这六大美德包含了个体人格中的 24 种优势。人格优势的价值实践分类体系，如表 1-1 所示。

表 1-1　人格优势的价值实践分类体系

美 德	人格优势
1. 智慧 认知优势：知识的获得和应用	（1）创造力；（2）好奇心； （3）开放；（4）好学； （5）远见卓识(思维与洞察力)
2. 勇气 情感优势：面对内外冲突也有完成目标的坚定意志	（1）真诚；（2）勇敢； （3）坚持；（4）热情
3. 仁慈 人际交往优势：包含照顾和友好地面对他人	（1）友善；（2）爱与被爱； （3）社交智能
4. 正义 文明优势：促成健康社会生活	（1）公平；（2）领导力； （3）团队精神
5. 节制 处世优势：避免无节制带来的伤害	（1）宽容；（2）谦逊； （3）谨慎；（4）自律
6. 超越 将人类与自然、宇宙相联系的，提供更深层意义的性格优势	（1）审美；（2）感恩； （3）希望；（4）幽默； （5）信仰

1. 创造力

人格优势：常有新的主意和想法；喜欢创造新异的东西，总是有很多创意；认为自己很有创造力；常常能想出做事的不同方法，常常用不同的方法做事，喜欢学做不同的事。

培养策略：①鼓励自己用非传统的方式考虑问题和做事；②赞赏自己的机灵、灵敏、足智多谋，善于举一反三，触类旁通；③鼓励自己对事物有自己的独特见解，一旦有了目标，就会使用创新并适当的行动来达到该目标；④鼓励自己做事不受陈规束缚，能灵活运用知识和经验，能够想出新思路、新方法；⑤鼓励自己从事发明、创造、创新活动。

2. 好奇心

人格优势：爱提问，对各种事情都很感兴趣，对事情的来龙去脉感到好奇；总想知道更多，对许多事情总是有许多的疑问，对不熟悉的人、地方或事物总是感到好奇。

培养策略：①鼓励自己知道、了解更多的事物；②鼓励自己对任何事物都无偏见，具有好奇心，对事物感兴趣；③爱提问、爱探究；④支持自己寻求新奇，对事物敏感也非常愿意接受新事物，不容易觉得无聊。

3. 开放

人格优势：喜欢用不同的方法解决问题；做出一个决定时，会考虑每个选择的好处和坏处；愿意听取别人的意见，做决定前喜欢征求别人的意见，做最后决定前会考虑所有的可能性；经常能想到令所有人都满意的解决问题的办法。

培养策略：①培养自己多角度、多层次考虑问题，彻底地考虑事物并从各个角度来检验问题，不草率下结论；②善于依靠证据做决定，面对证据能够改变观点；③学会慎重考虑每件事的所有因素，不轻易否定自己；④锻炼自己的逻辑思维能力和变通能力。

4. 好学

人格优势：学到了一些新东西时会很开心，没人要求学习的时候也会学，每当有机会学习新东西时都会积极参加，阅读或学习新东西时总是废寝忘食。

培养策略：①培养喜爱学校、喜欢上学的习惯；②培养喜爱图书、喜欢阅读的习惯；③善于从报刊、电视、网络等媒体上获取信息，喜欢参观博物馆之类的地方和任何有学习机会的地方；④善于从日常生活中学习知识、掌握技能、增长见识、积累经验；⑤对新事物感兴趣，积极主动接近、接受新事物；⑥学习是自愿的，不是由某种外界压力或诱惑而导致的。

5. 远见卓识

人格优势：即使在困难的情况下，也可以做出正确的判断，知道什么事情是重要的，常能提出较好的建议，善于找到解决冲突的办法，很少做出错误的选择。

培养策略：①透过现象看本质，能够清楚地看清事实、讲通道理、找到意义；②能够对事物的走向给出准确判断，善于了解和解决生活中重要和复杂的事情；③看人准，且善解人意；④善于处理重要、复杂的事情；⑤帮助别人分析、解决难题，能够为他人提供有智慧的忠告。

6. 真诚

人格优势：总是信守诺言，不会为了摆脱麻烦而说谎，即使会惹上麻烦，也要说实话，会实事求是；被别人信任，自己做错了事，不会经常找借口，就算再尴尬也会承认错误。

培养策略：①真心实意，不虚情假意，不虚伪；②真实坦荡，不掩饰想法；③真挚诚实，不说谎骗人；④诚恳正直，对自己的感觉和言行负责；⑤努力使自己真实的需要和情感不被误解。

7. 勇敢

人格优势：当看到不公平现象的时候，会维护弱者的利益；只要是正确的事，即使不受欢迎，也有勇气去做；当有人欺负别人时，会告诉这个人这样做是不对的；当看到有人被欺负时，会伸出援手，即使感到害怕，也会维护正确的事，只要做的事正确，就算有人取笑，仍会继续做；敢于对付那些欺负别人的人。

培养策略：①遇到挑战、威胁、挫折、痛苦不退缩，意志坚定；②遇到生命危险或面对困难时，尽管感到害怕和恐惧但依然勇敢面对；③遇到重大事件或面对病魔时，能坚忍、镇定地应对，甚至乐观、阳光地面对；④即使存在反对意见也为正确的事情辩护；⑤即使不被大多数人支持也要依照正确的信念行动。

8. 坚持

人格优势：会坚持做功课，直到做完为止；如果任务太困难，也不会放弃；即使不想完成，该完成的工作还是会完成；做事会尽力，即使失败了也不放弃，说话算数；十分有耐心，一旦订下了锻炼或学习计划就会坚决执行。

培养策略：①说到做到，总会完成已经开始的事；②无论怎样的工作（或学习任务），都会尽力准时完成；③接纳有挑战性的工作或事项，有信心并成功完成它；④勤奋、用功、有耐心，做事锲而不舍；⑤训练自己做事时不分心，有恒心，在完成工作或学习任务的过程中获得愉悦和满足感。

9. 热情

人格优势：非常热心，不觉得累，无论做什么都会很有兴趣；善于与各种类型的人相处，总是感到精力充沛，总是很活跃，很容易与别人亲近，认为生命是令人激动的。

培养策略：①乐观面对一切事物，做每件事情都带着激情和灵感，这种热情状态很富有感染力；②做任何事情都积极、主动、兴奋；③努力做到精力充沛，无论做什么都会全心全意、竭尽全力，不三心二意或半途而废。

10. 友善

人格优势：朋友不开心的时候，会聆听和安慰朋友；当知道有人生病或遭遇困境时，会为他们担心；当别人有困难时，会很关心别人，经常帮助别人，即使很忙也不会停止帮助那些需要帮助的人，一向对人友善、仁慈；有人遇到困难时，会尽最大的努力去帮助，即使别人不向自己求助也会常常帮助别人。

培养策略：①有善心，与人为善，常常为别人着想；②有同情心，理解别人，关心别人，经常主动帮助别人，从中得到快乐；③对别人仁慈和宽宏大量。

11. 爱与被爱

人格优势：常常有被爱的感觉，无论家人做了些什么，都爱他们；当需要跟人聊天时，总能找到能够聊天的人，即使和家人发生争执，也仍然爱他们；对那些伤害过自己的人，也不愿意看到他们过得不好，会与朋友和家人分享自己的感受，经常对朋友和家人说爱他们；当遇到困难时，身边会有人帮。

培养策略：①珍惜与别人的亲密关系，特别是那些互相分享和关怀的关系；②拥有去爱和被爱的能力，理解那些给你最亲密感觉的人，他们同样感到跟你最亲密；③内心要拥有爱，同时，自己也被别人接纳、喜欢、亲近、需要。

12. 社交智能

人格优势：在大多数社交场合中，谈吐和举止十分得体；知道说什么话会让别人感觉舒服，知道怎样做才能不与别人发生矛盾；善于结交新朋友，一般不会在无意中惹恼别人；不用问也知道别人需要什么，当朋友们发生争吵后，善于帮他们重归于好。

培养策略：①了解和理解自我，准确地找到自己的位置，知道如何适应不同的社会情景，能充分地把自己的优势和兴趣利用起来；②了解和理解他人的动机和感受，接受别人的思想和情感，很容易识别他人心情的变化；③主动与人交往，多交朋友；④与他人建立信任，使别人不会因为自己的权威而害怕自己，自己也不会因为别人反对而觉得自己被挑战；⑤善于欣赏、赞美、激励他人，培养好的社交技巧，能够很好地协调人与人之间的关系。

13. 公平

人格优势：当在团队里工作时，会让每个人都有平等的机会，即使不喜欢某些人，也会公平地对待他们，即使某件事情做得很好，也会让别人有机会去尝试；认为每个人的意见同等重要，即使是朋友，仍会要求他与其他人一样遵守规则。

培养策略：①对人一视同仁，对事公正合理，不让自己的偏见影响任何决定；②对人对己一律平等，分配公平，交易公平。

14. 领导力

人格优势：在小组成员意见不一致的时候，能够令他们继续合作，擅长当班干部，善于组织集体活动并且确保它们成功；在做集体项目的时候，是个让大家信赖和尊敬的领导，会听取其他成员的意见，当和同伴一起玩耍时善于让小组的成员按照自己说的去做，善于鼓励成员完成团队的工作。

培养策略：①有宏观决策能力和筹划能力，善于从大局出发，制订长远发展规划和终极目标；②能够坚持信念，有雄心、有信心、有精力、有毅力；③善于鼓励团队成员参与决策、管理，从不批评和打击团队成员的积极性和工作热情，用思想来指导团队发展，不插手具体工作细节，值得成员信赖和尊敬；④学会用人技巧，善于协调关系、化解矛盾，善于营造良好的氛围和组内关系；⑤相信团队成员个个都是最棒的。

15. 团队精神

人格优势：如果团队没采纳自己的想法，仍能和团队继续合作，即使团队失败了，仍会以公平的态度坚持比赛；与团队工作时非常合作，如果有益处总是愿意为自己的团队多做点事儿；在活动中，可以等着轮到自己，不会因此感到烦躁，如果不同意团队的决定还是会去执行，就算是不同意，也会尊重团队中其他成员的意见，任何时候都会忠诚于团队。

培养策略：①积极融入团队，有凝聚力，有归属感，为团队建设尽心竭力；②忠于团队，自觉维护团队利益，并积极、主动、认真、负责地做好本职工作；③尊敬领导，但不会愚昧地顺从他人，有自己的想法和思维，有大局观；④尊重团队目标，虽然有时大团队目标会与自己的目标不同，但仍然尊重并重视团队的目标。

16. 宽容

人格优势：只要欺负过自己的人道歉了，还能与他们继续做朋友，伤害过自己的人如果道歉了，会原谅他们，会轻易地饶恕他人，会再给他们一次做朋友的机会；会公平地对待对自己不好的人，当有人对自己做了不好的事，不会跟他们算账，一般不与别人争论。

培养策略：①宽容那些犯错误的人，原谅别人的过失，给他人第二次机会；②宽恕那些得罪过自己或欺负过自己的人，报复心不强；③在原谅了欺负自己的人后，心理会从负面消极，如报复或回避，转移至积极，如友善、宽宏大量或乐善好施，心中不存怨恨。

17. 谦逊

人格优势：即使很擅长某件事情，也不会炫耀；做了好事，自己一般也不会说，即使做得很好也不会表现出比别人好的样子；如果只是表扬自己会感到很不舒服，不会显摆自己的成就，不大喜欢只谈论自己，而是比较喜欢让其他人有机会讲他们自己的故事。

培训策略：①为人低调，不招摇，不寻求成为他人关注的焦点；②做事低调，不张扬，不炫耀，比较喜欢让成就自己说话；③不认为自己很特别，常常虚心向别人请教。

18. 谨慎

人格优势：无论做什么都很细心，做事都是经过认真思考的；只有掌握了充分的事实才会做决定；做事前会考虑后果；不会连续两次犯同样的错误，不会做让自己后悔的事。

培养策略：①做事之前考虑周到，深思熟虑，仔细评判利弊得失，小心地做出选择；②做事过程注重细节，认真细致，确保准确无误；③小心慎重，不随意冒险，不做自己以后会后悔的事，也不说将来会令自己后悔的话。

19. 自律

人格优势：如果有钱，通常会有计划地花销；想要某件东西，可以等待；在愤怒时可以控制自己的情绪，但不会留到明天；即使现在不能做一些事还是可以等待在某些场合去做，即使想说某些话，但可以控制自己不说。

培养策略：①自觉控制自己的欲望和冲动直到恰当的时机；②自觉控制、调节自己的情绪；③有纪律，自觉规范自己的行为，自觉遵守法律法规，自觉遵循道德规范，注重礼仪。

20. 审美

人格优势：喜爱艺术、音乐、舞蹈和戏剧，当看到美丽风景时会停下来欣赏一下；观看艺术作品或话剧时会感到津津有味，经常会注意一些美丽的事物；在观看美丽的图画和聆听悦耳的音乐时总是忘记了时间。

培养策略：①善于发现美，发现周围环境及日常生活中美好的事物、人物；②欣赏美，懂得欣赏大自然、艺术、科学等领域的美。

21. 感恩

人格优势：生活中很少抱怨，常常感恩他人或周围的环境；生活中可以找到许多值得感恩的事，经常觉得要感谢别人；有好事发生时，会想起帮助过自己的人，经常在心里感激父母和家人，经常为生命中所拥有的一切而感到幸运。

培养策略：①多花时间表达自己的感谢，例如，感谢父母抚育之恩，感谢老师教育之恩，感谢别人帮助之恩；由于常常表达谢意，朋友和家人都知道你是个懂得感恩的人；②意识到美好的事物并心怀感谢，这种感激可能是对非个人或非人类的，例如，感谢自然界赐予阳光、空气、水、花草树木、鸟兽鱼虫之恩，感谢团体、组织、祖国的接纳护佑之恩；③欣赏他人的优点和品德；④留意到发生在自己身上的好事，但不会视为理所当然，常常表达谢意。

22. 希望

人格优势：无论做什么事情，总感觉到能成功，觉得将会有好事发生；当事情发展到不顺利的时候不会放弃希望，相信无论看起来多么困难的事，总会得到解决，对将来感到乐观，为实现目标，无论事情有多糟糕都会怀着希望努力克服困难。

培养策略：①树立远大理想和切合实际的目标；②有追求，知道自己要什么，并做好充分准备；③乐观积极，以积极心态看待现实生活，高高兴兴地生活在现实中；④认为好事总会发生，对未来充满信心，相信幸福掌握在自己手中。

23. 幽默

人格优势：善于引人发笑，逗别人开心；常常通过说笑话让别人摆脱坏心情，喜欢说笑话或讲有趣的故事，总是很愉快，善于打破沉闷，使气氛变得很有趣。

培养策略：①善于看到生活中光明、轻松的一面，认为生活充满乐趣；

②善于用笑话等方式逗大家笑，善于营造轻松、愉悦的氛围；③善于有分寸地开玩笑，但绝不嘲笑、侮辱、戏弄他人。

24. 信仰

人格优势：相信所有的事情都有原因，有信仰，觉得生命是有目的的，人应该有信念。

培养策略：①有信仰，使自己有所追求、有所寄托；②有信念，有人生理想和人生目标，相信每个人、每件事都有更高、更深奥的目的和意义，这种信念能够塑造一个人的行为，让自己的一生过得精彩而有意义。

积极心理学是心理学领域的一场革命，它关注的是人类的优势和积极的方面。积极心理学主张以人的积极力量、善良和美德为研究对象，强调心理学不仅要帮助处于某种逆境下的人们知道如何求得生存和发展，更要帮助那些处于正常环境下的人们学会怎样建立起高质量的个人生活与社会生活。

在生活中，我们可以应用积极心理学的原则来提高自己的心理素质，增强自信心和幸福感。例如，培养感恩的心态、自我肯定的心态、乐观的心态、社交能力和爱好兴趣等。这些方法不仅可以让我们更加积极向上，也可以让我们更加享受生活的美好。

积极心理学的诞生标志着心理学领域的一个重大转变，它鼓励心理学家和研究人员探索人类经验的积极方面，并为促进个人幸福和社会福祉提供科学支持。自诞生以来，积极心理学已经发展成为一个多学科、跨文化的研究领域，并在全球范围内得到了广泛的关注和应用。

各年龄段的积极心理素质培养，如表1-2所示。

表1-2 各年龄段的积极心理素质培养

学段	最需要重点培养的积极心理品质
幼儿园（8项）	好奇心、创造力、自制、坚持、社交智能、责任心、审美、希望与乐观
小学低年级（5项）	求知力、真诚、宽容、思维与洞察力、领导力
小学中高年级（9项）	创造力、求知力、思维与洞察力、真诚、领导力、宽容、谦虚、持重、心灵触动
初中（9项）	爱与被爱、信念希望、友善、谦虚、执着、创造力、真诚、宽容、领导力

表1-2(续)

学段	最需要重点培养的积极心理品质
高中（8项）	思维与洞察力、谦虚、信念希望、持重、执着、真诚、创造力、领导力
大学（10项）	创造力、思维力、领导能力、希望信念、团队精神、真诚、自制力、幽默、谦虚、审慎

三、积极心理学与传统心理学

（一）积极心理学与传统心理学的区别

积极心理学与传统心理学的区别主要在于它们的研究焦点、研究方法和价值取向等方面。

1. 研究焦点

传统心理学主要关注人们的心理问题、心理障碍和心理疾病，致力于分析问题产生的原因和解决方法。相反，积极心理学专注于人类的积极品质、幸福感和满足感，旨在挖掘人类内在潜能和优点。

2. 研究方法

传统心理学通常采用病理学的研究方法，侧重于对心理问题的成因、症状和治疗方法的研究。积极心理学则更注重个体的主观体验和内心感受，采用质性研究方法，如深度访谈和个案研究，以了解个体的内心世界和体验。

3. 价值取向

传统心理学注重问题模式，通过认知行为的治疗方式，运用绘画、沙盘等技术，让来访者在感受中受益。积极心理学则强调发掘人的积极能力，激发人的潜能，培育人的积极情绪，使人在快乐中受益。

4. 应用领域

积极心理学与传统心理学在应用领域也有所不同。积极心理学注重科学化、本土化和技术化的实践和研究，而传统心理学主要通过找出来访者的问题，然后运用认知行为的治疗方式。

5. 对幸福的看法

积极心理学与传统心理学在对幸福的看法上也存在差异。传统心理学更关注心理障碍和问题的解决，而积极心理学则更关注人类的强项、优点、创造性和幸福感等积极因素。

总体来说，积极心理学与传统心理学在研究焦点、研究方法和价值取向等方面存在明显的不同。积极心理学强调人的积极品质和幸福感的培养，而传统心理学则更侧重于理解和治疗心理问题和疾病。

（二）挑战与修正

积极心理学对传统心理学理论的挑战与修正主要表现在以下几个方面。

1. 研究对象的转变

传统心理学主要关注人的心理问题和疾病，而积极心理学则将研究对象扩展到全人类的心理健康，包括有心理问题的人及普通人群，旨在让心理健康的积极观念进入每个家庭、每个心灵，使人们真正走上一条通往幸福生活的健康之路。

2. 理论假设的挑战

积极心理学质疑传统心理学过于关注消极和病态的心理的模式，认为这种模式限制了心理学研究的视野，导致心理学的畸形发展。

3. 研究方法的修正

积极心理学提倡使用科学主义方法论研究"人类美德和力量"等传统人本主义心理学的研究主题，而传统心理学则更倾向于用相对简单的原理来解释复杂的心理现象或心理结构。

4. 理论体系的完善

积极心理学并不完全否定传统心理学，而是对其进行补充和完善，强调心理学不仅要研究人或社会所存在的问题，同时还要研究人的积极力量和积极品质。

5. 理论应用的深化

在临床治疗中科学合理地运用积极心理学，能够有效缓解患者的情绪，提高其乐观性，促进身体健康，并在提升医务人员的工作积极性方面显示出积极的效果。

总体来说，积极心理学对传统心理学理论的挑战或修正，旨在将心理学从单纯的疾病治疗转向关注人的全面发展，从单一的消极研究转向多方面的积极研究，从而更好地促进人类社会的健康发展。

四、积极心理学的影响与价值

（一）积极心理学对现代心理健康实践的影响

积极心理学对现代社会心理健康实践产生了深远影响。

1. 研究方向的转变

积极心理学强调心理学不仅要研究人或社会存在的问题，还要研究人的积极品质和优势。这种转变使得心理学研究从单纯的疾病治疗转向了促进个体和社会的心理健康。

2. 心理健康教育的改进

积极心理学理念被应用于心理健康教育中，通过培养个体的积极情绪和人格特质，促进学生的心理健康发展。这种方法强调了教育的积极性和建设性，而非单纯地解决问题。

3. 心理咨询与治疗的创新

积极心理学为心理咨询和治疗提供了新的视角和方法。它强调发掘和利用个体的积极资源，以提升咨询效果和治疗效果。这种方法更注重个体的优点和潜能，而非仅仅关注问题本身。

4. 社会进步的推动

积极心理学关注个体的成长和发展，强调通过激发个体的潜能和创造力来推动社会的进步。这对于培养创新型人才、推动科技创新和社会发展具有重要意义。

（二）积极心理学在日常生活中的应用价值

在日常生活中应用积极心理学的原则，可以提高生活质量，增强幸福感。

1. 培养感恩之心

积极心理学的研究表明，每天花时间去思考并记录下自己感激的事物，可以帮助个体专注于生活中积极的方面，减少负面情绪的影响。

2. 实践正向心理学

通过正向心理学的练习，如正向自我对话、肯定自己的成就和优点，可以提升自信和自尊。

3. 发展人际关系

积极的人际关系对幸福至关重要。通过倾听、支持他人以及与他人建立积极的互动，可以增强人际关系。

4. 设定目标和追求意义

设定清晰的个人目标，并寻求生活的意义，可以给人带来动力和满足感。

5. 培养乐观态度

研究表明，通过认识到每个挑战都是一个成长和学习的机会，可以培养乐观的心态。

6. 注重自我成长

积极心理学鼓励个人不断学习和成长，通过培养新技能或兴趣，可以提升生活的丰富性和满意度。

7. 享受当下

通过正念冥想和练习活在当下，可以提高对生活的感知和享受。

8. 传递正能量

积极心理学强调感恩的力量，鼓励助人为乐，在他人需要帮助时伸出援手，可以提升自己的幸福感。

综上所述，积极心理学通过改变研究方向、改进心理健康教育、创新心理咨询与治疗方法以及推动社会进步，对现代社会的心理健康实践产生了显著影响。这些影响促进了积极心理学在日常生活中的应用，不仅提高了人们的生活质量，还增强了社会的整体幸福感。

此外，积极心理学还为社会政策的制定提供了新的视角和方法，有助于提升政策的科学性、有效性和人文关怀，促进个人和社会的全面发展。积极心理学通过研究人类的积极情绪、积极特质和积极社会关系，为政策制定提供了科学的理论依据，帮助政策制定者更好地理解社会问题，从而制定出更有效的政策。积极心理学关注个体和社会的积极方面，强调社会支持和人际关系的重要性，有助于促进社会和谐与稳定。心理教育可以提高公众对心理健康的认识和重视，促进社会文明进步，提高政策执行效果。积极心理学在社会治理中扮演着提供心理支持、缓解社会矛盾、促进社会团结的角色，有助于推动社会治理创新。积极心理学关注个人潜能和优势的开发，通过培养积极品质和行为习惯，促进个人在职业、人际关系、家庭生活等方面的全面发展。

五、中华优秀传统文化中的积极心理学思想

中国悠久的历史文明铸就了其特有的文化形式，并凝练出一种稳定的集体精神世代流传，影响着中国人生活的方方面面。在中国文化里，儒道佛是中国传统文化思想舞台上的三支主要力量，其对国人人性及为人之道的深刻认识和阐述，蕴含着许多积极心理学的思想和观点。

（一）儒家文化中的积极心理学思想

儒家的积极心理学思想主要体现在"知足常乐"的人生态度和"追求美好"的积极品质上。

《论语》是儒家经典之一，由孔子的弟子及其再传弟子编撰而成，主要记录了孔子及其弟子的言行，集中体现了孔子的政治主张、伦理思想、道德观念及教育原则等。《论语·述而》记载了孔子的生活态度："饭疏食，饮水，曲肱而枕之，乐亦在其中矣。"这句话的意思是，吃粗粮，喝冷水，弯着胳膊当枕头，乐趣也就在其中。这是一种超然物外的精神境界，即使生活条件简陋，只要内心充实、精神愉悦，就能感受到生活的乐趣。这种思想反映了儒家文化中对于内在修养和精神追求的重视，认为真正的幸福和快乐不是来自外在的物质享受，而是来自内心的平和与满足。

儒家的特点可以归纳为"入世、有为、现实"。"入世"凸显的是一种直面现实社会，在现实中有所作为的态度。这样的人生哲学表达的是积极、自强的人生态度。"穷则独善其身，达则兼济天下"体现了儒家将高远的追求与现实结合起来，既关切于社会大众，又重视个体人格磨炼的精神追求。"修身齐家治国平天下""自强不息""厚德载物"等也体现了儒家的这种精神境界。"为天地立心，为生民立命，为往圣继绝学，为万世开太平"则充分表现了中国知识分子的使命感与志向抱负。儒家道德提倡仁、义、礼、智、信，这在一定程度上体现了人类追求道德的真善美。儒家对人生理想和真善美的不甘放弃，对美好事物的不舍追求，正是积极心理的反映。

（二）道家文化中的积极心理学思想

道家强调"出世"，崇尚"采菊东篱下，悠然见南山"的自由豁达，培养了中国人热爱自然，追求美好理想的情操。以老子和庄子为代表的道家思想家主张"天人合一""顺其自然"。道家深刻认识到人类崇尚自由、崇尚自然的自然人性。他们认为人与自然应该融为一体，达到天人合一的状态。因此，道家主张做人要追求"柔弱"，以至柔而至刚；为人强调"自然之德"，反对"功利之德"；对人要"不争"，"无为不争，故天下莫能与之争"；生活要"见素抱朴，少私寡欲"；提倡率性而为，希望以"无为"而达到"无不为"。可见，"顺其自然"是一种健康积极的心态，也是道家哲学对人生之道的精辟概括。

道家思想也特别强调了积极的人格品质。《周易》开篇："天行健，君子以自强不息；地势坤，君子以厚德载物。"《道德经》写道："居善地，心善渊，与善仁，言善信，政善治，事善能，动善时。"这体现了诚实、仁慈、勤奋、正直、包容和胸怀等多种积极的人格品质。道家倡导的人格是一种恭谦与退让，虽然强调无为，但却并不消极，而是更深层次的积极。另外，道家对"勇敢"这一积极人格品质也有深邃的理解。《道德经》提道："勇于敢则杀，勇于不敢则活"。道家提倡"勇"，而反对"敢"。"勇"是内在的人格品质，而"敢"是"勇"这种人格品质的外在行为表现。有了"勇"的人格品质，当然能提升人的幸福感，但人的很多烦恼确是源于将"勇"的内在品质化为外在的"敢"的行为表现，去争、去斗。所以道家所言的"不敢"不是内在的懦弱，而是内在的"勇"不外显。道家倡导"知其雄，守其雌""知其白，守其黑""知其荣，守其辱"。人的内在是应该知道"雄""白""荣"，而外在的行为表现为"雌""黑""辱"。表现在人格品质上，就是内在的积极品质不要外显，这样的人格品质才是真正的积极与自信。

（三）佛教文化中的积极心理学思想

人们倾向于认为佛教思想是不积极的，是消极避世的。其实在佛家思想中隐含了很多积极的理念，如佛教认为世俗世界的一切在本性上都是苦难的，诸如寒热饥渴所引起的苦难、荣华富贵不能长久的苦难、生活环境经常变幻的苦难等，但同时佛教又强调变化，认为幸福与苦难都不是一成不变，而是存在相互可以转换的辩证关系。此岸受苦，就能期待彼岸幸福，这样一种辩证的思维，本质上隐含着积极的人生态度，其实任何宗教都把希望放在重要位置，有了希望人生就有了积极的一面。此外，佛教强调从"求诸于己"的内在体验来探求苦难的原因，佛教认为人类之所以会有苦难主要是因为人存在本性上的弱点，如贪欲、执着等，这些"心魔"才是我们处于苦难境地的根源，让人们变得脆弱。佛教将人苦难的原因由外在转向了内在，由客观转向主观，强调苦难是由于人自身原因，摒弃了怨天尤人，这样人们可以不必改变外在世界，因为外在世界是幻象，是不真实的，只要内在修行就能成佛，摆脱苦难。佛教的这一思想突出了人的主体性，强调人的主观体验是幸福的主要尺码，这与积极心理中的幸福感

19

观点有相通之处。积极心理学认为，任何事件都是客观的，但对事件的体验却是主观的，我们可以用积极的态度去对待客观的事件。在此意义上，佛教对积极心理学有深刻的影响。

感恩是指乐于把得到好处的感激呈现出来且回馈他人。常怀感恩之心的人往往具备诸如温暖、自信、坚定、善良等这些美好的处世品格。积极心理学强调感恩，认为在生活中经常表达感恩能提升自我幸福感。在中国，感恩被认为是中华民族的优良传统，也是一个正直的人的起码品德。中国有句古语："百善孝为先"。意思是说，孝敬父母在各种美德中居第一位。中国古代文化中一直将"乌鸦反哺""羔羊跪乳"作为感恩的象征。《孟子·梁惠王上》倡导"老吾老，以及人之老；幼吾幼，以及人之幼"。孝敬老人，爱护小孩就是一种感恩的体现。中国古代很多成语和俗语也表达了社会文化和价值观对感恩的要求，如"投桃报李""谁言寸草心，报得三春晖""滴水之恩，涌泉相报"。

综上所述，虽然积极心理学起源于西方，其理论体系和实践方法在一定程度上反映了西方文化的特点。然而，中国文化里也有很多积极心理学的元素，这为积极心理学进入中国后的本土化发展提供了文化沃土，同时这一过程也丰富了现代积极心理学的思想与哲学内涵。

第二节　幸福的教育——积极教育

教育是国家的根本，是民族的希望，是社会的进步，是人类的文明。它关系到个人的成长和发展，也关系到国家的安全和繁荣，党的执政和领导，人民的幸福和未来。

党的二十大报告强调了科教兴国的国策，提到了教育在中国式现代化进程中的重要地位和作用，指出了教育现代化是中国式现代化的关键组成部分，其本质是人力资本水平持续提高。

"立德树人"是教育的根本任务，也是教育的核心使命。这一理念强调在教育过程中，不仅要传授知识、培养能力，更要注重学生的品德修养和人格塑造，使其成为具有高尚品德、健全人格、社会责任感和创新精神的人才。

积极教育是一种前沿的教育理念，它基于积极心理学的研究成果，旨在促进学生的全面发展，提升他们的幸福感和学习成绩。

一、积极教育的定义

积极教育被定义为促进人类全面发展的积极心理品质教育，是积极心理学研究成果在教育领域的应用。它强调通过培养学生的积极品质和能力，使他们能够积极地面对生活中的挑战，实现自我价值。

我国积极教育研究学者任俊认为，积极教育是指以帮助学生获得主观幸福感（subjective well-being，SWB）和获得感为主要目标，以提高和发展学生的各种积极品质和长处（现实的或潜在的）为主要任务的教育。积极教育是建立在积极心理学理论基础之上的教育。

二、积极教育的主要特点

（1）强调学生的主体性和自主性。以人为本，激发学生生活的热情和学习的愿望，着力追求积极的学习目标与体验，鼓励学生积极参与学习过程。

（2）注重培养学生的积极品质和能力。通过发展个体层面和集体层面的积极品质，如乐观、自信、自主、责任感等，使学生形成积极的人格特质，能够积极面对挑战。

（3）强调教师的积极作用。教师要以积极的态度、多元的视角、发展的眼光，相信学生有积极的自我提升愿望和潜力，通过积极的授课方式、积极的互动、积极的评价，激发学生的学习动力。

三、积极教育的优势

（1）提升学生的心理能量和心理健康水平。
（2）促进学生的个人成长和发展，增强他们的自我价值感和自信心。
（3）提高学生的学习效率和创造力，从而更好地实现其自我价值。
（4）增强社会的凝聚力和幸福感，培养具有积极品质的社会成员。

四、积极教育与传统教育

积极教育与传统教育存在显著的差异，这些差异主要体现在教育理念、教育目标、教育内容和教育方法等方面。

在教育理念上，传统教育偏重"知识"学习，注重学科知识的传授，特别是基础知识，如数学、科学和文学，旨在夯实学生的知识基础，使他们具备扎实的学科背景，其通常以严格的纪律和教学结构为特点，强调学生的自律和责任感。积极教育是积极心理学与教育学的交叉，强调在鼓励"求知"的同时，培养"知识以外"的能力，如积极品质、心理弹性、创造力等。它鼓励学生差异发展，认为学生来自具有不同文化背景的家庭，具有独特的个人潜质，学校应尊重和重视这些差异，大力培养他们的优良品质和独特性。

在教育目标上，传统教育的主要目标是让学生掌握学科知识，提高学习成绩，为未来的升学和就业做准备。积极教育则旨在促进学生的全面发展，提升学生的幸福感，培养他们的积极心理品质，使他们能够积极面对生活中的挑战，实现自我价值。

在教育内容上，传统教育侧重于学科知识的传授，注重知识的系统性和完整性，有时可能忽视对学生进行人格教育，如感恩、责任、乐观、利他、友善等积极品质的培养。积极教育在注重学科知识传授的同时，更加注重培养学生的积极品质和能力，使学生形成积极的人格特质。

在教育方法上，传统教育一般采用教师讲授、学生听讲的方式进行教学，师生互动往往是单向的，具有权威性，有时可能倾向于强调死记硬背和标准化测试，这可能抑制学生的创造力和批判性思维能力。积极教育强调学生的主体性和自主性，鼓励学生积极参与学习过程，采用多种教学方法，如问题导向学习、团队项目、综合实践活动等，以培养学生的创新能力和批判思维能力。积极教育注重良好的师生关系，认为这是学生获得积极情感体验和认知发展的重要基础。

尽管积极教育与传统教育在多个方面存在着显著的差异，但两者并非完全对立，而是可以相互补充和融合的。在实际教育实践中，教育工作者可以根据学生的需求和特点，灵活运用两种教育理念和方法，以提供更优质的教育服务。

第三节　积极教育的核心模型

积极教育在国内已有十余年的实践应用历程，在清华大学积极心理学研究中心指导下，全国各地建设了不少实践基地学校，包括小学、初中、高中及职业院校，涵盖私立学校、公立学校和国际学校。大量的实践案例显示，积极教育在培养学生健全人格、提升学生学习能力以及获得幸福的能力等方面有显著的效果。

清华大学积极心理学研究中心在积极心理学的理论框架下，总结了中国的积极教育实践经验，研发出了"六大模块、两大系统"的积极教育六大模块，如图1-2所示。

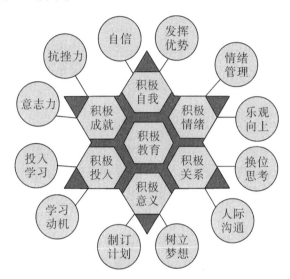

图1-2　积极教育六大模块

积极教育的六大模块分别是：

积极自我：旨在培养以及提升学生的自我认识、自尊、自爱、自我接纳、自我效能等能力；通过帮助学生建立积极的自我认知，提升自信心和自尊心，从而在其他模块的培养中也能有更好的表现。

积极情绪：旨在帮助学生建立更加稳定、积极的情绪状态，为学习和生活提供动力；培养学生认识与管理情绪的能力，帮助学生了解情绪的基本规律，学会激发和提升积极情绪，调节消极情绪。

积极投入：通过培养学生对生活与学习的内在动机，来提升其专注度与投入度；让学生学会主动创造"福流"（Flow）体验，即在做某件事情时达到的一种全神贯注、投入忘我的状态，从而享受过程中的快乐。

积极关系：发展社交技能、沟通能力、爱的能力，建立和维护有价值的人际关系；学生需要了解关系中的自我、他人与情景的相互关系，学习积极有效的沟通技巧，如非暴力沟通、主动建设性回应等，从而构建积极、稳定、互相支持的人际关系。

积极意义：帮助学生树立正确的价值观，建立人生意义感和方向感；通过追求有价值、有意义的理想目标，激发学生持久的内在驱动力，使他们在更大范围内、更高层次上获得崇高的生命价值感和精神体验。

积极成就：通过培养学生遇到挫折后复原的心理韧性品质、坚持不懈的毅力、解决问题的实践能力以及成长型思维模式，来提升其实现有价值目标的能力。这一模块关注学生的成长过程，帮助他们在挑战中不断成长和进步。

两大系统是指：

第一，身心健康调节系统。这一系统基于身心一体理论，认为身体和心理之间有着紧密的联动效应。因此，积极教育关注学生的整体健康，通过教授科学锻炼、规律作息、深度睡眠、放松、正确呼吸、正念减压等方法，帮助学生掌握通过调节身体状况来改善心理状况的技能。

第二，品格优势培育系统。这一系统旨在培养学生的品格优势与美德。根据积极心理学家、美国密歇根大学心理学终身教授克里斯托弗·彼得森（Christopher Peterson）的研究成果，品格优势包括创造力、意志力、领导力、勇敢、正直、感恩等 24 项。积极教育将这些品格优势有机融入六大模块的课程，通过寓教于乐、潜移默化的方式对学生进行培养。

综上所述，积极教育的核心模型是一个全面而系统的教育体系，旨在通过提升学生的自我认知、情绪管理、投入度、人际关系、价值观和成就感等方面的能力，以及关注学生的身心健康和品格，来促进学生的全面发展。

第四节　国内外积极教育的实践发展

2014 年 12 月，由美国心理学会前主席、积极心理学创始人塞利格曼教授倡议，成立了"国际积极教育联盟"，致力于在全球范围内推广积极教育。积极教育的发展大致可以分为两个阶段。第一阶段主要关注针对性训练及具体能力的提高，其代表性成果是宾夕法尼亚心理弹性项目（The Penn Resiliency Program，PRP）和施特拉斯港积极心理学课程项目（The Strath Haven Positive Psychology Curriculum）。第二阶段以全面推行积极教育为标志，最具代表性的项目是澳大利亚吉朗文法学校（Geelong Grammar

School，GGS）的积极教育实践。如果说第一阶段是试点探索的话，那么第二阶段就是系统实践。

宾夕法尼亚心理弹性项目的主要目标是增强学生恰当处理日常生活中经常遇到的问题的能力，是一个以认知行为疗法帮助学生预防抑郁的项目。它通过教授学生如何灵活地、多角度地思考问题来提高他们的乐观心理。宾夕法尼亚心理弹性项目的主要训练方法包括讨论、技巧讲授、教室中进行的角色扮演以及巩固效果的家庭作业。通过这些方法，学生的自信心、创造性思维、观点采择能力、决策能力、应激能力和情绪管理能力等得到了训练。

施特拉斯港积极心理学课程项目的主要目的是帮助学生发现他们的积极人格，并在日常生活中更多地利用这些积极特质，同时也促进学生心理弹性、积极情绪、目的意义以及积极社会关系的发展。施特拉斯港积极心理学课程项目的主要内容包括讨论积极人格等积极心理学的概念和技巧，通过丰富多样的课堂活动和家庭作业使学生们将学到的技巧进行应用。其中两个经典活动是"三件好事练习"（three-good-things exercise）和"以新的方法应用积极特质的练习"（using signature strengths in new ways）。

澳大利亚的吉朗文法学校是积极教育的典范学校，也是最早将积极心理学应用于全校教育的学校之一。这所学校基于塞利格曼的 PERMA 幸福理论，开发出了"积极教育模式"来补充传统教育的不足。PERMA 幸福理论包括一个应用框架，这个框架包括六个领域：积极关系、积极情绪、积极健康、积极参与、积极成就和积极目的。积极教育是教师通过支持、保护及与学生加强关系，促使学生建立积极情绪，增强韧性，使学生对生活中的意义和目的进行探索，来完善和加强学校的整体教育方式。吉朗文法学校表示，通过积极教育，学校应该且可以把健康、幸福、繁荣与传统学习放在同等重要的位置上。

南澳大利亚的圣彼得学校自 2011 年以来，将"幸福"作为其战略计划的中心。学校遵循塞利格曼的 PERMA 幸福模式，将积极情绪、投入、关系、意义和成就作为五大指导框架，要求所有教师定期接受幸福教育课程，尤其是对家长也要定期举办"工作坊"。墨西哥的 TECMILENIO 大学从塞利格曼的 PERMA 理论中得到了灵感，确定了幸福是可以教学和发展的，而且还增加了两个要素：身体健康和正念。此外，性格优势也是 PERMA 幸福模式的一部分。PERMA 幸福模式不仅塑造了学生的品格，而且影响了整个学校的精神和文化。通过这样的模式，此大学的各个方面都运转在幸福的生态系统之中，学校所做的一切都是生态的一部分，包括实施和服务、学生活动、培训和发展以及学术课程。印度也有研究者将 PERMA 理论应用于研究教师幸福感的问题上。在研究迪布鲁加尔地区中学教师的幸福感问题时，印度研究者发现教师的工作满意度和幸福感程度呈正相关，因此，研究者借助塞利格曼的 PERMA 理论，讨论出提高教师幸福感的策略。2018 年，澳大利亚维州政府注资 639 万澳元，在墨尔本东部的 27 所公立学校实施"积极教育"计划，推进维州学校的"幸福教育改革"。

在国内，在清华大学积极心理学研究中心的推动下，北京、天津、运城、成都、广州等地区相继进行了广泛的积极教育实践。清华大学附属小学开设积极心理课程，以游戏、体验的形式提升学生幸福感；成都市青羊区教育局携手清华大学积极心理学研究中心形成了积极教育丰硕的实践成果并汇编成册；山西省运城职业技术学院从师资培养、课程改革两方面入手，提升师生幸福感。2012 年，北京市教育委员会资助北京第十九中学建立"快乐教育"模式，将积极心理学与中国传统哲学相结合，设计课程、培训教师以及重塑校园文化。三年后，学校学生升入一流大学的入学率从 2012 年的 69.6%上升至 2015 年的 75%。广州是国内首个在全部城市区域推广积极教育的城市，广州市通过实践形成了积极教育实践模型，包括五大模块。

上海市嘉定区搭建了从幼儿园至高中学段的"幸福课"体系，从我与自我、我与家庭、我与学习、我与他人、我与学校、我与社会六大关系入手，进行中小幼学段一体化设计，保持了目标与内容的一贯性和连续性。

在江苏省，以崔景贵为代表的职业教育人自 2012 年开始就在努力地探索积极职业教育，他们认为积极职业教育是现代职业教育创新发展的一种范式，其宗旨是"让每一个人都有人生出彩的机会"，为职业学校学生的幸福人生奠定基础，为教师专业发展铺路。

第二章 积极自我——完美人格

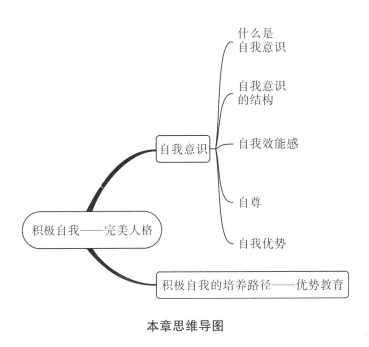

本章思维导图

　　积极自我是积极心理学的一个核心概念，它强调个体在自我认知、自我体验和自我调控方面的积极倾向。积极自我的认知表现在善于发现和挖掘自己的品格优势；积极自我的体验表现在个体对自身整体性的评价更倾向于正面的和积极的；积极自我的调控表现在个体能扬长避短，充分发挥并发展自己的品格优势，积极追求个人的成长与进步。

　　积极自我不仅是对自身优点的认识和肯定，更是对自我的全面接纳，同时也是一种内在的心理资源，能够帮助个体在面对挑战和困难时保持坚韧和乐观，促进个体的成长和发展。

　　积极教育中的积极自我模块致力于培养学生形成积极的自我，使其拥有稳定的自尊、充足的自我效能感与持久的自爱能力。首先，自尊作为自我体验的核心要素，是指一个人对自身价值的总体判断，反映个体的自我接纳、自我喜爱与自我尊重的程度。自尊水平对于学生而言，影响重大。由于低自尊的人会过分夸大失败所带来的负面效应，他们在经历了挫败之后，学业表现会变差；高自尊的学生在经历了同样的挫败之后，学业表现却不会受影响。因此，对于学生来说，尤其是他们在面对挫败时，自尊与学业表现呈高度的相关性。其次，积极自我的另一要素是自我效能感，它类似于我们常说的自信心，即人们对自身运用技能完成任务的自信程度。大量的实验研究表明，自我效能感与学习考试的表现、坚持不懈的毅力、面对挫折的韧性、有效解决问题的能力及自律自控的能力息息相关。自我效能感高的人会付出更多的努力去追求成功，从而也更有机会获得成就与社会赞许，而成功的体验与社会赞许又会反过来进一步增强其自我效能感，由此形成正向循环。最后，自爱能力是一种重要的个人品质，它关乎人如何珍视、尊重并照顾好自己的身体、情感、心理和精神健康。一个拥有自爱能力的人，能够清晰地认识到自己的价值，不轻易受外界评价的影响，同时懂得如何设定健康的界限，保护自己的利益和情感。

第一节　自我意识

　　"人，认识你自己！"这句话被刻在古希腊德尔斐神殿里并流传下来，成为西方心理学家公认的心理学源头。可以说，一切的心理学知识都是人类围绕了解自我、调节自我、控制自我、发展自我而形成的，自我是人类对其自身整体存在的自觉意识。通常，个体会认为他们自身是一个连续性的、整合的、不可分的，而且具备独特性的自我。所以自我是一个人看待自己、他人和世界的稳定的、独特的方式，是每个人生活的核心，它对人的行为方式具有决定性的影响。

　　对自我的认识是千百年来人们一直在思考的问题。古希腊传说中，天后赫拉派斯芬克斯坐在忒拜城附近的悬崖道路上，每天让路过的行人猜一个谜："什么东西早上是四条腿，中午是两条腿，傍晚是三条腿？"如果行人不能答对谜底，它就会把他们吃掉；如果猜出来了，它自己就会死去。

无数的人都不能猜出谜底，于是王国中死去了许多的人，外面的人也不敢来这里了，王国内外充满了恐惧。终于有一天，一个叫俄狄浦斯的年轻人来到了赫拉派斯芬克斯的面前，说出了这个神奇"东西"的谜底——"人"。于是，赫拉派斯芬克斯死了，而这个谜语流传了下来，也传递着人们对自身的认识的思考。

"我是谁?""我是否有价值?""我努力奋斗是为了什么?""我活着有什么意义?"个体成长中发生的种种困惑，最终其实都是自我认识的问题。人的一生时刻都在寻找自我、完善自我和超越自我，这是生命赋予每个人至高无上、又不可推卸的神圣使命。一个人能否客观全面地认识自我，对他们整个人生的幸福与否起着决定性的作用。

一、什么是自我意识

自我意识是个体对自己以及对自己与客观外界之间关系的认识与体验，包括认识自己的生理状况、心理状况，以及自己与他人的关系。自我意识是一种多维度、多层次的心理系统，是人所特有的意识的重要形式之一。它具有目的性、能动性、社会性等特点，对人的个性的产生、发展起着重要的作用。

一般来说，自我意识包含以下两个方面。

（一）生理自我、心理自我和社会自我

生理自我是指个体对自己的身高、外貌、性别的认识以及生理病痛、温饱、疲惫与否等客观存在的认识。例如，对自己身材的高矮胖瘦、面貌的美与丑，以及身体的健康状态等的认识，又称为物质自我。

心理自我是指个体对其心理活动的感知，即个体能够感知、调节自己的心理活动的过程、状态和特征，又称为精神自我，例如，对自己知识、智力、情绪、意志、兴趣、气质、性格的认识。心理自我是自我意识的核心，它使个体根据需要来调控自己的心理与行为，修正自己的经验与观念。

社会自我是指个体对自己社会属性的认识，包括对自己在社会关系中的角色、地位、权利、义务等的认知和评价。社会自我是自我概念的重要组成部分，其形成受社会变迁、现实的他人或群体、非现实的他人或群体的影响。社会自我在青少年晚期变得非常突出，并占据着重要的位置。

生理自我、心理自我和社会自我三者共同构成了自我意识，三者间既相互区别，又紧密联系。

（二）现实自我、投射自我和理想自我

现实自我是个体从自己的角度出发对现实中"我"的看法，即对客观存在的现实"我"的认识。现实自我一般取决于个体对自己所处环境以及在此环境相互作用中所表现出的综合的现实行为和实际状况的认识。

投射自我，亦称之为"镜中我"，是个体想象他人对自己的评价，如想象自己在他人心目中的形象，想象他人对自己形象的评价，以及由此而产生的正向或者负向感受。但投射自我和现实自我两者之间常常有距离，当距离较大时，个体便会感到自己不为别人理解，从而产生误会，甚至冲突。

理想自我是个体从自己的立场出发希望自己成为一个什么样的我，也即想象中的"我"的认识，理想自我是个体想要达到的完善的形象，是个人追求最高的目标。理想自我的内容一方面是对客观社会现实的反映，包括对来自他人和社会规范要求以及它们是否满足个体需要的反映，另一方面这些内容整合而成的理想自我常常存在于观念中、容易超出现实情况，因而不易实现。

当然，理想自我与现实自我也不一定要求完全一致。理想自我虽非现实自我，但它对个人的认识、情绪和行为的影响很大，是个人行为的参考和动力。现实自我和理想自我的形成与社会环境对其的影响密切相关。现实自我产生于自我同社会环境的相互作用，理想自我则产生于这种相互作用中他人和社会规范的要求整合后在个体头脑中形成的自我的理想形象。

一般来讲，理想自我在现实自我和社会环境之间可以起到积极的调节作用，指导现实自我在社会环境中积极适应，使自我意识得到健康的、良好的发展。但是当理想自我的形成建立在自我实现的方式或形式受阻又不能及时得到疏导时，理想自我和现实自我之间就可能产生激烈的矛盾冲突，产生焦虑心理。在这种情况下的社会人际交往，必然同现实自我、社会现实发生矛盾冲突，引发个体内心的混乱，从而在适应生活上造成困难。

二、自我意识的结构

从形式上看，自我意识表现为知、情和意三种形式，分别称为自我认识、自我体验和自我调控。

（一）自我认识

自我认识是自我意识的认知成分，指个体对生理自我（身高、体重、外貌）、心理自我（思维活动、个性特征、气质类型）和社会自我（人际关系、社会认同）的认识。

自我认识包括自我感觉、自我观念、自我分析和自我评价等层次。其中，自我观念和自我评价是自我认识中最主要的方面，集中反映了个体自我意识的发展水平，也是对个体体验和调控的前提。自我认识回答的问题包括："我是谁？""我是个什么样的人"。

（二）自我体验

自我体验是主观自我对客观自我产生的情绪体验，它产生于自我认识的基础上，反映个体对自己的评价，所持的态度是自我意识的情感成分。

自我认识决定自我体验，而自我体验又进一步强化自我认识。自我体验要回答的问题包括"我喜欢自己吗？""我对自己是否满意？"等，主要是一种自我的感受。自我体验的内容十分丰富，它包括自尊心、自爱感、自信心、自卑感、内疚感、自豪感、成就感、自我价值感等。其中，自尊心是自我体验中最主要的方面。

（三）自我调控

自我调控是自我意识的意志成分，是个体控制和指导自己行为的方式，以达到自我期望的目标。自我调控表现在两个方面：启动和停止。

自我调控对个体的学习、生活、工作具有推动作用，是个体对自己的思维、情绪和行为进行监察、评价、控制和调节的过程。自我调控是个人自我意识的关键环节，包括自立、自主、自律、自我监督、自我控制和自我教育等层次。其中，自我控制和自我教育是自我调控中最主要的方面。自我调控的核心内容包括："我将如何规划自己的人生？""我应该做什么？""我应该成为什么样的人？""我可以选择如何做？""这样做不对，我还要继续吗？"我们常常"心动而不行动"，事实上心动是一件容易的事，而真正磨炼意志则需要在行动中更多地自我控制。当意志调控行为成为一种习惯时，自我调控便实现了。

综上所述，本书将自我意识的内容与自我意识的结构汇总起来，形成表2-1。

表 2-1　自我意识的内容及结构

维度	发展		
	自我认知	自我体验	自我调控
生理自我	个体对自己的身高、外貌、性别的认识以及生理病痛、温饱、疲惫与否等客观存在的认识。例如,男性、女性、高、矮、胖、瘦、英俊、漂亮、健康	满意→积极的体验(自信、自尊、自满)	追求身体的健康,美化自己的外形,生理欲望的满足等
社会自我	个体对自己在社会关系中的角色、地位、权利、义务等的认知和评价。例如,我是合格的大学生,我是孝顺的儿子(女儿),我的成就,我的人际关心	不满意→消极的体验(自卑、内疚、羞耻)	追求名誉地位,让自己的言行符合社会规范,维护人际关系等
心理自我	个体对其心理活动的感知,例如,对自己知识、智力、情绪、意志、兴趣、气质、性格等的认识和评价		追求信仰,追求个性完善,发展各项心理品质

三、自我效能感

(一) 自我效能感的定义

自我效能感被定义为"人们对自己实现特定领域行为目标所需能力的信心或信念,是个体对自己能否利用所拥有的技能成功完成特定任务所具备的信心程度。"换句话说,自我效能感是指个体对自己能力的一种主观感受,而非工作和行为能力本身,它涉及对自己能力的信心和预期。一个具有高自我效能感的人,更有可能选择具有挑战性的任务,并在面对困难时坚持不懈,因为他们相信自己能够克服障碍并取得成功。相反,低自我效能感的人则可能避免挑战,或在遇到困难时轻易放弃,因为他们对自己的能力缺乏信心。

自我效能感理论最早由美国心理学家阿尔伯特·班杜拉(Albert Bandura)于 1977 年提出。在积极心理学中,自我效能感更多地被看作个人成长的一项重要心理资本。自我效能感包含 3 个方面的积极内涵:

(1) 自我效能感是对个人行为能力的主观判断和评估。

(2) 自我效能感代表了一种自动自发的自我生成能力,自我可以主动整合各种信息。

(3) 自我效能感会被内化为一种积极的自我信念。

具有高自我效能感的人,具有下述人格特征:

（1）倾向于为自己设立较高的目标，选择较困难的工作任务，愿意投入必要的努力。

（2）喜欢迎接挑战。

（3）善于自我激励。

（二）自我效能感的培养

1. 亲历的成败经验

高自我效能感最有可能从成功的经验中获得。研究发现，不断成功的经验可以为人们带来稳定且长效的自我效能感，这种情况下建立的自我效能感不会因一时所遭遇的挫折而大打折扣。同时，这种自我效能感还能帮助个体更好地应对将来遇到的类似任务和挑战。下列提升自我效能感的方法是基于积累成功经验的模式而提出的。

（1）分解目标。当你面对一个比较复杂或者比较难的任务时，需要选择有策略的设计目标。在设定目标时，注意将目标分解成一个一个的小目标，先完成比较简单的任务，接着再完成后续的任务，这样有助于循序渐进地提高自我效能感。

（2）制作清单，从"易"入手。在生活中，多去选择一些你认为通常情况下能做好的事，避免一开始就选择那些自己都感觉完成不了的事。也可以通过列表的形式，制订一个自己认为最难和最容易应对的具体事情的清单。从比较容易的工作着手，在获得一些成功体验后再去应对那些较难的任务。

（3）为成功做记录。在面对失败的经验时，人们通常会有"以偏概全"的想法，认为某一次的失败就足以证明自己是一个失败的人，在未来遇到类似的情景时也会失败。而如果你坚持做记录，你会发现自己并不是这样一个一无是处的失败者，也许在完成的 10 次任务中，失败的次数只有 2 次，而成功的次数是 8 次，也就是说你有 80% 的成功概率。通过记录可以帮助你直观地看到自己成功的经验，逐渐形成积极反思和总结的习惯。

（4）隔离失败经验。以往屡次的失败或许让你觉得有些事情是你做不了的，这时候你需要将失败的思想隔离在自我的外面。失败的经验只是失败的经验，它是事情本身，不能够代表你自己。你可以在头脑中将这些失败的经验书写在一个假想的笔记本上，然后将这个记载失败经验的笔记本丢入一个想象的垃圾桶里，通过这种方式将失败的经验进行思想隔离。同时，我们可以在缺乏自我效能感的领域，列出自己的 10 个闪光点，每天晚上睡觉前列举一个在弱项上的突破，在感觉没有能力完成某个事情时回想一些"例外"——自己在相似挑战中获得成功的例子。

2. 找到替代性经验

看到与自己相似的人获得成功，会提高人成功的信念。在这种情况下，人们通常会想象自己也有能力参与类似的活动并获得成功。这是学习者通过观察示范者的行为而获得的间接经验，它对自我效能感的形成也具有积极作用。这种通过观察他人进行学习的方式被称作观察学习。

观察学习对于自我效能的影响，是通过两种认知过程得以实现的。一种是社会比较的过程：学习者会把自己与被观察的示范者进行比较，参照示范者的各种表现，以此判断自身是否有能力完成同样的任务。另一种是信息提供的过程：学习者可以从示范者的表现中学到解决问题的有效策略或方法，更有效率地了解解决问题所需要的条件。

在现代生活中，人们观察学习的方式变得更便捷和多样。尤其是互联网的存在，让我们更容易接触到和我们有着相同兴趣和目标的人群。网络在创造了知识共享的同时，也创造了更多易于接触的"榜样"。我们都处在各种"榜样朋友圈"中。在校园中，学校邀请优秀的毕业生返校畅谈个人成功经验，对在校在读的学生很有帮助，能为他们建立可复制的成功路线，激发学生自我效能感，使他们全身心地投入到学习和成长中。

3. 言语说服，寻求合理的激励

来自他人的直接激励，比如建议、劝告、解释或引导，也是提高人们自我效能感的一种方法。由于直接简便，它成为一种极为常用的方法，但这种方法只有在一定条件下才能发挥作用。

在生活中，自从有了各种短视频网络平台，人们更容易接触到应对生活中各项任务的"小妙招"，这给了我们应对类似情景的信心。但只有当我们真正按照这些建议去实施并获得成功的时候，我们的自我效能感才能提高。如果言语说服与个人的直接经验不一致，也就不能产生说服效果，当然不能增强自我效能感。而实际生活中，我们遇到的问题情景通常会和视频里示范者遇到的问题情景有差别。所以，依靠这种方法形成的自我效能感一旦面临令人困惑或难于处理的情景时，就会迅速消失。缺乏体验基础的言语说服方式，在形成自我效能感方面的效果是比较脆弱的。

4. 情绪与生理的影响，保持良好的身体健康状态

我们自己对情景的反应和情绪反应也在自我效能感中扮演着重要的角

色。情绪状态、身体反应和压力水平都会影响一个人在特定情况下的能力水平。当一个人在公众演讲时出现脸红、出汗、发抖等极度紧张的表现时，个体对成功演讲的自我效能感会降低。

美国当代著名心理学家班杜拉也指出，情感和身体反应能否对个体的自我效能感产生影响，"重要的不是情感和身体反应的强度，而是它们是如何被感知和理解的"。因此，在面对困难或挑战任务时，减轻压力和缓解紧张情绪的行为和认知方式，有助于人们提高自我效能感。

积极的心理状态能激发观察、自我调节、自我反思等认知加工，这些加工能增强个体的控制感和信心；身体健康与自我效能感的关系也同样如此。

此外，良好的健康状况对一个人的认知和情绪状态，包括对自我效能感的信念与期望都有积极影响。所以，积极锻炼身体，保持良好的身体状态，有助于个体保持较高的自我效能感。

【心理测试】

自我效能感量表（GSES）

以下10个句子是关于你平时对自己的一般看法。请根据你的实际情况（实际感受）做选择。答案没有对错之分，对每一个句子无须多加考虑。

1. 如果我尽力去做的话，我总是能够解决问题的。
2. 即使别人反对我，我仍有办法取得我想要的。
3. 对我来说，坚持理想和达成目标是轻而易举的。
4. 我自信能有效地应对任何突如其来的事情。
5. 以我的才智，我定能应对意料之外的情况。
6. 如果我付出必要的努力，我一定能解决大多数的难题。
7. 我能冷静地面对困难，因为我信赖自己处理问题的能力。
8. 面对一个难题时，我通常能找到几个解决方法。
9. 有麻烦的时候，我通常能想到一些应付的方法。
10. 无论什么事在我身上发生，我都能应对自如。

评定标准：

"完全不正确"记1分，"有点正确"记2分，"多数正确"记3分，"完全正确"记4分。

结果与解释［标准分（总分、平均分）］：

我国男女大学生在GSES（自我效能感量表）上得分为26.9（26.9±

5.7）和25.5（25.5±5.3），和其他亚洲国家（地区）的得分比较接近，但显著低于国际平均水平。

1~10分：你的自信心很低，甚至有点自卑，建议经常鼓励自己，相信自己是行的，正确地对待自己的优点和缺点，学会欣赏自己。

11~20分：你的自信心偏低，有时候会感到信心不足，找出自己的优点，承认它们，欣赏自己。

21~30分：你的自信心较高。

31~40分：你的自信心非常高，但要注意正确看待自己的缺点。

（三）提升自我效能感

大多时候，人们的精神世界都在自言自语，喋喋不休，对于有些人而言，这种自我对话常常是带有消极色彩的，它经常被人们对过去的愧疚和对未来的焦虑所感染。这种消极的情绪会摧毁任何为梦想而努力的希望种子。如果人们能改变自己的思维方式，就可以开始改变其所采取的行动。寻求个人成长是人的本能，无论在经济、情感、身体还是精神上，练习积极的自我对话能帮助人们制订行动计划，有效地提高自我效能感。

以下是积极自我对话的7个步骤。通过遵循这些步骤，你将开始摆脱内心的消极对话，增强自我效能感。

（1）消除内部的负面言论。

消极思想往往深深埋藏在个体的脑海里，要想轻易改变它，并不那么容易，如果对消极思想失去觉察，还很容易把伤害和愤怒带进去。有意识地觉察能帮助个体将这些消极想法带出潜意识层面，到达更开阔的意识层面，然后去进行处理。

毫无疑问，如果你有长时间消极自我对话的历史，那么做一个转变是不容易的。或许因为发生的种种经历，消极的想法被埋进了你的心底。例如，如果你的一年级老师反复告诉你"你是愚蠢的"，你可能会相信这是真的。你会发现你内心的喋喋不休常常充斥着"我是如此迟钝"和"这是如此难以学习的"的话题。如果你经常告诉自己这些负面的言语，你的行为会反映出你的自卑。如果你总是贬低自己，就很难走得很远。

一个常见的消极谈话包括告诉自己"我不能"。当你对自己说"我不能"或"太难了"时，你便成功地为自己制造了阻力。

任何时候你发现自己说"我不能"，请转身挑战你的说法，问"为什么我不能？"研究表明，大多数天才之所以能成为他们想成为的人，都是基于他们相信自己"能"。所以，如果你想成功，请开始说"我可以"。

还有一个有用的方法，每当你发现自己存在一些消极的想法时，不管是在心里还是在口头上，都试着说"取消"。如果你真诚地想要成为一个积极的思考者，这个方法就会起作用。

（2）正面的肯定。

肯定是对期望的结果或目标的积极陈述。通过反复地重复，肯定自我的信念就会侵入你的潜意识，开启一种新的思想状态。

重复肯定的一个重要步骤是你需要用感觉来朗读你的宣言。除非你把一些负面情感放在背后，否则仅仅阅读这些文字是没有任何意义的。特别重要的是，你在潜意识里相信并接纳这个自我肯定，不断地自我对话，强化这个自我肯定的感觉，你就能慢慢地从内心滋生出信心。

最初，你可能会对你的积极肯定的陈述持怀疑态度，你的内心还会在"肯定"和"否定"之间动摇徘徊。然而，如果你遵循这一套简单的指令不断练习，你的怀疑就会逐渐被一套新的信念取代，然后变得越来越稳定。

（3）积极的脚本。

不难发现，在消极思想上建立积极想法并不那么轻而易举，但是在消极思想上萌生消极想法却非常容易。这种喋喋不休的消极自我对话循环往复，会让人仿佛掉入陷阱一般，无力挣脱。

从现在开始，经常做这个练习：编一个像电影剧本一样振奋人心的故事，以一个积极的故事为基础，你能把这个故事讲得越久越好；如果这个故事是关于你自己有待实现的目标，那就更好了。当你这样做的时候，你开始将你的目标和梦想内化，仿佛它们是你已经实现的东西。

（4）用积极的东西代替消极的影响。

找出生活中可能会挟持你思想的外部负面因素。例如，你的精神状态会变得有毒，因为你周围的朋友都是消极的。如果你不够警惕，你会开始把他们的想法当成你自己的想法。请不要和那些不支持你梦想和目标的人讨论你的计划，请接触那些能从思想和行动上赋予你正能量的人。

（5）现在时态信息。

为了达到目标，你可能会被你需要做的许多事情吓到，你的大脑陷入无尽的忧虑。如果你发现自己陷入困境，请停下来问："我现在能做什么？"把你内心的谈话从未来的焦虑转变成更容易管理的现状。你无法控制将来会发生什么，但可以采取必要的步骤，以建立一个更好的明天。采取必要的步骤，需要你集中精力，倾听内心的谈话。

（6）面对恐惧。

恐惧往往是阻碍你成功的主要因素。你害怕冒险，因为你害怕失去现在享受的安全感。你试图说服自己，你在当前状态下很快乐，事实上，你不是。在你试图欺骗自己的时候，你的自言自语可能听起来很积极。但不知何故，你的内心可能隐隐感到这不是你真实想要的。

问问自己到底害怕什么，可能发生的最坏的情况是什么。循序渐进地打破你的恐惧，看看有没有什么方法能让你更积极地看待事物。

（7）注意力放在令人愉快的时刻。

如果你专注于生活中那些令人愉快的时刻，而不是那些困难的时刻，那么拥有积极的态度要容易得多。虽然不可避免地会有挑战，但你需要记住，人生是由起起落落的状态组成的，所以选择让你的头脑充满积极的形象和想法，让它成为有意识的习惯。只要每次在思想上误入歧途，就请把它拉回来。如果你能对你目前拥有的东西心存感激，那么你的自我对话也会随着快乐而改变。一种感恩的状态会对你的心灵产生奇妙的作用。

把自我对话从消极变成积极，不会在一夜之间发生。如果你有根深蒂固的消极思维习惯，那就需要在改变的进程中多一些耐心和坚持。然而，如果你发现自己经常陷入困境，无法实现自己的目标，那么你就应该咬紧牙关，致力于改变的过程。

遵循以上的建议，积极地自我对话，你将体验到生活质量的提升。最重要的是，你会感到自己被赋予了力量，更有可能挖掘出内在的潜能并获得成功。

【心理练习】

让我自豪的事

请填写 1~2 件不同年代让你引以为自豪、引以为荣的积极生活事件，见表 2-2。（例如，年代与事件：我 7 岁时身高才 1 米 1，但能在深水池中连续游泳 200 米，成为全班游泳最好的人；感受：得意，自豪；为什么能做到：好学、勇敢、坚持）

表 2-2　让我自豪的事

年代	积极事件	当时的感受	为什么做到（哪些性格优势发挥了作用）
小学			
初中			
高中			
大学			
现在			

四、自尊

（一）自尊的定义

自尊是一个人对自己的总体评价和感受，即自己怎么看待自己，是否喜欢自己眼中的自己。从结构上，自尊可以分为整体自尊和具体自尊。整体自尊是一种总体上的、抽象的，对自己是否有价值和是否有能力的评价，包括自我观、自爱和自信。自我观，是对自我的客观评价，是看待自己的目光，在很大程度上取决于自己的主观感受；自爱是自尊的基础，无条件地接受自己的一切，并且心中始终有一个声音在告诉自己，我是最好的，我值得被爱；自信是自尊的一个重要组成部分，是针对人们的行为而言，认为自己有能力在重要的场合采取恰当的行动。

此外，美国心理学教授迈克尔·克尼斯（Michael Kernis）提出，自尊按照层次可以分为外显自尊和内隐自尊。"你认为你有价值吗？你认为你有能力吗？你认为你值得被人爱吗？"你对这些问题的回答，是外显自尊。内隐自尊是隐藏在内心深处但是能感觉到的自尊，是内心潜意识里的自我价值感。如果一个人的内隐自尊和外显自尊基本一致，那么他的自尊水平就比较稳定，不会总受外界环境的影响而产生波动，即稳定型自尊。反过来，内隐自尊和外显自尊不一致，这个冲突就会让人反复从外界寻找线索来确认自己的价值。可外界的反馈总是起起伏伏的，所以越是从外界寻找线索，他的自尊水平就越不稳定。自尊的稳定性和高低交织成了两个维度、四个区间，包括稳定的高自尊、不稳定的高自尊、稳定的低自尊以及不稳定的低自尊。

（二）自尊的类型

稳定的高自尊、不稳定的高自尊、稳定的低自尊和不稳定的低自尊是4种不同的自尊类型，各有各的特点。它们都是每个人的自我在适应生活的过程中曾经给出的最优解，自尊的四种类型见图2-1。

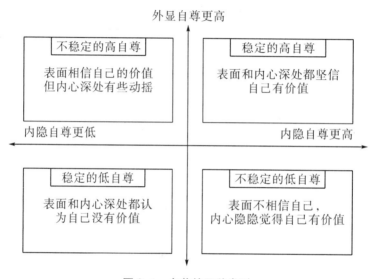

图2-1　自尊的四种类型

　　稳定的高自尊的人，外显自尊和内隐自尊的水平都比较高，他们的内心冲突很小，在意识层面清楚自己的价值，对自己持有正面、积极的看法，内心深处也有坚定的信念。在现实生活中，稳定的高自尊的人看起来简单、自然、真实，成功的时候会开心，失败的时候也不掩饰难过，被表扬的时候就感谢对方，被批评的时候就反思对方说的有没有道理，就事论事，不会因此而否定自己或者埋怨别人。

　　不稳定的高自尊的人在意识层面相信自己的价值和能力，但是他们的内心深处对自己并不是那么有把握。容易受到打击是不稳定的高自尊的人的典型特点。不稳定的高自尊的人比较自信，喜欢挑战，但又接受不了失败的局面，当收到外界的负面评价时，往往会觉得自尊受到了伤害，容易陷入过激反应，极力地为自己辩护。

　　稳定的低自尊的人从意识层面认为自己没价值，内心深处也觉得自己没价值，不喜欢自己，也就是说，他的外显自尊和内隐自尊相对都比较低。这类人的典型特征是逆来顺受。他们总是倾向于选择附和别人的意见，不相信自己的判断。别人表扬他时，他会觉得不舒服，认为自己配不上这些表扬。别人批评他时，他反而会笑着承认"我确实这么糟糕"。因为习惯了接受自己的低自尊，所以外界好的、坏的事情都不会影响他的自尊水平。

对不稳定的低自尊的人而言，不管是正面的还是负面的外在事件，都会影响他们。他们虽然在意识层面常常觉得自己不够好，但内心隐隐觉得自己有价值。他们最大的特点就是容易变化，平时表现得很谦虚，一般在有很多人在的场合中他们很少发言，习惯于小心翼翼地观察别人的反应。如果觉察到周围的气氛比较轻松，他们才会表达自己的想法，若一旦有人强烈反对，他们很快就会乱了阵脚缩回去，没办法坚持己见。做成一件事情的时候，他们会短暂地感觉自我良好，自尊水平会提升一些，但一般也维持不了太久，等下一次出现困难的时候，他们又会容易泄气。

高自尊的人更愿意去采取行动，更容易做决策，更少在意别人的看法，更容易坚持自己的抉择。但他们更容易骄傲，容易自负，容易固执己见。低自尊的人不愿意去采取行动，容易自我设障，追求的目标更低，在困难面前容易屈服，哪怕获得了成功也会陷入自我怀疑，陷入一种叫"冒充者综合征"的心态中。但他们会为了得到大家的认可更加谦虚，会为了和其他人保持良好的关系，更加容易相处和合群。

冒充者综合征又称自我能力否定倾向，是保琳（Pauline R. C.）和苏珊娜（Suzanne A. I.）在1978年发现并命名的，是指个体按照客观标准评价为已经获得了成功或取得成就，但是其本人却认为这是不可能的，他们觉得自己不配拥有这一切，自己现在拥有的一切和自己的努力以及能力是不相称的，感觉是在欺骗他人，并且害怕被他人发现此欺骗行为的一种现象。自我能力否定倾向者认为他们并不是他人所想的那样有能力的人，当他们取得成功以后，会把成功归结于其他因素（幸运或良好的社会关系），而不是他们的自身能力。

（三）自尊的形成

自尊是能够用来观察自我发展水平的综合指标，它和三大心理需求的满足程度息息相关。

如果一个人的关爱感、自主感和能力感从小就得到持续、充分的满足，那么这个人就能产生比较稳定的高自尊。相反，假如一个人的需求长期无法得到满足，因缺少关爱感而觉得自不值得被爱，缺少能力感而对自己没有信心，缺乏自主感而找不到自己的价值，就容易发展成稳定的低自尊。

不稳定的高自尊形成的最普遍的原因是原生家庭的"有条件的爱"。如果父母只在孩子表现好的时候才爱他、夸奖他，表现差的时候就冷若冰霜，那么孩子的关爱感就会时有时无，时断时续。孩子可能会取得一定的能力感，因为和父母的联结是我们年幼时最本能的需求，所以孩子往往会努力迎合父母的期望，取得一定的成绩。但在这个过程中，自主感又会受到父母或者外在事物的压制，从而造成他人主宰或者无自我主宰的倾向，因此他的自我价值感会比较混乱。

不稳定的高自尊又叫有条件的自尊。有条件的爱往往会带来有条件的自尊。如果小时候一个人习惯达到条件了，才感到自己有价值、有能力、值得爱，没达到条件，就否定自己，那么他长大以后，这种身心记忆会影响到他，甚至会把外在表现和别人的评价当成是自尊的衡量标准。

当然，自尊类型也是可以改变的。认识自尊、理解自尊的最大意义就在于让每个人都充分意识到，外界的声音常常只是一种参考，不能作为左右我们看待自我的关键。

（四）提升自尊的途径

1. 自我接纳

没有自我接纳，就没有自尊。自我接纳包括三层含义：

（1）站在自己这边，即支持自我。它是一种自我价值取向和自我承诺。

（2）我们愿意去体验，真实地面对自己，不否认也不逃避。

（3）要有同情心，成为自己的朋友。比如，你今天犯错误了，不要过多地苛责自己，你要站在朋友的角度去安慰自己。要允许自己失败，因为在生命里，偶尔的失败会让我们发现错误，修正行动，为下一次的成功添砖加瓦。

2. 自我负责

自我负责就是对实现自己的愿望负责，对自己的选择和行为负责，对自己工作中的意识水平负责，对自己的人际关系负责，等等。

3. 自我肯定

自我肯定意味着尊重自我的愿望、需求和价值观，并在现实中寻找合适的表达方式。自我肯定有一个障碍，那就是胆怯。胆怯会导致真正的自我被隐藏起来或被扼杀，以避免与别人产生冲突，或者去取悦他人。真正的自我肯定，是愿意公开地维护自己。例如，一个年轻人独自去看电影，这部电影很打动他。看完电影以后，他碰到了一个朋友，他的朋友也看了这部电影，于是两个人聊了起来。朋友问他对这部电影的感受，他明明很激动，很受感动，但是他害怕表现出来。这样做会对自我意识造成创伤，你无法肯定自己，就连看电影这种事情你都无法表达自己的真实感受。

4. 在行动中获得成功体验

自我肯定往往建立在成功的经验之上，低自尊的人总是对自己的能力不够相信，不敢轻易尝试，在恐惧失败中自我设障。例如，很多人知道自己应该做什么，但就是不去做。常用的说法就是"总有一天"，我总有一天会去看书，我总有一天会写文章，我总有一天会减肥等，但最后的结果是不了了之。

这是一种逃避的心态，而我们要做的是避免逃避的心态，主动行动起来。行动本身才是实现自尊提升的有效动作，行动—获得正向反馈—提升自尊，或者行动—失败—正视失败—再次行动直到成功—获得正向反馈—实现自尊的提升。

【心理测试】

罗森伯格自尊量表（SES）

通过测试了解自己自尊水平，加深对自己的了解。下面是一些我们对自己看法的句子，请根据你的真实情况做出选择。

1. 我感到我是一个有价值的人，至少与其他人在同一水平线上。
2. 我感到我有许多好的品质。
3. 归根到底，我倾向于觉得自己是一个失败者。*
4. 我能像大多数人一样把事情做好。
5. 我感到自己值得自豪的地方不多。*
6. 我相信自己，我对自己持肯定的态度。
7. 总体来说，我对自己是满意的。
8. 如果我不做一件出彩的事，别人就很难发现我的闪光点。*
9. 我时常感到自己毫无用处。*
10. 我觉得自己缺乏对生活的控制力。*

量表解释：量表分四级评分，"完全符合"计4分；"符合"计3分；"不符合"计2分；"很不符合"计1分，1、2、4、6、7题正向记分，3、5、8、9、10题（带"*"）反向记分，总分范围是10~40分，分值越高，自尊程度越高。

10~20分：自尊水平一颗星

你的自尊心处于较低水平，表明你的内心有点自卑。你对自己缺乏一个清晰的定位，缺乏自我认同感。每当别人批评你的时候，无论是否符合你的实际情况，你都认为自己的确如此。或许你经常受到打击，内心才会缺乏自信。你需要冷静地审视一下自己，到底哪方面做得不好，哪方面是自己的优势，不要被他人的评价所干扰，要相信自己，给自己一点信心、一点耐心、一点决心，你就会逐渐找回自己。

21~30分：自尊水平三颗星

你的自尊心处于健康水平，表明你有着坚定的自我认同感，这对于健全的人而言非常重要。你对自己有清晰的定位，明白自己的优势所在，也接纳自己的弱点。无论别人怎样评价，你都不会受到影响，因为没有人比你更了解自己。你能够积极地发挥能动性，不断地完善自己。当你不为他人所动时，才会赢得他人的钦佩和认可。你的信念感很强，这有助于在最无助的时候，也能够坚守自我。

31~40分：自尊水平五颗星

你的自尊心处于过高的水平，这意味着你有比较明显的虚荣心。这种虚荣心出于你敏感的自尊心，你害怕被别人看不起，所以你会尽力展示自己的能力和长处。你恨不得让所有人都清楚你有哪些优点，你向所有人展示着自己的优越感。现实的情况是，似乎没有人真的看不起你，只不过是你太在乎自己了，甚至有些自恋了。你通过理想化自我形象的方式，把当前并不具备的品质当成自己已经拥有的品质，这显然是自欺欺人的。

五、自我优势

在第一章中，我们曾介绍并讨论过积极心理学理论框架里的六大美德和24种品格优势，它们是一个人追求幸福生活的基础和出发点。积极心理学研究发现，当个体运用自己的品格优势时，他会有兴奋、投入、富有激情的感觉；他会迅速成长；他会想方设法地找到运用这些优点的新途径、新项目；他会感到越来越兴致盎然，而不是越来越累。

研究品格优势的积极心理学家彼得森提出了"彼得森象限"来描述不同个体的行为模式和优势所在，以便为个体发展优势和职业生涯规划做出建议，见图2-2。如果你的优势大多集中在左上侧（用心，关注自己），那么你适合做领袖；如果在右上侧（用心，关注他人），那么你适合做教师；如果在左下侧（用脑，关注自己），那么你适合做学者；如果在右下侧（用脑，关注他人），那么你适合做行政管理人员。

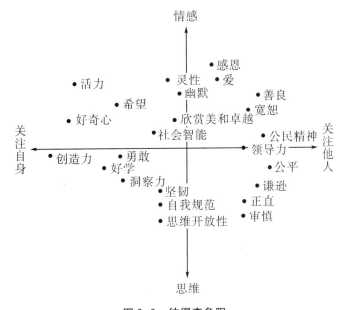

图2-2 彼得森象限

【心理测试】

优势行动价值问卷（VIA-IS）

1. 我觉得这个世界很有趣。

2. 我总是尽全力参加教育活动。

3. 我总是为自己的行动找出理由。

4. 不断产生新奇和不同的念头是我的一个长处。

5. 我可以充分了解自己周围的环境。

6. 我对正在发生的事情有全面的认识。

7. 面对强烈的反对时，我经常捍卫自己的立场。

8. 我从来不会在任务没有完成前就放弃。

9. 我一向遵守承诺。

10. 我从不会借故太忙，而不去帮助朋友。

11. 我总是乐于和别人建立关系，即使有风险存在。

12. 我从不会错过小组会议或团体活动。

13. 我总能承认自己的错误。

14. 在团体里，我总是尽力确保每一个人都有在团体内的感觉。

15. 对我来说，吃健康食品没有困难。

16. 我从未故意伤害过任何人。

17. 对我来说，生活在充满美的世界中是很重要的。

18. 我总是向关心我的人表达感谢。

19. 我总是对事物抱着乐观的态度。

20. 我注重精神生活。

21. 我以谦逊的态度对待发生在自己身上的好事。

22. 当我的朋友心情不好时，我努力逗他们开心。

23. 我想要全身心投入生活中，而不是像一个局外人那样旁观

24. 对我来说，过去的事情就让它过去了。

25. 我从不感到无聊。

26. 我愿意学习新事物。

27. 我总是会从事物的正反两面去考虑问题。

28. 当别人告诉我应该怎么做一件事时，我会主动想出可以取得相同结果的其他方法。

29. 我知道如何在不同的社交场合下扮演适合自己的角色。

30. 不管发生什么，我都清楚地知道什么是最重要的。

31. 我曾经因为能够直面问题，而摆脱了情绪困扰。

32. 我做事从不虎头蛇尾。

33. 我的朋友认为我能够保持事情的真实性。

34. 能为朋友做些小事让我感到很享受。

35. 我身边有人像关心自己一样关心我，在乎我的感受。

36. 我非常喜欢成为团体中的一员。

37. 能够妥协是我性格里的一个重要部分。

38. 作为一个组织的领导，不管成员有过怎样的经历，我都对他们一视同仁。

39. 就算美食当前，我也不会吃过量。

40. "小心驶得万年船"是我喜欢的座右铭之一。

41. 我会因为别人的仁慈善良而感动得几乎落泪。

42. 听到一些伟大的善举时，我的心会受到震撼。

43. 当别人看到事物消极的一面时，我总能乐观地发现它积极的一面。

44. 我实践着我的宗教信仰。

45. 我不喜欢在人群中突出自己。

46. 大多数人认为和我在一起很有趣。

47. 我从来没有早上不想起床的感觉。

48. 我很少怀有怨恨。

49. 我总是忙着做一些有趣的事情。

50. 学习新事物让我感到兴奋。

51. 只有掌握了所有信息以后，我才会做出决定。

52. 我喜欢想一些新的方法去解决问题。

53. 无论环境怎样，我都可以适应。

54. 我拥有优秀的世界观。

55. 我会毫不犹豫地公开阐述一个不受欢迎的观点。

56. 我是一个以目标为行动导向的人。

57. 我相信真诚是信任的基础。

58. 我尽力让那些沮丧的人振作起来。

59. 有人能够接受我的缺点。

60. 我是一个极其忠诚的人。

61. 我公平地对待所有人，不管他们是什么身份。

62. 我的优点之一是能够让团体成员很好地协作，哪怕他们之间存在分歧。

63. 我是一个高度自律的人。

64. 我总是思考以后再讲话。

65. 美好的事物总能触动我内心深处的情愫。

66. 至少每天一次，我会暂停忙碌的生活节奏，细数值得自己感激的人和事。

67. 即使面对挑战，我也总对将来充满希望。

68. 在困难的时刻，我的信仰从来没有离弃过我。

69. 我从不表现得特殊。

70. 我抓住每一个机会，用欢笑点亮别人的生活。

71. 我做事一向全神贯注。

72. 我从不试图报复。

73. 我对世界总是充满了好奇。

74. 每一天我都期盼着学习和成长的机会。

75. 我欣赏自己批判性的思维。

76. 我为自己的原创力而感到骄傲。

77. 我有能力令其他人对一些事物产生兴趣。

78. 我从来没有因为给朋友提供了错误意见而导致他（她）犯错。

79. 我支持自己坚信的事，即使会产生负面的结果。

80. 即使会遇到阻碍，我也要把事情完成。

81. 即使会造成伤害，我也会说出真相。

82. 我喜欢令别人快乐。

83. 对某些人来说，我是他们生命里最重要的人。

84. 在团队中工作可以令我发挥出最佳状态。

85. 对我来说，每个人的权利同样重要。

86. 我非常擅长策划集体活动。

87. 我会控制自己的情绪。

88. 朋友们认为，我能在自己的言行上做出聪明的抉择。

89. 我能看到被别人忽视的美好事物。

90. 如果收到礼物，我总是要让送礼物的人知道我很喜欢。

91. 对于自己希望在将来发生的事，我的脑子里有一幅清晰的图画。

92. 我有明确的生活目标。

93. 我从不吹嘘自己的成就。

94. 不论在任何情形下，我都尝试寻找乐趣。

95. 我热爱自己所做的事情。

96. 我一向容许别人把错误留在过去，重新开始。

97. 我对各式各样的活动都感到兴奋。

98. 我是个真正的终身学习者。

99. 我的朋友欣赏我能客观地看待事物。

100. 我总能想出新方法去做事情。

101. 我总能知道别人行事的动机。

102. 别人认为我的智慧超越了我这个年龄应有的程度。

103. 别人还在侃侃而谈时，我已经付诸行动了。

104. 我是个工作勤奋的人。

105. 我的承诺值得信赖。

106. 在过去的一个月里，我主动帮助过我的邻居。

107. 不管我的家人和好友做了什么，都不能阻止我对他们的爱。

108. 我从不对外人说我所处团体的坏话。

109. 我给每个人机会。

110. 作为一个有效能的领导者，我一视同仁。

111. 我从不想要长远来看有害的东西，即使他们在短期内让我感觉不错。

112. 我总是避免参加会对身体造成伤害的活动。

113. 我经常被电影里所描述的美感动得说不出话。

114. 我是一个充满感恩之心的人。

115. 如果得到不好的成绩或评价，我会专注于下次机会，并计划做得更好。

116. 在过去的 14 小时内，我花了约 30 分钟进行祈祷、冥想或深思。

117. 我为自己是一个普通人而骄傲。

118. 我试着在所做的任何事情中添加一点幽默的成分。

119. 我期待新的一天的到来。

120. 我希望人们能学会原谅和遗忘。

121. 我有很多兴趣爱好。

122. 我经常尽量去参观博物馆。

123. 如果需要，我可以成为一个高度理性的思考者。

124. 朋友们认为我有各种各样的新奇想法。

125. 我一向能与刚认识的朋友融洽相处。

126. 我总能看到事物的全部。

127. 我总能捍卫自己的信念。

128. 我不言放弃。

129. 我忠于自己的价值观。

130. 在朋友生病时，我总会致电问候。

131. 我总能感受到自己生命中有爱存在。

132. 维护团体内的和睦对我来说很重要。

133. 我极其坚持正义和公平的原则。

134. 我相信人的本性让我们聚在一起，为了共同的目标而努力。

135. 我可以一直节食。

136. 行动前，我总是先考虑可能出现的结果。

137. 我总能觉察到周围环境里存在的自然美。

138. 我竭尽所能去答谢那些对我好的人。

139. 我对未来五年内想要做的事情有所计划。

140. 我的信仰塑造了现在的我。

141. 我比较喜欢让其他人谈论他们自己。

142. 我从不让沮丧的境遇带走我的幽默感。

143. 我精力充沛。

144. 我总是愿意给他人改正错误的机会。

145. 在任何情形下，我都能找到乐趣。

146. 我常常阅读。

147. 深思熟虑是我的特点之一。

148. 我经常有原创性的思维。

149. 我善于体会别人的感受。

150. 我对人生有成熟的看法。

151. 我总能直面自己的恐惧。

152. 我工作时从不被别的事情分散精力。

153. 不曾夸大过自己，我为此而骄傲。

154. 我为他人的好运而兴奋，就像自己获得好运一样。

155. 我能够表达对别人的爱。

156. 我在任何条件下都支持我的队员或组员。

157. 我不会无功受禄。

158. 朋友总认为我是一个强硬但公正的领导。

159. 我总是认为"知足常乐"。

160. 我一向对错分明。

161. 我非常喜欢各种形式的艺术。

162. 我对生命中所得到的一切充满感激。

163. 我知道，有一天我会成功实现自己所设定的目标。

164. 我相信每个人都有一个生存目的。

165. 我很少刻意引人注目。

166. 我很有幽默感。

167. 我会迫不及待地开始一项新的计划。

168. 我很少试图报复别人。

169. 我很会自娱自乐。

170. 如果想了解什么，我会立刻到图书馆或互联网查询。

171. 我总会权衡利弊。

172. 我的想象力超过朋友。

173. 我清楚自己的感觉和动机。

174. 别人喜欢来征询我的建议。

175. 我曾经战胜过痛苦与失望。

176. 一旦决定做什么事情，我就会坚持下去。

177. 我非常讨厌装腔作势。

178. 我享受善待他人的感觉。

179. 我能够接受别人的爱。

180. 即使不同意团体领袖的观点，我还是会尊重他。

181. 即使不喜欢一个人，我也会公平地对待他（她）。

182. 作为一个团体领导，我尽量让每一个成员快乐。

183. 无论在办公室、学校或家中，我总是在限期之前完成各种任务。

184. 我是个非常小心的人。

185. 他人认为生命中理所当然存在着的简单事物，我却会对它们心存敬畏。

186. 当审视自己的生活时，我发现有很多地方值得感恩。

187. 我确信自己的做事方法会得到最佳的效果。

188. 我相信一种全宇宙的力量，比如神。

189. 别人告诉我，谦虚是我的优点。

190. 能使别人微笑或大笑，令我感到满足。

191. 我迫不及待地想要知道自己未来的生活是什么样子。

192. 通常情况下，我愿意给别人第二次机会。

193. 我认为我的生活非常有趣。

194. 我阅读大量各种各样的书籍。

195. 我尝试为自己的重大决定找出好的理由。

196. 上个月，我为自己生命中的难题想出了一个创新性的解决方法。

197. 我总是知道说什么话可以让别人感觉良好。

198. 或许不会跟别人说起，但我认为自己是个智者。

199. 听到有人说卑鄙的事情，我总会大声提出抗议。

200. 做计划时，我有把握付诸实行。

201. 朋友总说我是一个实际的人。

202. 能让别人一起分享成功所带来的公众瞩目，这让我感到高兴。

203. 在我的邻居、同事或同学中，有我真正关心的人。

204. 尊重团体的决定对我来说很重要。

205. 我认为每个人都应该有发言权。

206. 作为团体领导者，我认为每个成员都有对团体所做的事发表意见的权利。

207. 对我来说，练习与表演一样重要。

208. 我总是谨慎地做出决定。

209. 我经常渴望能感受伟大的艺术，比如音乐、戏剧或绘画。

210. 每天我都心怀深厚的感激之情。

211. 情绪低落时，我总是回想生活中美好的事情。

212. 信仰使我的生命变得重要。

213. 没有人认为我是一个自大的人。

214. 我更相信人生是游乐场而不是战场。

215. 早晨醒来，我会为了新一天中存在的无限可能性而兴奋。

216. 我不想看到任何人受苦，哪怕是我最大的敌人。

217. 我非常喜欢听别人讲述其他国家和文化。

218. 我喜欢阅读非小说类的书籍作为消遣。

219. 朋友欣赏我的判断力。

220. 我强烈希望在来年做一些创新的事。

221. 很少有人能利用我。

222. 别人认为我是一个聪明的人。

223. 我是一个勇敢的人。

224. 能得到自己想要的，是因为我付出了努力。

225. 别人相信我能帮他们保守秘密。

226. 我总是倾听别人讲述他们的问题。

227. 和他人分享我的感受是一件容易的事。

228. 为了集体的利益，我愿意牺牲个人利益。

229. 我相信聆听每个人的意见是值得的。

230. 大权在握的时候，我不会因小事随便责怪他人。

231. 我定时锻炼身体。

232. 我想象不到说谎和骗人是怎么一回事。

233. 在过去的一年中，我创造了一些美好的东西。

234. 在生命中，我一直拥有别人给予的深厚的祝福。

235. 我期待会发生最好的事情。

236. 我的生命有一个使命。

237. 别人都因我的谦逊而走近我。

238. 我因富于幽默而被众人所知。

239. 人们形容我为一个热情洋溢的人。

240. 当人家待我不好时，我尝试以谅解来回应。

评分标准：

该测试共有 240 条陈述性的句子，答题时间 35 分钟。

非常似我 = 5 分；有点似我 = 4 分；中立（不置可否）= 3 分；有点不似我 = 2 分；非常不似我 = 1 分。

24 种人格力量

1. 好奇心：对新事物有浓厚的兴趣；开放式体验；乐于进行探索和发现。

2. 爱学习：愿意掌握新的技能及知识，不管是出于自愿还是其他要求。

3. 头脑开明：通过全方位信息来思考事物，做决定时能公平权衡所有的证据；具有良好的判断力。

4. 创造力：思索新颖而有价值的方法来产生概念和做事情。

5. 社会智商（情绪智商，个人智商）：了解他人以及自己的目的和感觉。

6. 洞察力（智慧）：为他人提供明智的建议；拥有对自己和他人都有意义的世界观。

7. 勇敢（勇气）：不畏威胁、挑战、困顿或苦痛；依觉悟而行，不论其是否被普遍认同。

8. 持久（有毅力）：做事有始有终；坚持行为方向，不论困难险阻。

9. 正直（可靠，诚实）：自我表现诚恳；对自己的感觉和行为负责。

10. 善良（慷慨，关怀，同情，无私的爱）：为他人帮忙、做好事。

11. 爱：珍爱与他人的亲密关系，有能力与他人建立爱的联结，相互关照。

12. 公民权（社会责任，忠诚，团队协作）：作为集体或团队中的一员好好工作；对集体忠诚。

13. 公正：依照公平和正义的观念平等对待所有人；避免让个人偏见误导对他人的判定。

14. 领导能力：促进集体中的个人在其中能完成事情；并且善于维持良好的集体关系。

15. 自律（自控）：管理自己的感觉和行为；守纪律；控制自己的欲望和情绪。

16. 谨慎：细心地做出自己的选择；不会冒不当的风险；不说也不做让自己后悔的事。

17. 欣赏美丽和卓越（敬畏、赞叹、上进）：欣赏美丽、卓越的事物；欣赏人们在生活的不同领域的娴熟表现。

18. 感恩：知道并感谢发生的好事情；多多表达谢意。

19. 希望（对未来乐观）：对将来有最好的展望，并努力实现它。同时认为未来是可以掌控的。

20. 精神信仰（虔诚、守信、有追求）：有对更高追求、生活意义以及宇宙意义的信仰。

21. 谦虚/谦逊：让成绩说话；不自夸、不自大。

22. 幽默（爱玩）：喜欢逗乐；给他人带来欢笑；看事物的光明面。

23. 有活力（热情积极，有魄力，有精力）：使生活充满激情和能量；感觉活跃、活泼。

24. 宽恕和仁慈：宽恕做错事的人；接纳他人的短处；给予他人第二次机会；不心怀报复。

列出排在前面的五项性格优势（请按顺序填写内容）：

（1）_____ （2）_____ （3）_____ （4）_____ （5）_____。

你打算怎样在今后的学习、工作和生活中善用你的性格优势？

第二节 积极自我的培养路径——优势教育

美国学者安德森（Anderson E.C.）将优势教育定义为一种新型的教育理念，它需要教师在工作中有意识地发展和应用自己的优势，持续学习和提升教学水平、设计和实施教案、创建活动，帮助学生在学习过程中发现自己的天赋，发展和应用自己的优势，学习知识、获得学习技巧、发展思考、获得问题解决技能，最终取得优异的成绩。

值得注意的是，优势教育并不意味着教师可以对学生的缺点置之不理。优势教育的目的是纠正以往教育界过于看重缺点的倾向，但并不是要彻底用优势关注取代缺点关注。如果学生有巨大的缺点，如说谎成性、霸凌同学，那么教师就必须加以重视，及时予以纠正。但是，就算是在纠正学生的问题的过程中，我们也可以想办法让学生发挥自己的优势去纠正它，而非一味地强迫他们去改正。

优势教育有六大原则。

第一，测量优势。如前所述，目前学校都会记录学生的成绩、行为问题（逃学、违纪等），很多学校也开始测量学生的心理指标，但多以负面指标为主。为了进行优势教育，学校和教师必须掌握孩子的优势状况，定期测量他们的优势。

第二，孩子的心理有其自身特点，所以他们表现出来的优势分布也经常与成人不同。孩子和成人在自我规范、审慎等方面都比较弱，而在感恩、善良等方面都比较强；孩子在活力、希望、合作精神等方面就比成人强很多；而成人在正直、思维开放性、对美和卓越的欣赏方面则比孩子强很多。因此，教师要更好地理解孩子们拥有的优势状况。

第三，教师一定要认识到每个学生都是独特的，对每个学生都要按照其独特的优势来进行有效的教导。为此，教师需要了解每个学生的优势和他们目前的能力状况，并且允许学生根据自己的处境来制定个性化的目标。

第四，教师要为学生提供支持网络，支持他们发展优势，在他们因发挥优势而取得好成绩时，要及时予以表扬。学生需要根据别人的反馈确认目前的状况和进展，教师应该密切关注学生的动态，在发现他们发挥优势或者发展出更强的优势时，给予积极的反馈，并且要动员和提示其他人也一起提供言语上的支持。

第五，提供机会，引导并鼓励学生在课堂内有意识地使用自己的优势。比如，教师应与学生讨论他们的优势，一起制订优势使用计划，为他们举出使用优势的榜样，或者用自己的亲身经历来讲述优势发展过程，向学生传授提升优势的经验。

第六，利用一切资源，为学生在不同场景下尝试使用优势的新方法提供条件。发展和使用优势，有时候需要探索新的使用场景，因此教师应该为学生创造这方面的有利条件，比如指导学生选那些可以帮助他们发展、发挥优势的课程，使用学校的体育馆、艺术教室、音乐设备等资源，组织课外、校外活动，等等。

怎样进行优势教育？

首先，在教师层面：

（1）向每一个学生表示尊重和善意。

应当鼓励教师对每一个学生都表示关注，问候他们，让他们感觉到自己是有价值的。

（2）提升归属感。

应该给学生提供一个安全的环境，让他们能够表达自己的观点，发挥想象力，自己做出决定，与人合作，帮助他人，并能为社会做贡献。比如，帮助低年级或者有需要的同学参加课外活动等。这些活动可以提升学生的自豪感和归属感。

（3）建立良好的关系。

良好的关系可以增强学生的自信心和抗逆力。学生需要知道他们可以与教师和同学建立非评判的、充满信任和尊重的关系。教师通过倾听、尊重和同情来给学生提供支持。教师不评判学生，而是理解学生在尽最大努力。这种支持可以帮助学生变得乐观和充满希望。

（4）认可每个学生的价值。

庆祝每一个微小的成功，认可创造性的观点。

（5）强调合作而不是竞争。

鼓励每个人，而不是只表扬做得最好的人，让学生感到温暖。

（6）树立较高的期望。

看到学生的优势，并帮助学生认识到它们，这样有助于明确学生的内在动机。

（7）帮助学生发现他们的优势。

许多学生根本不知道自己的优势，因为他们从来没有得到过鼓励。让学生想象他们在某一方面出类拔萃，激发出他们的热情。设定完个人目标后，再和他们一起想办法实现它。

（8）同家长的关系。

让家长意识到他们是孩子最重要的老师，要做好榜样。

其次，在班级层面：

（1）学生应该有机会评估自己的学业并为之设定目标。

给学生作业提供建设性的回应，而不仅仅是批改对错，这样可以让学生对自己的作业质量有正确的认识。让学生看到自己的表现和预期的差距并明确努力的方向。

（2）学生为自己的功课设定标准。

面对一项新任务，教师要花时间和学生讨论一下怎样进行才能取得成功。学生通过研究优秀的范例和设定标准，就能够明确努力的方向，这样可以减少学生在努力过程中产生的沮丧情绪。

（3）学生有机会合作完成任务。

在鼓励合作的班级中，学生有机会和同学建立积极的关系。学生通过相互学习、相互支持不断加深关系。

（4）学生参加班会共同讨论班级问题。

班会的环境让学生有机会交换彼此的想法，培养倾听他人的能力，给学生传达这样的信息：问题并不可怕，我们有能力解决它。

（5）学生要有机会做选择。

选择可以很简单，比如选择去读一本书。这样的选择可以让学生有机会表达自己。

（6）学生感觉到自己属于一个班级。

班级更像是社群，而不是基于权威的机构。在这种安全的环境下，学生可以自由表达，培养幽默感和积极的同伴关系，还有对他人的宽容。

（7）学生为班级的维系制定规则。

自己建立规则有助于培养学生负责的态度。

（8）享受成功。

从最有可能成功的事情开始，以发展学生的内在动机。

（9）让学生理解他们具有抗逆力。

帮助学生理解他们有能力给发生在他们身上的一切赋予意义。

（10）学生经历成长的机会。

包括提出一系列鼓励自我反思、自我觉察、批判性思考的问题。鼓励学生进行各种创作（如制作艺术作品、影视作品），或者帮助别人（帮助同学或者参与社区服务）。

优势教育实践方法有哪些？

（1）帮助学生发现自己的优势。

帮助学生发现自己的优势，是优势教育的第一步。我们可以采用积极心理学的干预方法——"最佳的我"的故事，也叫"积极自我介绍"。它的原理：通常我们向别人介绍自己时，都是侧重于介绍教育、职业等方面的情况，这能让计算机把我们的背景完美地存储在数据库里，却无法让别人了解我们作为有血有肉的人有着什么样的情感，是什么样的性格，喜欢做什么样的事，等等。无论是统计研究，还是日常生活中的经验，都已经一再表明，后者和前者一样重要。若想让别人深入了解我们，最好的方法就是讲一个自己的故事。当然，对于推崇谦逊的中国人来说，讲一个关于自己的故事，可能没那么容易，尤其是要讲一个"最佳的我"的故事，就更有骄傲自满、自夸自大之嫌了。但是，由于"负面偏差"使我们更多地注意别人和自己的缺点以及事情的负面，因此，我们需要经常有意识地运用一些心理干预方法，注意别人和自己的优点以及事物的正面，其目的不仅是让我们感觉良好、踌躇满志，更重要的是纠正我们的"负面偏差"，从而使我们对别人、自己、事物有一个更准确的认识。

（2）注重优势的迁移应用。

发展优势时，我们需要不断地扩展到新的场景，找到新的途径使用优势。比如自己的标志性优势运用到不同的情景中，进而锻炼和发展自己的优势。

（3）用优势把你不喜欢的事变成喜欢的事。

怎样用优势来做你不喜欢的事情？这需要一些创造力。我们首先要进行发散性思考，想一想这项你不喜欢的事情有哪些属性，然后进行联想思考，把它与你的标志性优势联系起来，于是你就可以用优势来做你不喜欢的事了。

积极心理学之父塞利格曼认为，个体如果能在每天的生活中运用与生俱来的一系列优点，将会最大限度地提升个体的参与感与意义感。因此，我们可以根据在线测评得出的代表性优势进行锻炼，先设定一个为期几周的锻炼周期，每天采用新的方式来使用这种优势，可以有效地发展这种代表性优势，提升自身的幸福感。

（1）针对"对美丽和卓越的欣赏"的性格优势。

①参观不熟悉的艺术馆或博物馆；

②记录一份美丽日记，每天写下自己看到的最美丽的事物；

③至少一天一次，停下来发现自然的美丽瞬间——日落、花朵、小鸟歌唱。

（2）针对"真实性"的性格优势。

①思考自认为最重要的价值观，并列出一个清单和计划，每天都做一些与它一致的事；

②尝试独自阅读一本书，并提出和其他人不同的观点；

③当和别人交往时，以诚恳的态度主动向别人解释你的动机。

（3）针对"勇敢"的性格优势。

①参加一个团体，并尝试在团体中用语言或行动支持一种不受欢迎的观点；

②每次遇到新的环境，尝试做一件自己平时因为害怕而不会去做的事。

（4）针对"创造力"的性格优势。

①想象一下自己现在所读的教材的其他用途；

②将自己阅读的一段文字或自己平时的感受写成诗歌；

③尝试将生活中有趣的事情用短视频的方式记录，并分享给身边的朋友；

④写一本有关自己的小说。

（5）针对"好奇心"的性格优势。

①选修一门大学中和自己的专业不同而自己完全不了解的课程；

②去一家自己所在的学校附近或城市里不熟悉的少数民族餐馆；

③参观自己所在城市的博物馆；

④听 TED 演讲。

（6）针对"公平"的性格优势。

①每天至少一次，承认一个错误并为它负责；

②每天至少一次，称赞某个自己不是特别喜欢但理应受到赞美的人；

③倾听身边的人讲话，不要打断他们。

（7）针对"宽容"的性格优势。

①记录自己每天的抱怨，尝试摆脱这些观念；

②写一封宽恕信，不要寄出去，但每天读一遍，保持一周。

（8）针对"感激"的性格优势。

①记录每天说了多少次"谢谢你"，使这个数字每天都增长，保持一周；

②睡觉前，写下当天自己认为非常顺利的三件事；

③写下对某个人的感激并寄出一封感谢信。

（9）针对"希望"的性格优势。

①回忆一件令人沮丧的事，书写这件事给自己带来的机会；

②写下下周、下个月以及下一年的目标。

（10）针对"幽默"的性格优势。

①每天至少让一个人微笑或大笑；

②每天尝试写一段段子，找机会讲给身边的人听；

③尝试每天自嘲 3 次，坚持一周。

（11）针对"友善"的性格优势。

①去医院或者养老院看望某人；

②参加一个公益组织；

③为一个朋友或亲人匿名地帮一个忙。

（12）针对"领导力"的性格优势。

①在自己的朋友中间组织一个读书会；

②使用各种方法，让一个新来者感到受欢迎。

（13）针对"爱"的性格优势。

①接受一个称赞，仅仅回应"谢谢你"；

②为某个自己爱的人写一个便条，将它放在能被发现的地方；

③与自己最好的朋友一起做一件他非常喜欢做的事情；

④阅读泰戈尔的诗集，感受他对世界的热爱。

（14）针对"热爱学习"的性格优势。

①读一些经典的教科书、小说；

②每天学习并使用一个新词、流行语或新的知识点；

③阅读一本非幻想类的书籍；

④研究一些自己感兴趣的、有意思的生活现象，制作成 PPT，向身边的朋友展示。

（15）针对"谦虚"的性格优势。

①不要谈论自己，保持一整天；

②想象某件自己的朋友做得比自己好得多的事情，对他称赞这件事。

（16）针对"开放头脑"的性格优势。

①在一个争论中故意唱反调，采取一种与自己的观点不一致的立场；

②每天考虑一下自己强烈相信的观念，思考一下这是不是错误的；

③选择使用一种你之前瞧不上的 App。

（17）针对"毅力"的性格优势。

①写下要做的事情的清单，每天做一件；

②在截止日期之前完成某件工作；

③不受干扰地连续工作几个小时。

（18）针对"洞察力"的性格优势。

①想象自己认识的最有智慧、最佩服的人，像他一样度过一天；

②只有在被问到时才提供建议，但是这样做的时候要仔细考虑，以解决朋友、家人或者同事之间的争吵。

（19）针对"审慎"的性格优势。

①在说除了"请"和"谢谢你"之外的话时，多思考一下；

②骑共享单车出行的时候注意身边的车辆；

③注意生活中的限制性标记，即使没人监督也按照标记上的规定执行。

（20）针对"自己"的性格优势。

每天想想自己生活的目的。

（21）针对"自我调适"的性格优势。

①避免传播流言或者说别人的坏话；

②不转发自己没有认真阅读的文章；

③当要发脾气的时候，先数 10 下。

（22）针对"社会智力"的性格优势。

①当亲友做了某件对他们来说很难的事情的时候，注意到并称赞他们；

②当某个人惹恼你的时候，理解他（她）的动机，而非充满敌意地回应，告诉自己"他（她）的动机是好的"。

（23）针对"团队合作"的性格优势。

①参加一个社团组织，主动组织大家互动；

②每天花费 5 分钟，捡起人行道上的垃圾，丢到垃圾桶中；

③为一个慈善团体提供志愿服务。

（24）针对"热忱"的性格优势。

①早点上床睡觉，吃一顿营养早餐，每天如此，至少一周；

②说"为什么不呢"的次数要比"为什么"多 3 次；

③每天做一些自己想做而不是必须做的事情。

第三章　积极情绪
——收获欣欣向荣的生活

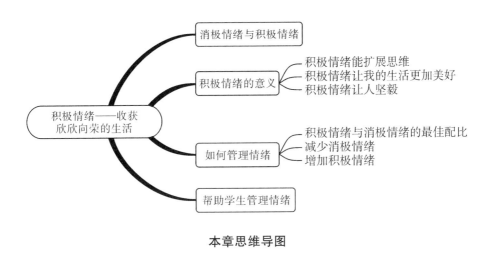

本章思维导图

　　心理学研究发现，个体在日常生活中能够体验到更多的积极情绪，有助于促进其发展良好的身心状况，建立积极的社会关系，提升工作效率，取得优异的学业成就，激发创造力，增强自我效能感和自尊。

　　积极教育的积极情绪模块着眼于提升学生认识与管理情绪的能力，教授他们主动创造如感恩、平静、希望等积极情绪的方法，以及应对消极情绪的技能，培养其积极向上的心态。积极情绪模块的核心理论是拓展与构建理论，该模块主张创造出螺旋上升的积极情绪循环，增进社会关系联结。更为重要的是，此模块关注培育学生识别、理解、接纳自身与他人情绪的技能，从而提升其情商。

第一节　消极情绪与积极情绪

美国圣母大学前人格心理学教授戴维·沃森（David Watson）等在1988年按照对个体的不同作用将情绪分为积极和消极两种类型。其中，消极情绪是一种低落的、沮丧的主观不良体验，能够从中看出个体正在经历的悲伤和痛苦的程度，包括愤怒、厌恶、害怕等不良情感表现；积极情绪则是指反映人们所经历的积极感受程度的情绪体验状态，包括热情、愉悦、放松等。

我国学者孟昭兰在其著作——《情绪心理学》中将积极情绪解释为，当自我的需求得到满足时主观上体验到的愉快、轻松的情绪，并且这种主观体验还可以推动个体的行动能力和积极性。

积极情绪与消极情绪的区别见表3-1。

表3-1　积极情绪与消极情绪的区别

维度	消极情绪	积极情绪
进化意义	生存：攻击或逃跑，猛兽性	发展：拓展与构建，人性
收益方式	短期的，暂时收益，帮助生存	积累长期资源，包括生理、智力、社会和心理资源
适用情景	威胁情景	成长情景
资源影响	集中身体和思维资源	开放，尝试，接受新的信息
行动倾向	直接，立刻采取特定行动	间接，缓和有选择地采取行动
生理反应	心跳加快，血液流向四肢，肾上腺分泌，肌肉收紧	心跳缓和，血压平和，身体放松，胸腔扩展

国际积极心理学协会（IPPA）前任主席芭芭拉·佛雷德里克森（Barbara Fredrickson）是积极情绪研究领域的领先学者。她认为积极情绪让我们感觉良好，积极情绪包括10种形式：喜悦、感激、宁静、兴趣、希望、自豪、逗趣、激励、敬佩和爱。

"喜悦"是一种非常积极和正面的情绪，它源自内心的满足和快乐，通常与成功、好消息、美好的经历或人际关系中的温馨相关联。当我们经历喜悦时，会感到心灵得到了滋养，情绪变得高昂，甚至可能引发身体上的愉悦反应，如微笑、笑声或心跳加速。

"感激"表达了个体对他人善意、帮助、支持或恩惠的深深谢意和珍视。当我们对某人或某事表示感激时，我们是在承认并赞赏对方给我们生活产生的积极影响。真正的感激是由衷的和自发的，是一种交织着喜悦和由衷赞赏的真正的愉悦体验。但是当你觉得必须报答某个人时，你就不是在体验感激了，而是亏欠，这往往令人明显感到不快。亏欠往往是以吝啬的方式做出回报，感激则是毫不吝啬地、充满创意地给予回馈。

"宁静"是一种平和、安静、无纷扰的状态。在宁静的状态下，人们的内心是平和与安宁的，往往能够远离喧嚣，沉淀思绪，感受内心的平静与和谐。宁静有助于精神的放松，当身心处于宁静状态时，人们能够放下烦恼和忧虑，紧张和压力会得到缓解，心灵会得到放松和休息，从而恢复内心的平衡、稳定和自在。在宁静中，人们的思绪往往更加清晰，能够更容易地集中注意力，思考问题，甚至获得灵感和启示。长期的宁静生活或宁静的心态有助于内心的成长，它让人们有更多的时间去反思、学习和提升自我，从而变得更加成熟和睿智。

"兴趣"是当你感到绝对安全时，一些新颖或奇怪的事物吸引了你的注意，用一种带着可能性和神秘性的感觉将你填满。兴趣是驱动个体学习、工作、创造和享受的重要动力之一，它能够使人们在面对挑战和困难时保持持久的热情和动力。兴趣对于个人的成长和发展具有重要意义，它不仅能够激发人们的创造力和创新精神，还能够提高人们的学习效率，提升人们的工作能力。同时，兴趣也是人们享受生活、缓解压力、培养健康心理的重要途径。

"希望"是相信事情能够好转的信念，在事情看来将要无望或绝望时产生。在人生的旅途中，希望如同一盏明灯，照亮我们前行的道路，给予我们勇气和力量去面对困难和挑战。人类学家莱昂内尔·泰格（Lionel Tiger）认为，相较于其他生物，人类具有高级思维活动，能够设想未来，预见可能的灾难。如果没有希望，人类将会停滞在绝望中。当我们对未来充满希望时，我们会更加积极地制定目标、规划行动，并为之努力奋斗。这种动力不仅来自对成功的渴望，更来自对美好生活的向往。

"自豪"是自我意识的情绪的一种类型，源于对自己、他人或所属团体所取得的成就、品质或行为的肯定与赞赏。自豪感体现为一种强烈的自我认同。当个人或团体因为某种优秀特质、出色表现或高尚行为而感到骄傲时，就会产生自豪感。自豪感往往伴随着荣誉感，当个人或团体因为某些成就、品质或行为而受到赞扬或表彰时，会感到无比荣耀，这种荣誉感是自豪感的直接体现。自豪感具有强大的激励作用，它不仅能够增强个人或团体的自信心和动力，还能够激发他们继续追求卓越、不断进步的决心和勇气。自豪感通常也伴随着分享的欲望，当个人或团体为某件事情感到自豪时，他们往往乐于与他人分享这份喜悦和成就感，以此增强彼此之间的认同感和归属感。自豪感往往与正向价值观紧密相连，反映了个人或团体对优秀品质、高尚行为和卓越成就的认同和追求，是推动社会进步和发展的重要动力之一。

"逗趣"形容某种行为、言语或情景具有引人发笑、轻松愉快的效果。它通常指的是通过机智、幽默或俏皮的方式，使人感到愉悦和开心。逗趣的核心在于幽默感。逗趣通过夸张、讽刺、双关等手法，让人在轻松愉快的氛围中感受到乐趣。逗趣往往需要一定的智慧和敏捷的思维，要求能够迅速捕捉到情景中的笑点，并以巧妙的方式表达出来。逗趣具有社会性，是在对话、表演等形式的交流互动中激发、参与并增强的。逗趣在人际交往中起着重要的作用，它可以增进彼此之间的了解和友谊，缓解尴尬和紧张的气氛，让人们在轻松愉快的氛围中交流和相处。无论是家庭聚会、朋友聊天还是工作场合，逗趣都能够为人们的生活增添一份乐趣和色彩。

"激励"被认为是一种自我超越的情绪类型。当你遇见了卓越，目睹了他人美好的品质，你得到了启发和振奋，并产生了见贤思齐的冲动和做法，这个过程就是激励。诚然，有时身边人的优秀也会让一些人产生怨恨或者嫉妒等消极情绪，进而让他们发牢骚、嘲笑、诋毁别人，或者因为自己没有做到同样出色而痛贬自己，让自己故步自封，无法进步和超越自我。但是，是进入不断卓越的良性循环，还是跌入哀怨或否定自我的恶性循环，取决于个人的选择，并且和个人的心灵的开放性息息相关。

"敬佩"与激励的关系密切，也是一种自我超越的情绪，通常用于描述一个人对另一个人或某一群体的品德、才能、成就或行为等方面的高度赞赏和钦佩之情。敬佩表达了深厚敬意和高度尊重，源于对他人优秀品质的深刻认识和肯定。敬佩之情不仅体现在内心的感受上，还常常通过言语和行为表达出来。我们可能会用赞美的话语来表达对他人的敬佩，也可能会在行动上效仿他们的优秀品质，以他们为榜样来激励自己不断进步。在人际交往中，敬佩是一种积极的情感力量，它能够增进人与人之间的理解和尊重，促进团结和合作。当我们对他人怀有敬佩之情时，会更加愿意倾听他们的意见和建议，更加尊重他们的选择和决定。这种相互尊重和理解的关系有助于建立更加和谐、稳定的社会环境。

"爱"并不是一种单一的积极情绪，而是包含了上述 9 种情绪的积极情绪。当上述的积极情绪与一种安全的亲密关系相联系，扰动心灵时，我们称之为爱。爱具有许多积极的作用。首先，爱能够带来幸福感和满足感，让人们感受到生命的价值和意义。其次，爱能够增强人们的社交能力和人际关系，促进人与人之间的和谐共处。最后，爱还能够激发人们的创造力和潜力，推动社会的进步和发展。然而，爱也需要得到正确的表达和维护。在表达爱时，我们应该真诚、坦率地表达自己的感受，同时也需要尊重对方的感受和意愿。在维护爱时，我们需要付出努力和时间，通过沟通、理解和包容来保持关系的稳定、和谐。总之，爱是一种美好而强大的力量，它能够让人们感受到生命的温暖和美好。我们应该珍惜并用心经营每一份爱，让它成为我们生命中最宝贵的财富。

消极情绪也主要有 10 种，包括愤怒、悲伤、焦虑、恐惧、羞愧、内疚、失望、嫉妒、怨恨、轻蔑。

"愤怒"是一种强烈的、不愉快的情绪反应，通常是由于感觉受到威胁、不公正或被侵犯而产生的。愤怒可以促使我们采取行动来保护自己或恢复平衡，但过度的愤怒可能导致人际关系紧张和攻击性行为。

"悲伤"是对失去、失望或失败等负面经历的情感反应。它通常伴随着情绪低落、哭泣、失去兴趣和活力等表现。悲伤是自然的人类情感，但长期的悲伤可能演变成抑郁症。

"焦虑"是一种对未来可能发生的负面事件或情景的过度担忧和恐惧。它可能导致紧张不安、心跳加速、出汗等生理反应。适度的焦虑可以促使我们做好准备应对挑战，但过度的焦虑则会影响我们的日常生活和心理健康。

"恐惧"是对某种具体危险或威胁的直接反应。它可能源于对未知、疼痛、死亡、失去控制等的担心。恐惧是一种生存机制，有助于我们避免潜在的危险，但过度的恐惧会限制我们的行动自由和生活质量。

"羞愧"是一种深刻的、自我否定的情绪体验，通常与认为自己在某方面不足或不值得被爱有关。羞耻感可能导致我们隐藏真实的自我，避免社交活动，甚至产生自我厌恶的情绪。

"内疚"是对自己过去行为的道德谴责和悔恨感。它可能源于对他人造成的伤害或未能履行责任。

"失望"是对期望未能实现或目标未能达成的情感反应。它可能源于对他人行为的期望落空，或对自己能力的过高估计。失望可能让我们感到沮丧和无助，但也可以成为我们重新评估和调整期望的契机。

"嫉妒"是对他人拥有而自己缺乏的某种优势（如财富、才能、爱情等）的强烈不满和羡慕之情。嫉妒可能驱使我们努力提升自己，但也可能导致我们产生敌意和破坏性行为。

"怨恨"是长期积累的愤怒和不满，通常针对特定的人或事。它可能导致我们产生持续的敌意和报复心理。

"轻蔑"是指轻看、轻视、蔑视、藐视、小看、鄙弃。它表达了一种对某人或某事的贬低和不尊重的态度，并伴随着发起轻蔑的一方感觉自己比被轻蔑的一方更优越的感觉。这种情绪可能会伴随着疏远或拒绝轻蔑对象的行为，如将对方从自己的社交圈内排除出去，或者不愿意与之发生人际间的互动。

这些消极情绪虽然不愉快，但它们也是我们人类情感体验的一部分。了解和识别这些情绪，并学会以健康的方式应对它们，对于维护我们的心理健康和人际关系至关重要。

情绪能量层级是由美国著名心理学家霍金斯（David R. Hawkins）提出的概念，他分析了不同情绪对应的能量等级。这些等级从 0 到 1 000 分为不同的层次，其中 200 以下是负面情绪，200 以上是正面情绪。霍金斯情绪能量层级见图 3-1。

羞愧（Shame）：20。这是一种极具破坏性的情绪，会导致身心受损，其能量级几近死亡，万念俱灰。羞愧如同是意识的自杀行为，会缓慢地夺去人的生命。在羞愧的状况下，人恨不得找个地缝钻进去，或者是希望自己能够隐身。这是一种严重摧残身心健康的状况，最终还会让人的身体或精神致病。这个能级的人还容易发展出蔑视的人格，对社会和他人造成很负面的威胁。

内疚（Guilt）：30。这个能量级以多种方式呈现，经常表现为懊悔、自责、受虐倾向以及受害者情结等，这些人总是觉得自己受伤和被迫。无意识的内疚感会导致身心的疾病，带来意外事故、自我惩罚行为甚至自杀行为。它也经常表现为频繁的愤怒、报复心理和疲乏。内疚的人总是认为这个世界对自己充满不公平，具备报复性，进而形成明显的破坏性。

能量层级（正面）

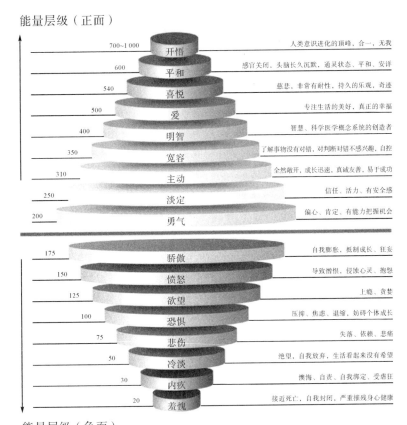

700~1 000	开悟	人类意识进化的顶峰，合一，无我
600	平和	感官关闭，头脑长久沉默，通灵状态、平和、安详
540	喜悦	慈悲，非常有耐性，持久的乐观，奇迹
500	爱	专注生活的美好，真正的幸福
400	明智	智慧、科学医学概念系统的创造者
350	宽容	了解事物没有对错，对判断对错不感兴趣，自控
310	主动	全然敞开，成长迅速，真诚友善，易于成功
250	淡定	信任、活力、有安全感
200	勇气	偏心、肯定、有能力把握机会
175	骄傲	自我膨胀，抵制成长，狂妄
150	愤怒	导致憎恨，侵蚀心灵，抱怨
125	欲望	上瘾、贪婪
100	恐惧	压抑、焦虑、退缩，妨碍个体成长
75	悲伤	失落、依赖、悲痛
50	冷淡	绝望，自我放弃，生活看起来没有希望
30	内疚	懊悔、自责、自我绑定、受虐狂
20	羞愧	接近死亡，自我封闭，严重摧残身心健康

能量层级（负面）

图 3-1　霍金斯情绪能量层级

冷淡（Apathy）：50。这个能量级表现为贫穷、失望和无助感，觉得世界与未来都看起来没有希望。冷淡意味着无助和绝望，让人成为生活中各方面的受害者。在这个能量级的人，不仅看不到自己的希望，也更看不到别人和社会的阳光面。

悲伤（Grief）：75。这个能量级充满对过去的懊悔和自责，是悲伤、失落和依赖性的能量级。无论从内心方面还是外在生活状态，这都是一个孤立无援的无力和消沉状态。在这个能量级的人，感觉自己是孤立无助的可怜虫，生活中充满了对过去的懊悔、自责和悲恸。在悲伤中的人，看这个世界都是灰色的。

恐惧（Fear）：100。这个能量级感觉世界充满危险和威胁，可能导致压抑或偏执。从这个能量级来看世界，到处充满了危险、陷害和威胁。只要人们开始关注恐惧，就真的会有数不尽的让人担忧、焦虑和不安的事来临。由于严重缺乏安全感，他们怀疑别人都有故意伤害自己的倾向，之后会形成强迫性的恐惧，这会妨害个性的成长，最后导致压抑、偏执或防御性人格。因为它是让能量流向恐惧，这种压抑性的行为使人不能提升到更高的层次。

欲望（Desire）：125。欲望使人追逐目标和回报，但可能导致上瘾。欲望让我们耗费大量的努力去达成我们的低级目标，去取得他们渴求的回报。这也是一个易上瘾的能量层级，不知道什么时候，一个人的欲望会强大到比他的生命本身还重要，难以克制的上瘾症就是结果。

愤怒（Anger）：150。人会因欲望未满足而产生愤怒，易变且危险。如果有人能跳出冷漠和内疚的怪圈，并摆脱恐惧的控制，他就开始有欲望了，而欲望则可能带来挫折感，接着引发愤怒。愤怒常常表现为怨恨、嫉妒、愤世嫉俗和报复心理，它是易变且危险的状态。愤怒来自未能满足的欲望，来自比之更低的能量层级。愤怒很容易导致仇恨，进而逐渐侵蚀一个人的心灵。由于没有找到宽恕他人的方法，仇恨让人产生报复的破坏性心理。

骄傲（Pride）：175。相比更低能量的情绪，骄傲稍显积极，但具有防御性。骄傲是具有防御性和易受攻击性的，因为它是建立在外界条件下的感受。自我膨胀是骄傲自大的助推剂，骄傲的演化趋势是自以为是、傲慢、刻薄、苛刻、攻击、挑剔和否认，这些都是抵制一个人成长的负能量。

勇气（Courage）：200。这个能量级是重要的转折点，代表着拓展自我和把握机会的能力。到了200这个能量层级，生命动力才初显端倪。勇气是拓展自我、学习技能、获得成就、坚忍不拔和果断决策的根基。在比之更低的能量级，世界看起来是无助的、失望的、挫折的、恐怖的。来到勇气这个能级，人们有能力从社会和他人那里看到阳光面，生活看起来就是激动人心的，充满挑战的，新鲜有趣的。处在这个能量级的人们已经有能力去把握生活中的机会。

淡定（Neutrality）：250。达到这个能级的人意识活跃，对结果超然，感到安全。低于250的能级，意识是趋向于分裂和刚硬性的，显得非常固执和僵化，爱憎分明，是非分明，非此即彼，对很多人事物看不惯或不接纳，缺乏灵活性和融通性。淡定的能级使人能够灵活和无分别性地看待现实中的问题。来到这个能级，意味着对事物各种结果的超然应对能力，一个人不会再深陷挫败和恐惧。这是一个有安全感的能级，达到这个能级的人们，都是随和的，很容易与之相处的，而且让人感到温馨可靠，因为他们无意于争端、指责、竞争和犯罪。这样的人总是镇定从容，有安全感，不会去强迫别人做什么。

主动（Willingness）：310。达到这个能量级的人表现出色，乐于面对挑战和学习。这个能量层级可以看作进入更高层次能级的一道门。他们会如实地完成工作任务，并极力获得成功。这个能级的人的成长是迅速的，他们是为人类进步而预备的人选。达到这个能量级的人通常是真诚而友善的，也易于取得社交和经济上的成功。多数的中高层管理人员、中高级专业技术人员、中小型企业主、优秀的业务人员、各种有一技之长的职业人士都属于这一能级。

宽容（Acceptance）：350。达到这个能量级的人意识到自己是命运的主宰，具有自律和自控。在这个能级，一个巨大的转变会发生，那就是了解到自己才是自己命运的主宰者，自己是自己生活的创造者。低于200能级的人是没有这个力量的，通常视自己为社会的受害者，经常心烦意乱、情绪糟糕，完全受生活所左右。处在这个能量级的人认为，没有什么"外在"东西能让一个人快乐和痛苦，爱也不是谁能给予或夺走的，这些都来自内在，自己需要对自己的一切状况负全责。宽容和接纳的态度，意味着让生活如它本来的样子，并不刻意去塑造成一个特定的模式。在这个能级的人不会对判断对错感兴趣，不用好坏的标准去歧视任何人，不会爱憎分明、愤世嫉俗，不会那么斤斤计较；相反的，如果遇到困难，他们则乐于参与解决，贡献自己的力量。他们更在意长期目标，良好的自律和自控是他们显著的特点。优秀的中高级管理人员、大多数成功的企业家、优秀的教育工作者、优秀的科学技术工作人员、优秀的专业人才和技术人才等都属于这一能级。

明智（Reason）：400。这是超越了感情化的较低能量级，进入有理智和智能的阶段，也是科学、医学、各种思想以及概念化和理解能力形成的能级，知识和教育在这里成为主要资历。属于这一能级的人最大的爱好就是关注咨询、坚持学习、大量阅读。这是优秀的科学家，诺贝尔奖获得者，有影响力的政治人物，杰出的企业家，行业领袖和高级法律、教育、工程、技术等领域高级专家人士的能级。许多名人如爱因斯坦、牛顿、马克思、弗洛伊德，以及很多其他历史上杰出的思想家、发明家、医学家、哲学家、教育家、科学家等都处在这个能级。此外，还有少数 350 层级的人会成长并进入这个能级。这个能级的人的缺点是，过于关注对符号和符号所代表的意义的区分，过于信任和依赖已有的规则和逻辑。理性和理智并不是让人走向真理的道路，它只是能制造出大量的约束因素、信息和文档，但是缺乏解决数据和结果差异性的能力。事实上，理智本身就是通往更高能级的一个最大障碍和局限。因此，在我们的社会中能超越这个能级的人凤毛麟角。

爱（Love）：500。无条件的爱，是生命存在的基本状态，极其稀少。这里的爱并非通常意义人们所谈论的和各种媒体所描述的那些有条件的爱。通常意义上的爱，很容易就戴上愤怒和依赖的面具。这种爱一受到挫折，马上就能转变成愤恨。引发愤恨的爱是来源于骄傲和欲望的能量层级，不是真的爱。500 能级的爱是无条件的爱，不变更的爱，永久性的爱。这种爱不会动摇，不来自外界因素，而是发自内心，无评判，不分好坏，始终如一。这种爱是让人成长的无限动力。爱是生命存在的基本状态，爱是宽容、滋养和维持这个世界的最高能量，它不是知性的爱，不是来自头脑的爱，它是发自心灵的爱。无条件的爱总是聚焦在生活美好的那一面上，并且增大生命积极的经验。这是一个真正幸福的能级，上升到 500 层级，对于任何领域的人来讲，都是一个巨大的、极其难得的，甚至是神圣的能级跃迁。达到这个层级的人，开始把付出仁爱作为生命的目标之一。抛弃了人类社会世俗奋斗目标的人，比如那些不求回报地献身于艺术创作事业并为人类留下了不朽作品的伟大艺术家、那些致力于帮助更多人觉醒的心灵导师、那些以实现他人利益为自身奋斗目标的人、那些能够帮助很多人大幅度提高能量层级的人都属于这一能量层级。在高于 500 能级的水平上，自身的精神觉醒和促进他人觉醒成为人生使命的显著特点。世界上只有 0.4% 的人曾经达到这个层次。神奇的是，一个能级 500 的人的意识能量相当于 750 000 个能级低于 200 的人的意识能量的总和。

喜悦（Joy）：540。540 能级也是拥有明显的意念能量、疗愈能量和使人精神独立的能级。达到 540 能级并由此往上，就是很多圣人、心灵成长大师、大德高人和高级修行者以及高级心灵疗愈师的能级。他们的强大能量和令人不可思议的心念力量，可以使很多人的身体疾患和心灵伤痛神奇地消失，可以轻松提高其他人的意识频率，甚至能够在短时间内改变一个人的世界观。这个能级的人的特点是，他们具有巨大的耐性、超常的平和、自然的慈悲，对一再显现的困境具有持久的乐观态度。达到这一层次的人，他们已经不把追求世俗目标作为人生的主要努力方向。所以，再也无法用财富、地位、权力、名誉等社会标准来衡量他们的成就。他们也许自愿选择生活在俭朴的物质条件之下，但是他们的内心充实。事实上，在这个世界上只要是他们所追求的事物，他们都在不同程度上具有心想事成的神奇能力。因为他们已经把为他人和社会所作出的奉献作为人生成就的首要衡量标准，所以他们并不为世俗的事物所分心。达到这个能级的人，对其他人会有显著的影响，会显著提高其影响范围内的人群的整体能量层级。他们对他人和社会持久性的关注，会带来更大范围的爱和平静的能量。在能级超过540的人看来，这个世界充满了闪亮的美丽和完美的创造，一切神奇的事物都在毫不费力地同时发生着。在他们看来，一切成就都是符合宇宙法则的稀松平常的作为，却会被平常人当成是奇迹来看待。

平和（Peace）：600。这个能量层级和所谓的卓越、自我实现有关，达到这个能级的人会成为人们永久的精神导师。达到这个层级的人非常稀有，一千万人当中才有一个人能够达到这个层级。而一旦达到这个能级，内与外的区分就消失了，感官几乎被关闭了。能级600及其以上的人的感知世界如同慢镜头一样，时空悬停了，没有什么是固定的了，所有的一切都生机勃勃并光芒四射。

开悟（Enlightenment）：700~1 000。这是历史上所有创立了精神模范，让无数人历代跟随的开悟伟人的能级。这是强大灵感的能级，这些人的诞生，形成了影响全人类的引力场。在这个能级不再有个体与个体之间的分离感，取而代之的是意识与神性的合一。在今天的地球上，仅有12个人位于意识层级700以上这一能量层面，这是人类意识进化的顶峰。到达700~1 000能量层级的人具有巨大的精神意识能量，他们会明显影响人类整体的能量层级，把人类觉醒和人类精神救赎作为自己的伟大事业。

情绪能量层级的概念有助于我们理解不同情绪状态对个人的影响，指导我们通过提升情绪能量来改善生活质量和心理健康。

第二节　积极情绪的意义

消极情绪让我们活得更长，积极情绪让我们活得更好。情绪并没有好坏之分，其出现是为了让我们更好地适应环境。消极的情绪也有其存在的价值和意义。因为情绪总是伴随着相应的主观心理感受和行为表现，心理学称为情绪的"特定行为倾向"（specific action tendencies）。例如，恐惧的情绪与逃跑的冲动相联系，愤怒驱动攻击，厌恶导致排斥，等等。这些特定行为倾向帮助人类的祖先趋利避害生存下来。在人类漫长的进化过程中，消极情绪作为人类生存的本能，得到了充分的发展。这种进化功能使得人类能够在历史长河中生存下来，直到现在仍然对人类生存具有非常重要的作用。

消极情绪的行为倾向和进化意义见表 3-2。

表 3-2　消极情绪的行为倾向和进化意义

消极情绪	行为倾向	进化意义
恐惧	促使你逃跑	逃离危险；安全
愤怒	促使你攻击或示威	提醒你受到侵犯；保护自己以及所属
伤心	促使你关注过去	提醒你可能有重大失去
厌恶	促使你远离	远离有害、伤害、恶劣的事物
焦虑	促使你集中注意力应对危险	警告你危险就在身边或不远的未来

一、积极情绪能扩展思维

积极情绪具有扩展效应，能扩展思维，并拓宽视野。美国北卡罗来纳大学积极情绪实验室曾做过情绪与认知关系的系列实验。其中一个实验将 104 名被试人员分成三个组：一组人员体验逗趣或宁静；一组人员体验愤怒或恐惧；还有一组人员体验中性情绪。接下来，试验人员要求被试人员列出自己现在想要做的事，制作一个计划清单。实验结果发现，那些感受到逗趣或宁静的人，列出的单子最长，这说明积极的情绪有助于增加个体思维的广度。另外，关于注意力的实验也让研究者发现，当被试人员内心充盈着积极情绪时，其眼界会扩展，注意范围会扩大。与之相反，当被试人员沉浸在消极情绪中，其视野会变窄，更倾向于分割地看待眼前事物。大量研究表明：积极情绪改变了个体对生活的视野，扩大了其世界观，让人们能吸纳更多的知识和信息。

通过对思维的扩展作用，积极情绪带来一个实际效果，就是增加创造力。有证据表明，仅仅是回忆一段快乐的经历，或是接受一个小小的善意，就能够让个体在解决问题中表现得更具创造性。

此外，在积极情绪实验室中，研究人员还通过大量研究发现，积极情绪改变了个体大脑的思考模式，进而影响了其与世界互动的方式，增强了个人的亲社会属性，让其与周围的人和环境更加和谐。

二、积极情绪让我们的生活更加美好

积极情绪能帮助我们保持健康的身体。积极情绪能提高人体内的多巴胺含量，加强免疫系统的运作，并降低人体对于压力的炎症反应。积极情绪会降低血压，减少疼痛，提高睡眠质量，降低个体患病的风险。科学家已经证实积极情绪能延长人的寿命。

积极情绪能帮助我们培养形成更多的优秀品质。在生活中，能够体验到更多积极情绪的人会变得更加乐观、更加坚韧、更加开放、更具接纳性、更能坚定实现目标的决心，其能够在心理上迅速成长。

积极情绪能帮助我们构建良好的社会联系。有证据显示，在表达感激时，无论是通过语言、好意，还是礼物的形式，彼此的关系都得到了滋养，这会让关系变得更加坚固、更加紧密。

三、积极情绪让人坚毅

积极情绪能让个体充满希望地看待挫折和失败，给予个体从困难中恢复的力量，使人们更加坚韧和坚强。坚韧是一种随时间增长的内在资源，而积极情绪推动了这一增长。不少研究发现，个体的坚毅品质与其积极情绪呈显著的正相关。

第三节 如何管理情绪

马克思曾经说过，一种美好的心情，比十服良药更能解除生理上的疲劳和痛苦。成功学之父——拿破仑·希尔（Napoleon Hill）告诉我们，成功者与失败者最大的不同在于，前者是情绪的主人，后者是情绪的奴隶。管理情绪是一项至关重要的能力，对于个人的心理健康、人际关系、工作表现以及整体生活质量都有着深远的影响。

一、积极情绪与消极情绪的最佳配比

心理学家马歇尔·洛萨达（Marcial Losada）通过研究发现，当积极情绪与消极情绪的比例（积极率）达到3∶1时，商业团队的工作绩效会更优，这一比例被称为"洛萨达比例"或"洛萨达线"。著名的心理学家、两性关系和人际关系大师——约翰·戈特曼（John Gottman）指出，在幸福美满的婚姻中，积极率大约是5∶1；而不幸的婚姻的积极率则不足1∶1。由此可见，当我们的积极率高于3∶1时，才有足够的积极情绪达到欣欣向荣。《积极情绪力量》的作者芭芭拉认为，积极率11∶1是另一个临界点，积极情绪太多也会产生问题，它会让我们盲目乐观，因此适当的消极情绪也是必需的，它能触发改变并保护我们周全。

【心理测试】

积极情绪自我测试

请你回顾过去的一天，利用下面的题项，评估你体验到的每一种情绪的最大量。

0——一点都没有　1——有一点　2——中等　3——多　4——非常多

1. 你所感觉到的有趣、好玩或可笑的最大程度。
2. 你所感觉到的生气、愤怒或懊恼的最大程度。
3. 你所感觉到的敬佩、叹为观止的最大程度。
4. 你所感觉到的羞愧、屈辱或丢脸的最大程度。
5. 你所感觉到的感激赞赏或感恩的最大程度。
6. 你所感觉到的轻蔑、藐视或鄙夷的最大程度。
7. 你所感觉到的希望乐观或备受鼓舞的最大程度。

8. 你所感觉到的反感、厌恶的最大程度。

9. 你所感觉到的激励、振奋或兴高采烈的最大程度。

10. 你所感觉到的尴尬、难为情或羞愧的最大程度。

11. 你所感觉到的兴趣、好奇的最大程度。

12. 你所感觉到的内疚、忏悔或应受谴责的最大程度。

13. 你所感觉到的快乐、高兴或幸福的最大程度。

14. 你所感觉到的仇恨、不信任或怀疑的最大程度。

15. 你所感觉到的爱、亲密感或信任的最大程度。

16. 你所感觉到的悲伤、消沉或不幸的最大程度。

17. 你所感觉到的自豪、自信或自我肯定的最大程度。

18. 你所感觉到的恐惧、害怕或担心的最大程度。

19. 你所感觉到的宁静、满足或平和的最大程度。

20. 你所感觉到的压力、紧张或不堪重负的最大程度。

计分方式：

单数题目为积极情绪，双数题目为消极情绪，将积极情绪的总分除以消极情绪的总分，就算出了过去一天你的积极率。如果消极情绪总分为 0，就用 1 来代替它，以避免除数为零的问题。

二、减少消极情绪

情绪心理学家们的研究告诉我们，消极情绪并非来自我们遭遇的不幸，而是来自我们如何看待不幸。

美国心理学家艾利斯（Albert Ellis）认为不合理的信念导致了人们消极情绪的产生。他提出了引发负性情绪产生的 11 条不合理信念，如下所示：

（1）人应该得到自己生活中其他人的喜爱与赞许。

（2）一个有价值的人应该在各方面都比别人强。

（3）对于有错误的人应该给予严厉的惩罚与制裁。

（4）如果事情非己所愿，将是可怕的。

（5）不愉快的事是由外在因素引起的，自己不能控制和支配。

（6）面对困难与责任很不容易，倒不如逃避更好。

（7）对危险与可怕的事情要随时警惕，要经常提防其发生的可能性。

（8）人要活得好一点，就必须依赖比自己强的人。

（9）以往的经历和事件对现在具有决定性的、难以改变的影响。

（10）对于他人的问题应当非常关切，并为他人的事情感到难过。

（11）任何问题都应该有一个正确而完整的答案。

艾利斯进一步概括出不合理信念主要有以下三个特征：

（1）绝对化要求。个体以自己的意愿为出发点，对某一事物怀有认为其必定会发生或不会发生的信念。这种信念常常与"必须""应该"等字眼相连，忽视了现实的多样性和变化性。

（2）过分概括化。这是一种以偏概全、以一概十的不合理思维方式。个体常常因为某一次或少数几次的失败或挫折，就对自己或他人做出全面的否定性评价，忽视了自己或他人其他方面的成功和优点。

（3）糟糕至极。这是一种认为如果一件不好的事发生了，将是非常可怕、非常糟糕，甚至是一场灾难的想法。这种信念将导致个体陷入极端不良的情绪体验，如耻辱、自责自罪、焦虑、悲观、抑郁等，难以自拔。

不合理信念是如何产生的呢？认知行为疗法认为思维模式是在早期的成长环境中形成的。每个人在生理基础（遗传素质）上，因家庭环境、成长经历的不同，形成了对自己、自己与环境、自己与他人关系的基本认知（核心信念）。我们用这些认知来处理与自己相关的人、事、物，就形成了自己的规则、条件。如果基本认知出现较大的偏差，那么这些规则就呈现出不合理性。当遇到情景刺激时，个体立即自发用这些规则来解释情景，过程很短（所以认知行为疗法又把这种解释称为自动思维）。在认知行为疗法中，人们把这些规则、条件甚至假设称为中间信念。不合理的中间信念形成不合理的自动思维，由此引发消极情绪。

因此，为了减少消极情绪，就要质疑和反驳这些不合理的信念（或者称为消极思维）。艾利斯提出了情绪调节的五步法：第一步觉察情绪，即真诚地直面真实的情绪，认识情绪，感受情绪，不回避、不压抑；第二步悦纳情绪，即接纳消极情绪的存在，理解其出现的原因、目的和意义；第三步反驳认知，即找出不合理信念，并反驳它；第四步调整行为，即明确自己的目标并激发积极地实现目标的行为；第五步改变事件，即未来我可以做什么来减少消极情绪的产生。

应对消极情绪的工具见图3-2。

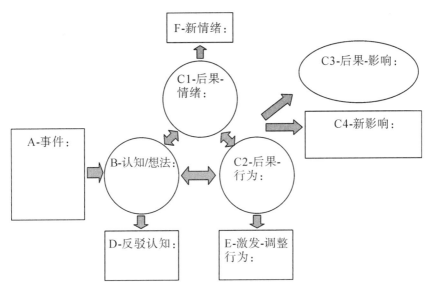

图 3-2　应对消极情绪的工具

　　此外，当前关于抑郁情绪的研究发现，长期的思维反刍（亦称"反刍思维"）可能加重或延长负性情绪，如抑郁和焦虑，甚至发展为临床上的抑郁症。思维反刍指的是一种重复且被动地思考的现象，其类型包括强迫思考和反省深思，前者是指被动地比较当前状况和不能实现的目标之间的差距，后者则是指有目的地解决认知问题。转移注意力、培养兴趣爱好等方式可以改善思维反刍的倾向。

　　认知行为治疗的创始人亚伦·贝克（Aaron Beck）曾提出八种让人们易患上抑郁的思维陷阱。这些陷阱也被称为"思维扭曲"或"认知扭曲"，它们通常指的是一系列不准确、不合逻辑或消极的思维模式，这些模式会加剧个体的心理问题，如焦虑、抑郁等。

　　陷阱 1：快速下结论。这是指在没有充分证据或未全面了解情况的时候，就迅速做出结论。这种思维方式容易导致误判和偏见。

　　陷阱 2：管道视野（也称隧道视野）。这是指只关注问题的一个方面或一部分，忽视了整体或其他可能的视角。这种视野狭窄会导致判断失误和决策偏颇。

　　陷阱 3：夸大或缩小。这是指在评价自己、他人或事件时，过度夸大消极面或缩小积极面。这种扭曲的认知会加剧负面情绪，降低自我效能感。

陷阱 4：个人化。这是指将一切不好的结果都归咎于自己，即使这些结果与自己的实际行为或能力无关。这种过度的自责会削弱个体的自尊和自信。

陷阱 5：过度概括。这是指基于单一事件或有限的信息就做出全面的判断或预测。这种以偏概全的思维方式会限制个体的视野和判断力。

陷阱 6：读心术。这是指错误地认为自己能够准确地了解他人的想法和感受，即使缺乏确凿的证据。这种主观臆断会导致误解和冲突。

陷阱 7：情绪推理。这是指将情绪状态当作事实的依据，忽略了理性思考和客观证据。例如，因为感到沮丧就认为一切都很糟糕。

陷阱 8：绝对化思维。这是指以绝对化的方式看待事物，认为事物只有两种极端情况，没有中间地带。这种非黑即白的思维方式会限制个体的灵活性和适应性。

贝克提出的这些思维陷阱对于理解人类心理问题的根源具有重要意义。通过识别和纠正这些扭曲的思维模式，个体可以更有效地管理情绪、提高自尊和自信、改善人际关系，并最终实现心理健康和幸福。因此，在心理咨询和治疗过程中，认知行为疗法常常会引导个体识别和挑战这些思维陷阱，以建立更加健康、合理的思维方式。

打破思维陷阱是提升创新力、批判性思维和解决问题的能力的重要方法。表 3-3 列举了 12 个有助于挑战思维陷阱、打破常规思维、激发新想法的问题。

表 3-3　打破思维陷阱的 12 个问题

提问	目的
1. 这个想法是基于什么证据或事实得出的？	鼓励个体审视自己想法的合理性，看是否有足够的证据支持
2. 是否存在其他可能的解释或观点？	促使个体考虑问题的多面性，避免单一视角的局限
3. 这个想法是否过于绝对或极端？	提醒个体注意"全或无"的思维方式，鼓励个体更加灵活和包容地思考
4. 这个想法是否忽略了积极面或可能性？	鼓励个体关注问题的积极方面，避免过度关注消极方面
5. 这个想法是否基于过去的经验或偏见？	帮助个体识别并挑战那些可能阻碍当前问题解决的历史偏见

表3-3（续）

提问	目的
6. 如果这个想法是错误的，会对我产生什么影响？	促使个体考虑想法的潜在后果，从而更加谨慎地评估其真实性
7. 我是否在无意中夸大了问题的严重性？	鼓励个体对问题进行客观评估，避免灾难化思维
8. 我是否在将责任完全归咎于自己或他人？	提醒个体注意个人化或归责于外的思维方式，鼓励更加公正和全面地分析责任
9. 我是否在过度概括或贴标签？	帮助个体识别并避免过度概括化或标签化的认知扭曲
10. 我是否在情绪化地做出判断？	鼓励个体在情绪稳定时重新评估自己的想法，以避免情绪推理的干扰
11. 我是否在忽视自己的优势或资源？	提醒个体关注自己的积极特质和资源，以增强自信和应对能力
12. 我能否通过行动来验证或挑战这个想法？	鼓励个体采取实际行动来验证自己的想法，从而建立更加坚实的信念基础

三、增加积极情绪

或许生活给了我们消极情绪，但是创造积极情绪是自己的事。种下积极情绪的种子，我们会收获欣欣向荣的幸福。

增加积极情绪是提升生活质量、增强心理健康和幸福感的重要途径。以下是一些有效的方法，可以帮助我们增加积极情绪。

感恩练习。每天花几分钟时间思考并记录下你感激的3~5件事情。这些可以是简单的日常小事，比如清晨第一缕阳光、可口的食物、朋友的一个微笑。感恩能显著提高你的幸福感。

积极自我对话。注意并改变你的内心对话，用积极、鼓励的语言代替消极、批评的声音；对自己多一些宽容和理解，认识到每个人都有不完美之处，但你可以不断进步。

保持运动。定期的身体活动能够释放压力，提高情绪，增加内啡肽（一种让人感觉良好的化学物质）的分泌。选择你喜欢的运动方式，如散步、跑步、瑜伽或游泳，并坚持下去。

培养兴趣爱好。投身于你热爱的活动中，无论是旅游、绘画、歌唱还是园艺。这些活动能为你带来乐趣和成就感，帮助你从日常压力中抽离出来。

社交互动。与家人、朋友和社区成员保持联系，分享彼此的生活和感受。良好的人际关系是积极情绪的重要来源，定期聚会、聊天或共同参与活动都能增进彼此的情感联系。

冥想与放松。你可以通过冥想、深呼吸或渐进性肌肉松弛等放松技巧来减轻压力和焦虑。这些练习可以帮助你集中注意力，培养正念，从而更加专注于当下的积极体验。大量研究表明，正念冥想能帮助个体减轻压力、改善情绪、提高专注力、增加幸福感、提高创造力和增强免疫力。

学习新技能。挑战自己，学习新技能或新知识，无论是学习一门外语、掌握一种乐器还是提升职业技能。这种不断学习和成长的过程能够激发你的好奇心和热情，增强自信心。

充足睡眠。保证每晚获得足够的睡眠对情绪健康至关重要。睡眠不足会导致情绪波动、易怒和焦虑。你应努力建立规律的睡眠习惯，创造一个舒适的睡眠环境。

保持乐观态度。培养乐观的心态，面对困难和挑战时保持希望和积极预期。乐观的人更容易从逆境中恢复过来，并看到生活中的积极面。美国神经生物学家经过长达 10 年的研究发现：好心情是先天的，负责好心情的脑区在大脑左半球。伴随婴儿的第一声啼哭，他的大脑皮层便开始急剧而复杂地形成，出生后的 72 小时能决定其未来是否成为快乐的人，快乐婴儿的大脑愉悦区极度活跃。研究还发现，我们的大脑左半球储存的是享受生活、充满希望、朝气蓬勃等乐观品质，而右半球储存的则是抑郁、绝望、后悔等悲观品质。也就是说，两个大脑半球控制的是两类完全相反的情感。对于先天就是悲观主义的人，我们能否扭转天性，将其培养成一个乐观主义者呢？美国威斯康星大学的心理学家对大脑愉悦区极不活跃的"倒霉蛋"进行实验，要求他们在一个月内进行各种能激发幸福感的活动：

· 每天与周围的人交换一些愉快的信息；
· 每天做 20 分钟的体操；
· 每天对着镜子笑 2 分钟，锻炼"快活肌肉"；
· 每天做 10 分钟的自我调整，以达到身心完全松弛；
· 从第三个星期开始，每天用 30 分钟来做自己喜欢的事情；
· 从第四个星期开始，每天晚上都去跳舞。

一个月后，这些人的大脑活动有了显著的变化，"快活机能"的曲线明显上浮。也就是说，即使是天生的悲观主义者，也可以通过心理训练成为一个快乐的人，乐观是可以通过后天教育而培养的。

庆祝小成就。每当达到一个小目标或取得一点进步时，不妨给自己一些奖励或庆祝一下。这种正反馈会激励你继续努力，并增强你的满足感和幸福感。

增加卡玛穆塔（Kama Muta）体验。卡玛穆塔是一种社会关系情感，它在不同语境中常被描述为被感动、被触动、心暖、怀旧、爱国情感、被神灵触动等，它是人类共同的一致体验。当人们感知到可爱的目标（如可爱的婴儿、小动物等）时，他们的心会向这些目标敞开，产生强烈的喜爱和关怀之情。卡玛穆塔体验通常伴随着身体感觉和情感标签，如心暖、被感动等。卡玛穆塔通常由突然增强的共享社区关系（communal sharing，简称 CS）所引发，这种关系可以是人与人之间的，也可以是观察到他人之间的互动而产生的。

保持微笑。笑一笑，十年少。心理学家研究发现，只要你能够笑出来，心情肯定容易得到改善。迪香式微笑（Duchenne Smile）是一种发自内心的真实笑容，由法国解剖学家纪尧姆·本杰明·阿曼德·杜彻尼·博洛尼（Guillaume-Benjamin-Amand Duchenne DE Boulogne）发现，其研究揭示了真正微笑背后的生理机制。这种微笑的特点在于它不仅牵动了嘴角边的肌肉，更重要的是还会引起眼角周围出现皱纹，这是由眼部周围的轮匝肌的收缩所引起的，而这种肌肉的收缩是无法被有意识地控制的。因此，迪香式微笑被认为是情感的真实流露，与那些仅仅是出于礼貌或应酬的"假笑"有着本质的区别。研究表明，经常展现出迪香式微笑的人更容易体验到幸福感和满足感，同时也有助于提升身心健康水平。心理学家达契尔·卡特纳（Dacher Keltner）分析了 1960 年米勒学院（Mill College）毕业生的毕业照片，并在三十年后对这些学生进行了回访，发现那些习惯于展现迪香式微笑的学生在未来的生活中婚姻更幸福，离婚率较低，自我报告的幸福指数较高。当然，如果暂时笑不出来，先来点假笑也没有关系。如果假笑不出来，那就过一会儿再笑。

建立积极情绪档案。你可以试着从下面的问题角度思考自己的积极情绪状况并记录下来：通过想到一些记忆和画面，找到最合适的照片、文字和物品来创建积极情绪档案袋；也许一首歌曲或者一段视频能唤起那种感觉，又或者一种气味、口感或触觉能唤起那种感觉，带着细心和创造性来组合，每一个都是你给自己的一份礼物。

1. 喜悦档案

（1）你在什么时候觉得安全、轻松和喜悦？

（2）你在什么时候觉得事情完全按照你的心意发展，甚至比你期待的还要好？

（3）你在什么时候感到脚步轻快、止不住地微笑或者一道暖融融的光照在身上？

（4）你在什么时候觉得好玩，想要一跃而入并参与其中？

2. 感激档案

（1）你在什么时候觉得应该感激或感谢别人？

（2）你最珍惜的礼物是什么？别人想方设法地为你做一些好事，是在什么时候？

（3）你在什么时候因为自己是那么的幸运而心里美滋滋的？

（4）你在什么时候对别人的善意想要做出回报？

3. 宁静档案

（1）你在什么时候感到完全的平和与宁静，真正地对自己感到满意？

（2）你在什么时候感觉自己的生活是如此舒心？

（3）你在什么时候觉得自己的身体完全放松？

（4）你在什么时候完全沉浸在品味美好中？

4. 兴趣档案

（1）你在什么时候对于面前出现的可能性深感兴趣？

（2）你在什么时候觉得很安全，但又被一些新的未知的东西所吸引？

（3）你在什么时候感到极其开放和活跃，就好像自己内心的视野在不断扩展？

（4）你在什么时候感到一种强烈的欲望去探索和学习？

5. 希望档案

（1）你在什么时候感到充满希望和乐观？

（2）你在什么时候即使面对不确定性，但仍然相信事情会往好的方向发展？

（3）你在什么时候真真切切地渴望某些更好的情况发生？

（4）你在什么时候发掘你的创造性，为更好的未来而努力？

6. 自豪档案

（1）你在什么时候最为自己感到自豪，对自己的能力充满信心和自我肯定？

（2）你在什么时候做了一些值得称道的事情？

（3）是什么让你想要与别人分享你的好消息？

（4）是什么吸引你去梦想你可能在未来取得的成就？

7. 逗趣档案

（1）是什么把你逗乐了？

（2）你在什么时候和其他人发现了一些幽默的事情？

（3）是什么让你大笑？

（4）你在什么时候想要与他人分享愉悦？

8. 激励档案

（1）你在什么时候感到被美好所激励、振奋或鼓舞？

（2）你在什么时候看到某个人表现得比你预期的还要好？

（3）你在什么时候看到别人的最佳状态？

（4）你在什么时候感到有想要尽最大努力达到更好水平的冲动？

9. 敬佩档案

（1）你在什么时候感到强烈的好奇或惊讶，对周围环境感到惊叹？

（2）你在什么时候极大程度地对伟大或美丽感到不知所措？

（3）你在什么时候感到庄严？

（4）你在什么时候感到自己只是某种美好事物的一部分？

10. 爱的档案

（1）你在什么时候最容易感受到你和另一个人之间的爱意？

（2）你在什么时候因为人际关系引发了积极情绪？

（3）你在什么时候发现自己会情不自禁地靠近心爱的人？

（4）你在什么时候享受挚爱的人陪伴的感觉？

品味美好，即从好事情中寻找更好的方面，将积极的事物变得更加积极。品味需要我们放慢脚步，并有意识地去关注事物的每个方面，在整个过程中提取美好的信息，有意识地创造、强化并延长这种美好的感受。在好事发生之前，憧憬它发生时的美妙；当它发生时，完全陶醉其中；事情过后，重温它带来的美好。

积极赋义。要在日常生活中更加频繁地找到积极的意义。当我们在遭受痛苦经历悲伤时能以积极的角度重新思考，重新解读自己的境遇，从糟糕的事物中找到好的方面，积极情绪就能得到提高。

细数福气。我们可以在日常生活中看似沉闷、平凡、普通的事情中细数美好的、幸运的方面，就好像自己被上天眷顾一般。我们可以在每天上课的路上，在每一次听课的时候，在和同伴共处的时光，发现一些美好和感动。当我们这样做时，不仅自己的内心深处会被喜悦和幸福所笼罩，也会感受到来自他人的善意，并产生对他人的感激。当我们用言语或行动表达感激时，不仅会提高自己的积极情绪，也会提高他人的积极情绪。

梦想最好的未来。我们可以经常构想自己最好的未来，并非常详细地将之形象化。想一想3年、5年、10年……之后，最好的自己正在做什么，越具体越好。这样的想象会激发我们的希望和动力，对未来产生积极的体验。

增加积极情绪是一个持续的过程，需要时间和耐心。通过实践这些方法，你将逐渐培养出更加积极、乐观的心态，从而提高自我情绪的积极率，进而提升整体生活质量。

第四节 帮助学生管理情绪

2005年1月，美国《时代》周刊刊登了关于积极心理学的封面故事。积极心理学之父塞利格曼为此在网站上提供了一项免费的练习——寻找好事。其中，有50位"重度"抑郁的人每天记录三件好事，然后上传到网上，结果，他们的平均抑郁得分从34分陡降到17分，抑郁程度从重度降到轻中度之间。事实上，我们在生活中过多地关注消极事件给我们带来的消极影响，却忽视了那些潜在的好事。适当地反思坏事是有现实必要性的，但是过多地关注坏事，只会让个体更加抑郁和苦闷。从进化角度来看，人类天生就有"负面偏好"的思维惯式，因为人类祖先终日思考的都是粮食紧缺、天气寒冷、猛兽攻击等坏事，所以在人脑中就存有这样的先天遗传，克服这种先天不足就要勤加练习关注好事的能力。"当别人与你分享一件好事时，如果你主动、积极地回应，爱与友谊就会提升。"每天通过加强三件好事的训练，可以更好地提升人们发现工作和生活意义的能力，高境界地生活和工作，不断发现意义，创造意义，强化自己人生的价值，让自己的生活更加充盈。

目前在基础教育领域已出现了不少关于"幸福课堂"的研究项目，江苏泰州实验学校通过导课激趣、自主乐读、合作乐究三部曲为学生营建幸福课堂；山东济南文苑小学绘制的幸福课程图谱共包括了生命与健康、修身与礼仪、语言与阅读、科学与创新、审美与艺术五个模块；辽宁沈阳二经街第二小学创造性地提出"2 + 2 + X"幸福课程体系，将常规课程、活动课程和主题课程均纳入其中。这些研究项目都追求着一个共同的目标，即"让每一个从自己手里培养出来的人都能幸福地度过一生"，这些项目中的"幸福课堂"都是由学校顶层设计并统筹安排，有的是以独立的健康课程呈现，有的是以基础课程为依托呈现。

此外，学校开设积极心理学课程，教授学生激发积极情绪的方法；鼓励学生参加各项活动，如技能比赛、文艺汇演、社区服务、学生兴趣社团等，能增强日常生活中的幸福感，进而带给学生更多的积极情绪体验。

第四章　积极投入——福流体验

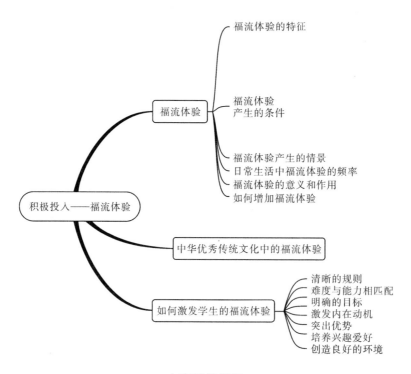

本章思维导图

积极投入意味着个体将兴趣、好奇心、专注力、决心与活力投入学习和生活中。大量研究表明，个人的积极投入度与其幸福感、学习能力、学习成绩呈正相关。高度投入的个体往往会对生活与学习展现出高涨的热情和浓烈的兴趣，他们常常对达成目标和实现人生的抱负充满激情，同时也怀揣着远大的理想和崇高的追求。积极投入模块重点教授并运用的核心理论是福流理论与学习动机理论。福流被定义为当个体全身心地沉浸于有价值的活动中时所达到的一种忘记自我、忘记时间流逝、如天人合一般的巅峰体验。积极教育专注于教授与培养学生创造福流体验、培养学生内在学习动机以及其在生活学习中使用优势品格以达成目标的能力。

第一节　福流体验

福流体验（flow experience），也称心流，是由美国心理学家米哈里·希斯赞特米哈伊（Mihaly Csikszentmihalyi）提出的概念。它描述了一种在进行某项活动时全神贯注、全然忘记自我和时间的心理状态。在这种状态下，个体的技能与活动的挑战相匹配，导致高度的投入和深刻的满足感。

米哈伊从 1960 年开始跟踪了一些成功人士，包括科学家、企业家、政治家、艺术家、运动员等。他发现一些艺术家在画画时常常可以废寝忘食、不辞劳苦，始终专心致志，表现出极大的兴趣和坚持力。他想知道，到底是什么激励着这些艺术家们如此执着地工作。而且，这些艺术家们并没有得到任何外在奖励，也没有希望自己的作品能够带来财富和荣誉。通过研究，米哈伊将这一有趣的现象解释为，这些人是被绘画本身所激励，也就是说，绘画过程本身能给画画的人带来一种积极的情绪。这种情绪非常强烈，以至于能够激励他们持续不断地努力工作。通过对其他高成就人士的研究，米哈伊发现这些人经常谈到一个共同体验，即在从事自己喜欢的工作时，都有一种忘我的状态，时常忘记时间的流逝和周遭环境的变化。这些人做事时全情投入、乐在其中，完全出于自发的兴趣，而不在于报酬、奖励、评价等外界诱因。于是，米哈伊将这种状态称为"心流体验"。处在这种状态中，个体感觉到认知高效、动机激发、无比的快乐和幸福，是一种身心俱佳的体验。

弗里茨和阿夫塞茨对福流与学生的主观幸福感进行了研究。结果证实，福流体验是主观幸福感的重要预测指标，福流在主观幸福感、幸福感与健康老龄化（healthy aging）之间起重要作用。

富拉格与米尔斯开展了一项针对学生学习参与度的研究，其结果表明，福流与学习动机呈正相关，学生的学习动机越高，其福流的感受水平越高。参与活动者的参与动机越高、越享受、越专注，越能提升福流的主观感受。

生活中让我们体验到福流状态是很简单的，每个人都曾有过这种体验。可能是一本书，可能是一首歌，可能是一顿美食……当我们投入自己热爱的活动中时，福流体验就会油然而生。比如喜欢摄影的人，尽管跋山涉水、风餐露宿，仍然沉浸在流畅状态中；喜欢音乐的人，在欣赏音乐的时候，享受音乐所传递的节奏、韵律和感情，他们也沉浸在一种流畅体验中；喜欢运动的人在从事打球、游泳、马拉松等运动时乐此不疲，浑然忘我；乐于与人互动的人可以从朋友聚会或者社交场合中获得陶醉感。

我们大脑里的各种念头时刻都在涌现。从外表看，一个人虽然是静坐着，但他的内心却可能如同奔腾的河流一般，无数思潮蜂拥而来。我们的心经常处在这样的纷乱状态，虽然意识到的可能只有少数的几个念头，但在潜意识里，却有无数的念头在相互冲突，在争夺注意力，在抢夺大脑的控制权，在试图引导你行动的方向。但是，如果我们进入了福流体验状态，就不一样了，我们所有的注意力都集中在当前的任务上，所有的心理能量都在往同一个地方使，那些跟任务无关的念头都被完全屏蔽，甚至包括对世界的意识、对自我的感知，对别人评价的患得患失，对自己得失的精心计算，都消失得无影无踪。此刻，大脑仍然在高速运转，但是所有这些念头都是非常有规律、有秩序的，就像一支高度有纪律的军队，被井井有条地组织了起来，高效率地去完成一个任务。

一、福流体验的特征

福流体验具有以下六大特征。

（一）全神贯注

福流体验要求个体将全部注意力集中在当前任务或活动上，排除其他干扰。

（二）知行合一

处于福流体验时，我们的行动和意识完美地结合，行动已经变成一种自动化的、不需要意识控制的行为。有一种行云流水般的流畅感，个体心无旁骛地融入活动，顺乎自然地参与整个活动，行为自然而然地发生，所有动作都潜移默化地与其意识达到高度的统一，意识和行为完全融合在一起。虽然福流体验看起来毫不费力，但实际并非如此，它需要消耗大量的精神能量和体能，需要高度集中的注意力，稍一放松，福流体验就可能消失。

（三）物我两忘

处于福流体验时，我们的自我意识暂时消失，注意力完全集中在正在进行的活动上，甚至对自我的意识也暂时消失。不过，在流畅中失去的自我，之后会变得更加强大，自我意识会随之增强。这是因为在福流体验中，我们没有耗神思考"我这样做好不好"或者"别人会怎么看我"，而福流体验过后，我们会恍然发现，自己居然做到了。

（四）时间飞逝

处于福流体验时，个体有强烈的时间扭曲感，客观的时间难以准确地感知，有时候几个小时让人觉得就像几分钟一样迅速地流逝。比如，阅读一本好书时会觉得时间飞逝，但也有时候，明明只有几分钟，甚至只有几秒钟，却让人觉得无比漫长。

（五）驾轻就熟

处于福流体验时，个体对自己的行动有一种完全的掌控，每一个动作都非常熟悉，以致能不费吹灰之力就可掌握。不担心失败，不担心结果，充分体验行动的过程，感受到自己每一个动作的精确反馈。当然，完全地控制并不代表没有发生意外的可能性。

（六）陶醉其中

福流体验是一种超越日常现实生活，发自内心的积极、快乐和主动的内心体验，感受到不需要任何外在奖励就能全然地投入行动的快乐，并在完成之后有一种酣畅淋漓的快感。

二、福流体验产生的条件

（一）寻找兴趣爱好

那些激发兴趣和热情的活动，更容易引发福流体验。一个人的兴趣爱好是其做事的动力，只有对事情的过程或结果感兴趣，他才会有强大的动力去行动，才能开启自我福流体验。

（二）挑战与技能相匹配

当个体所面临的挑战与其技能水平相匹配时，最容易产生福流体验，挑战过于困难或过于简单都难以达到这种状态。因为太难的任务，个体难以应对，进而会产生焦虑和挫败感，不利于福流体验。同样，太简单的任务，个体无须投入更多的注意力，容易受到其他事物干扰，同时过程也会让他感到无聊和乏味。

（三）有明确的目标

知道自己需要达到什么目标、得到什么结果，有助于个体更容易地进入福流状态。清晰的目标有助于提供方向感和动力，就像马拉松运动员，会在长跑途中设置若干近期目标，并用目标指引自己，从而沉浸在比赛中，并取得好成绩。

（四）及时的反馈

如果我们只有目标，没有得到及时的反馈，我们就没法知道当下的状态是怎样的，任务完成到哪一步，以及还有哪些需要注意。因此，在目标的指引下，获得及时的反馈，才能够让个体持续处在福流体验中。准确、有意义且快乐的反馈，能够激发个体从事该活动的强烈动机。比如，马拉松运动员会根据自己在每个近期目标到达时的用时来调整下一阶段的跑步速度，进而专注于运动，创造优异成绩。

（五）减少干扰

创造无干扰环境，为自己创造一个适合福流体验的环境，如远离手机、安静明亮的学习环境等，才能让个体持续处于福流体验中。

（六）专注力训练

练习冥想或其他专注训练技巧，可以提高个体进入福流状态的能力。

三、福流体验产生的情景

艺术创作：在绘画、写作、音乐演奏等艺术活动中，个体可能会完全沉浸在创作过程中，体验到福流体验。

运动：体育竞技、舞蹈、瑜伽等运动要求参与者高度集中注意力，克服挑战，这有助于进入福流状态。

学术研究和技能学习：深入研究某个学科或学习新技能时，个体可能会经历福流体验，尤其是在解决问题的关键时刻。

工作：从事自己热爱且具有一定难度的工作时，个体可能会体验到福流体验，这种状态可以提高工作效率和满意度。

休闲活动：阅读、玩电子游戏、户外探险等休闲活动也可能引发福流体验，尤其是当这些活动能够引起个体的兴趣和挑战时。

社交互动：与他人进行深入的对话或合作时，个体可能会体验到福流体验，因为社交互动本身就具有高度的复杂性和动态性。

冥想和放松：在冥想、冥思或其他放松练习中，个体可能会达到一种无干扰的专注状态，体验到福流体验。

四、日常生活中福流体验的频率

心理学家对1 000多个家庭的女性进行调查，发现看电影、做运动等兴趣爱好最容易让人产生幸福的感觉，其次是学习、社交等。有一些活动是总能让我们进入福流状态，那就是做自己爱做的事情，包括运动、读书、听歌等。还有一类活动也经常让我们进入福流状态，即与自己喜欢的人在一起，当我们关注周围的家人和朋友时，就很容易体验到福流的状态。例如，幸福的家庭生活，和朋友聊天、见面、聚会，抚养孩子，看着他们一天天成长等，都是产生福流体验的重要活动。不难发现，积极的事情往往会为我们带来福流体验，当我们关注这些事情本身时，就可以完全投入，发挥自己的优势，完全进入沉浸的状态。福流体验给人们带来喜悦、快乐、兴奋等感情，并伴随着极度的兴奋感和充实感。

同时，心理学家的调查结果显示，一直看电视以及做家务这类活动很少会产生福流，另外，非常轻松的休闲活动几乎不产生福流体验。这就说明产生福流的事件不能太单调沉闷，太没挑战性，如果个人技能高，但处理的任务过于简单，人就会产生无聊感。只有在一个难易适度的范围内，人们才可以享受活动过程中产生的快乐。因此，过饱食终日、无所事事的躺平生活，是无法体验福流的，这样的生活未必是一种幸福。

日常生活中福流体验的频率见图4-1。

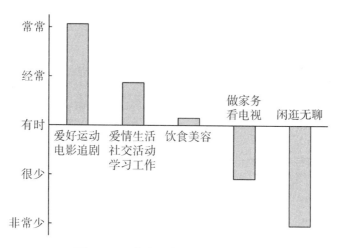

图 4-1　日常生活中福流体验的频率

五、福流体验的意义和作用

福流体验能提高学习和工作的效率。福流体验是一种精神高度集中或者全身心投入的状态。在教育情景下，高度的投入状态可以提高我们的学习效率。研究发现，较之于普通的青少年，才华出众的同龄人在课堂和学习活动中更能够集中精神，但是在看电视和社交活动中的精神集中程度却较低。这一研究表明，将精神集中于更为复杂的活动中的能力或许是学业成就和才能发展的一大标志。全身心地投入到活动中，动用全身的能量，屏蔽掉周围的干扰，肯定能够提高我们做事的效率。

福流体验能摆脱消极情绪，产生积极情绪。人们处于福流状态时能够体验到积极情绪，如愉悦与满足，即使个体在从事难度较大的活动时也不例外。但这种积极体验主要是在之后的回顾中产生的，因为个体在投入到活动的过程中时，所有的注意力都集中于当下的任务，无暇顾及其他事物。这里的其他事物既包含了刚刚提到的积极情绪，也包含了各种消极情绪。例如，当我们全身心地投入到足球比赛中时，我们的所有注意力都在传球、接球以及与其他队员的配合上，我们时刻观察着周围球员的动向。在这样的福流状态下，没有人会想着今天的晚饭吃什么，或者明天的天气如何。当我们处于福流状态时，各种各样的干扰都会远离我们，各种烦恼也都与我们无关。

福流体验提升幸福感。研究表明，长时间处于福流状态的女性有着更积极的自我概念。在教育领域，如果学生们在学习领域有更积极的自我概念，就会对校园生活有更高的满意度，自然就会对学习生活有更高的投入度。所以，经常处于福流状态可以提升我们的幸福感。

福流体验对个人的成长和发展有着积极的影响。首先，它能够促进个人技能的提升，因为在福流状态下，个体不断地练习和尝试，从而提高了专业技能和创造力。其次，福流体验能够增强个人的自信心和自我效能感，因为成功完成具有挑战性的任务会让个体感到自己能够掌握复杂的任务并取得成就。此外，福流体验还能带来心理上的满足感和幸福感，这种积极的情绪体验有助于减少压力和焦虑，提高生活质量。

在福流状态下，我们全然进入忘我状态，所有的生活琐事与干扰都消失了，随之的动作和想法都很自然和流畅，个体就像是在跟随某种旋律舞动。个体全身心投入，并且最大限度地应用自己的技能。当个体每时每刻都投入生活时，我们的人生就变成了一个大的福流。

六、如何增加福流体验

在日常生活和工作中，个人可以通过参与自己热爱的活动、设定合理的目标、寻求即时反馈以及保持对任务的专注来培养福流体验。以下是一些可以通过调整日常习惯来增加福流体验频率的建议。

找到工作或活动的目的：理解你所做的事情背后的意义，无论是职业发展还是个人兴趣，都能增强你对活动的投入感和满足感。

保持专念：专注于当前正在进行的活动，忘记自我和周围环境，这样可以帮助你达到一种忘我的境界，从而体验到福流体验。

善用闲暇时间：利用空闲时间培养兴趣爱好，如摄影、音乐或其他艺术活动，这些活动可以让你在专注中找到乐趣。

创造独立空间：给自己一段不受打扰的时间，用于独处、阅读或进行其他能够让心灵恢复平静的活动。

亲近自然：花时间在户外，如公园或海边，自然环境有助于减轻压力，促进心理健康，并可能激发福流体验。

记录生活中的美好瞬间：通过写日记或拍照记录生活中的积极事件，可以帮助你更加珍视这些时刻，并在回顾时感受到幸福感。

坚持运动：定期参与体育活动不仅有益健康，还能释放压力，提高自信和幸福感。

专注自己：保持独立思考，不盲目追随他人，找到适合自己的生活节奏和兴趣。

科学管理时间：合理安排时间，确保有足够的时间培养个人兴趣和休息，以提高生活质量和工作效率。

通过上述习惯的调整，你可以在日常生活中更频繁地感受到福流体验。

第二节　中华优秀传统文化中的福流体验

自米哈伊提出"心流"概念后，中国心理学家彭凯平教授将其引入了中国，并结合中国文化特点进行了本土化阐释，称为"福流"。

在中华优秀传统文化中，福流体验被赋予了深厚的文化内涵和哲学意义，它类似于一种完全沉浸、全神贯注且充满愉悦感的心理状态。虽然中国传统文化中并未直接使用"福流"这一术语，但类似的体验和概念在儒教、道教、佛教等传统文化中多有体现。

儒家强调"中庸之道"，追求内心的平和与和谐。在儒家文化中，福流体验可能体现在个体在履行社会责任、追求道德完善时所达到的一种高度专注和愉悦状态。《论语·述而》记载孔子"其为人也，发愤忘食，乐以忘忧，不知老之将至云尔。"孔子常常发愤用功，以至于忘记了吃饭，他沉浸在求学的乐趣中，以至于忘记了忧愁，甚至对自己即将老去都没有察觉到。这难道不是福流体验吗？当专注于自己热爱的事业和追求时，一个人便进入忘我状态，不再有时间、精力去为未来焦虑，为过去烦心，这些让人烦恼、焦虑、痛苦的事会被忘记，也没有时间思考。能够沉浸在福流体验中，能够"活在当下"的人最容易感到愉快与满足，烦恼也少。这种境界是许多人所向往的，它代表了一种对生命和时间的超越，对自我和世界的深刻理解和把握。因此，孔子是幸福的。春秋战国时期男性的平均预期寿命只有 31 岁，孔子却活到了 73 岁，这在当时是一个相当长的寿命。孔子寿命长的原因离不开他乐观的心态与对于传经授道的热爱。孔子一生中最大的爱好与兴趣就在于不断学习、不断提升自我修养。孔子能够埋头于自己喜欢的事情，常常有福流的体验，他的内心是非常充实与满足的，所以即使生活条件不那么富足，孔子也会感到快乐和幸福。

在《庄子·养生主》中有"庖丁解牛"的故事。有一个姓丁的厨师在梁惠王面前表演杀牛，刀子在牛的骨头缝里操作自如，得心应手，连牛的骨头都碰不到，犹如行云流水，还很有韵律。梁惠王看得甚是入神，忍不住夸赞庖丁宰牛的技术高超，并询问他技艺娴熟的原因，庖丁说，长时间都在宰牛，牛的结构自然了然于胸，到现在，杀牛都不必用眼睛看，只用心灵之神了解，沿着牛的身体构造用刀，牛的身体受刀解，牛肉从骨头上滑落到地面。"庖丁解牛"描述了一个普通人的福流状态，一种物我两忘、幸福酣畅的状态。有人时常抱怨工作让其感到痛苦，而庖丁这种忘我工作的状态启示着我们，如果我们都能全身心投入工作，工作也能让我们产生福流，收获幸福的感觉。道教追求"道法自然"，强调人与自然的和谐统一。在道教的修行过程中，福流体验可能表现为个体在冥想、打坐或修炼内丹时达到的一种身心合一、物我两忘的境界。

佛家主张"禅定"，即通过禅修来达到内心的平静和智慧。在佛教的禅定状态中，个体能够忘却世俗的烦恼和束缚，体验到一种超越时空、超越自我的福流状态。

综上所述，中华优秀传统文化中的福流体验是一种高度专注、物我两忘、时间扭曲且充满愉悦感的心理状态，这种体验在传统文化中有深刻的体现和丰富的内涵。

第三节　如何激发学生的福流体验

在教育过程中，如果能激发学生学习活动的福流体验，学生会感到学习的幸福。他们会花更多的时间在学习上，进而增加学生的投入度，提升其学习效率，提高其学习成绩。

培养孩子进入福流状态，不仅有助于他们更好地学习和成长，也能让他们在面对挑战时保持积极的心态。教育工作者可以从以下几个方面着手激发学生的福流体验。

一、清晰的规则

我们可能都有这样的体验，当我们刚开始学习一项新技能时，我们会把注意力放在技能的操作规则上，导致无法全身心地投入到操作技能的体验中。你总是在熟悉操作规则，检验自己的动作是否到位，很难纯粹地投入到技能学习中。

在知识学习中，你可能会遭遇这样的情景：预习的时候你要知道怎样预习效果才会最好；答卷的时候思考答题的顺序以及遇到难题应该怎么办。这些因素都会影响效率，如果不清楚规则就无法投入其中。许多针对阅读理解、数学问题的学习方法的教育研究发现：在仅仅简单地解释和举例之后，就让学生进行实践练习是不够的。为了让学生更加全面地理解这些阅读技能和数学的解题方法，并且能够在他们自学的过程中使用这些技能和方法，学生需要明确而详细的解释以及使用策略的认知模型。所谓认知模型，简单地讲就是只针对特定的一个活动，但是将加工、决策和其他指导该活动的过程语言化的模式。举个例子，在布置作文之前，教师让学生默念："第一步，读题，找到关键词；第二步，联想与关键词相关的内容；第三步……"教师还要教给学生监控自己完成作业的方法，比如在独自阅读时怎样监控自己对阅读内容的理解，怎样检验计算结果，在做作业的过程中该怎样做，完成作业后需要做些什么。

总之，只有有了具体、清晰的规则与指导，学生们才知道每一步该怎么做，学习才能事半功倍。学习和掌握规则是需要一定时间的，但是掌握之后可以终身受用。对于低年级的学生，教师可以给予直接指导；而对于高年级的学生，教师可以鼓励他们多做尝试、交流和调查，只有真正明白规则到底是怎样的，他们才能更好地投入活动。

二、难度与能力相匹配

"最近发展区"是一个重要的心理学概念，特别是在教育心理学和发展心理学领域。它最早由苏联心理学家列夫·维果茨基提出，用于描述儿童发展的动态过程。其是指儿童在有指导的情况下，借助成人帮助所能达到的解决问题的水平与独自解决问题所达到的水平之间的差异。这个区域代表了儿童发展的潜力和可能性，是儿童在现有基础上通过努力和学习能够达到的更高水平。在教育过程中，教育者应根据学生的"最近发展区"来确定教学目标，确保教学内容既不过于简单也不过于复杂，能够激发学生的学习兴趣和潜能，促进学生进入学习的福流状态。

激发学习的福流状态，很大的一个影响因素就是个人的能力是否与活动所带来的困难相匹配。如图 4-2 所示，当个体的能力高于挑战水平时，就容易感到无聊。当人们要求一个成年人完成一道小学一年级的数学题时，他就会产生无聊的感觉。当个体的技能水平低于挑战水平时，往往会感到焦虑，比如现在要求我们跟世界围棋冠军下围棋，或者完成一份大学水平的奥赛题，我们就有可能产生这种焦虑。只有当活动带来的挑战恰巧与我们的能力相匹配时，我们才容易进入福流状态。所以，无论我们是学习还是进行其他活动，都要考虑自己的技能水平与当下的任务难度是否相匹配，只有任务难度与我们的能力水平相匹配时，我们才能更好地投入到活动中，才更容易体验到福流。

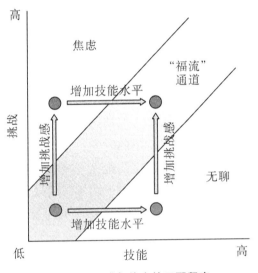

图 4-2　困难与能力的匹配程度

三、明确的目标

美国著名哲学家、文学家拉尔夫·沃尔多·爱默生曾经说过："一个一心向着目标前进的人，整个世界都会为他让步。"没有目标，我们就不知道如何行动。同样，对于任何一个活动而言，如果没有明确的目标来指引我们行动，我们就没法全身心地投入，因为我们不知道目标是什么。所以，福流体验需要明确的目标。

那么，如何设定目标呢？什么样的目标才是明确有效的，并能起到指导的效果呢？下面我们来介绍下目标设定的 SMART 原则，这一原则是由乔治·杜兰在 1981 年正式提出的，这一方法最初被企业使用，随后各个领域都开始争相使用它来提高目标设定的效用。SMART 原则有五个具体的特征，分别是：

具体性（Specific，S）：目标必须是具体明确的，不能模糊不清。具体来说，目标应该清晰描述预期的结果或成果，包括所需的具体行动、涉及的领域或范围等。具体的目标能让我们知道每一步的小目标，这些小目标会提示我们该怎么做。但是对于绘画、写作等富有创造性的活动，目标可能就没有那么显而易见了。在这种情况下，我们可以专注于其中的某个成分，如关注作文的结构或用词。在绘画时，或许我们无法在一开始就想好自己具体要画成什么样子，但是在画到某个程度的时候，我们可以判断出这是否是自己想要的，这同样是一种目标。很多好的画家、作家以及作曲家，都在心中有对"对"和"错"的判断能力。当我们失去了这种内部判断能力的时候，就难以进入福流状态。

可衡量性（Measurable，M）：目标必须是可量化的，以便能够追踪进度和评估成果。这意味着你需要为目标设定明确的衡量标准，如数量、百分比、时间等。可衡量的目标有助于保持焦点，并促使你为实现目标而采取具体的行动。只有当目标可以衡量的时候，我们才能知道自己有没有真正达到自己的目标。同时，我们也需要避免一些本身具有极大变动性的目标，如下次考试进入班内前十名或者是下次考试超过某个人。这样的目标看似很具体，但实际上却极具变动性，其结果有可能是自身因素导致的，但也很有可能完全是外界因素导致的。所以即使我们达成了目标，可能也并不会非常欣喜。此外，这种目标如果不能被我们转化为具体的行为指标，同样会失去意义。

可实现性（Attainable，A）：目标必须是现实可行的，既不过于容易也不过于难以实现。这一点同挑战与能力相匹配是一致的，过高或过低的目标都是没有意义的。设定可达成的目标意味着你需要考虑到现有的资源、能力、时间等因素，确保目标在你的控制范围内，并且通过努力可以实现。需要指出的是，在我们设定可以达到的目标时需要思考，我们真的相信自己可以达到这个目标吗？如果我们在心底不相信自己能够达成目标，那么我们需要先着重处理这种不合理的信念，然后才能够真正达成目标。

相关性（Relevant，R）：目标的相关性是指此目标与其他目标的相关情况。目标必须与你的长期愿景、使命或当前的工作重点相关，确保你的目标与你的整体方向保持一致，有助于你更好地规划行动，避免浪费时间和精力在无关紧要的事情上。或许大家觉得，我们制定的小目标当然都是为了最终实现大目标，但在实际操作中，我们往往会把目标定偏。比如，某位学生正在准备英语的单元测试，他把回顾英文课文设立为其中的一个子目标，但是在复习中，他只关注课文的内容，对课文中的生词和语法没有进行深入的复习，这就是一种目标上的偏差。同样，有些非常认真的学生将浏览整理笔记作为复习的一个环节，但结果是重新抄写了笔记，使页面变得更加整洁，但是对内容的掌握程度却没有太大的变化。这些都是我们需要注意避免的。

时限性（Time-bound，T）：目标必须设定明确的时间限制，不管是大目标还是小目标，都要给目标设定一个截止日期，以便能够监控进度并推动自己按时完成。人都有拖延的习惯，不设定一个目标达成的截止日期，往往会导致完成事情的进度滞后。有了目标的截止日期，我们就可以更加合理地分配时间和精力，把控事物的整体进度。

在个体活动的过程中，及时的反馈是非常重要的。只有及时给予反馈，个体才知道任务进行得怎么样了，是做得好还是不好，还需要做什么样的调整。及时的反馈是福流体验一个不可或缺的部分。相关研究表明，及时的反馈是产生福流的重要因素。如果当前有一个猜谜的小游戏，当我们做完了 10 个题后都还不知道自己的答案是否正确时，我们还会有兴趣继续做下去吗？如果在做完每个题或者每 3 个题时得到反馈又会如何呢？哪怕得到 3 个题全部做错的反馈，也会比毫无反馈更有乐趣。这里就体现了及时反馈的优越性。我们需要及时反馈，以不断检验自己是否完成了目标，自己是否走在了正确的道路上。因此，我们鼓励学生们去寻找更多的及时反馈。比如，在背单词的时候，盖住单词释义来进行回忆，就为自己提供了一个很好的反馈机制，这样可以让学生们了解自己对单词的掌握情况，合理地分配注意力，同时也让活动变得更有趣。因此，我们可以让学生背 5 遍单词，每次背完后盖住释义进行回忆。这样做的效果远比单纯背 5 遍单词再进行检验要好很多。及时的反馈在其他活动中同样会产生神奇的效果，很多游戏都使用了这种策略。大多数游戏都会设置大关卡，每一个大关卡又会分为若干个小关卡，而且当个体每完成一小关就会获得相应的加分或是奖励。正是这种反馈机制，让孩子们沉浸在游戏中难以自拔。引导学生们找到及时的反馈，可以大大提升学生的学习兴趣，让学生们进入福流的状态。

四、激发内在动机

福流体验中非常重要的一点就是投入到整个过程中，享受过程。也就是说，个体从事当下的活动是出于兴趣，而不是为了获得达成目标后的奖励，任务本身就是奖励。个体需要对所从事的活动有充分的兴趣，这样才能调动内在动机全神贯注地投入进去。我们在做某些事情的时候，本身就具有内在动机，但我们对有些事情的内在动机是需要逐步培养的。产生内部动机需要几个步骤：

（1）在外部动机的促使下进行尝试，如为了奖励或者是获得称赞；

（2）在尝试的过程中获得针对性的技能和积极反馈；

（3）找到活动或是任务本身的乐趣，培养内在动机。

在教育中，我们常常通过奖励、惩罚的方式培养学生的外部动机，而未能成功地将学生的外部动机转化为内部动机。很多时候，教师需要不停地督促学生前进。我们应该做的是激发学生的兴趣与内部动机，让学生体会到学习过程中的乐趣，而不仅仅是为了考试。我们要将学生的注意力从外部动机引到活动本身的乐趣上。

比如，词汇识记可以与形象记忆能力相联系，就好像在玩一种考验图像记忆力的游戏。也有人会用联想的方法来正确记忆词汇，例如很多人分不清"拔"与"拨"，一个学生可能会创造出"拔走了一撇"这样的记忆诀窍，或者让学生把复杂难记的元素周期表编成便于识记的顺口溜。那么活动本身的乐趣就是进行创造。学生们在学习中体验到乐趣，自然就会激发出自身的求知与探索的内部动机了。

五、突出优势

优势心理学之父唐纳德·克里夫顿博士的研究表明，当一个人的优势被他人关注时，其投入度会显著提升；相反，当一个权威人士关注一个人的缺点时，这个人无法投入当前任务的概率会增加27%。对于中小学学生来说，教师就是权威人士。这个研究表明，教师在教学中更多地关注学生的优势能够提高学生的学习投入度。那么当学生关注自己的优势时又会怎样呢？克里夫顿的研究表明，当一个人能够专注于自己的优势而非弱势，并且每天从事他所擅长的事情时，会"六倍于平日的投入""三倍于平日的概率使他获得非常高质量的生活"。当人们能在从事的事情中发现自己的擅长点时，人们会更乐意去做这件事。如果教师能够帮助学生培养他们的优势，给他们机会来发挥自己的优势，学生们就会更愿意投入到学习中并且能够获得更好的成绩。

培养优势的过程与培养运动员的过程是类似的，培养运动员通常是从他们自身的优势出发，逐渐向其他方面延伸，由此才能使他们逐渐发展成能力均衡的运动员。同时，运动员在这一过程中也需要反复练习，这一点同样与运动的发展相似。有意地去利用优势，就更可能使优势得到强化。

帮助学生发掘自己的优点，教会学生更好地、更合理地利用这一优点，让学生不断发挥自己的优点，便能让学生更加快乐地学习和生活。当我们碰到某件很有挑战性的事情或者使自己产生负面情绪的事情的时候，不妨想一下我们可以利用哪些自身的优势来完成这项活动，这可以带给我们极大的信心，同时为我们提供一种解决问题的思路。

帮助学生学会识别他人的优点同样是有意义的，通过发掘他人的优势，学生可以自发地去赞扬和模仿对方的良好行为，如"他做题总是很专注，或许我也可以"。在优势教育的过程中，教师可以专注于帮助学生培养那些可以使他们从失败中吸取教训、不会被挫折打倒的特质。发掘和应用自身的优势以及发掘别人的优势可以增加自身的幸福感，提高自我评价，同时也更容易使个体积极地参与生活中的各项活动。

六、培养兴趣爱好

学生们的兴趣爱好是他们做事的动力，只有对事情的过程或结果感兴趣，他们才会有强大的动力去做。常常听到有学生说不知道自己对什么感兴趣，也没有什么爱好。这可能就是学校和家庭过于强调学习成绩的重要性的结果。这样的学生可能学习成绩还可以，但是除了学习几乎没有其他的兴趣爱好，这岂不是一件很可悲的事情吗？没有兴趣爱好，学生们怎么会有动力，怎么会充满活力呢？

不管学生的兴趣爱好是学习方面的、运动方面的还是其他方面的，我们一定要鼓励学生发展自己的兴趣，在平时注意引导学生的兴趣方向，我们还要创造条件去帮助学生挖掘和培养自己的兴趣，学生从中能体验到投入，收获乐趣。特别是在遇到学习困难时，可以引导和激励学生对于解开难题的成就感，使得应对学习难题成为学生的兴趣点。

这也能培养学生的自控力和毅力，这些能力是能够迁移到学习和生活的其他方面的，这样会使学生学得更好。

七、创造良好的环境

学习环境对学习的影响是深远且多方面的，它不仅关系到学生的学习效率，还直接影响到学生的学习兴趣、动力以及最终的学习成果。一个良好的学习环境能够激发学生的潜能，促进他们全面发展，而不良的学习环境则可能成为学生进步的障碍。学习环境包括以下几个方面。

物理环境。教室、图书馆、家庭学习区等物理空间的设计、布局、光线、温度、噪音水平等都会直接影响学生的注意力和学习效率。例如，适宜的光线和温度能使学生保持清醒和舒适，减少疲劳感；低噪音环境有助于学生集中注意力，提高学习效率；宽敞明亮、布局合理的教室能激发学生的学习兴趣和积极性。

心理环境。学习环境中的人际关系、氛围和文化背景构成了学生的心理环境。积极向上的学习氛围、教师的鼓励和支持、同学间的合作与竞争，以及学校或家庭对学习的重视程度等，都能增强学生的自信心和学习动力。相反，紧张、压抑或缺乏支持的学习环境则可能导致学生产生厌学情绪，影响学习效果。

资源环境。学习资源包括书籍、网络资料、实验设备、辅导教师等。丰富的学习资源能够满足学生多样化的学习需求，帮助他们拓宽知识面，深化理解。缺乏必要的学习资源则会限制学生的学习深度和广度，影响学习效果。

技术环境。随着信息技术的发展，学习环境中的技术因素越来越重要。多媒体教学设备、在线学习平台、智能学习工具等现代技术手段的应用，能够为学生提供更加生动、直观、高效的学习方式。同时，技术环境也为学生提供了更多自主学习的机会，有助于培养他们的创新能力和信息素养。

社会环境。社会环境包括家庭、学校、社区等在内的社会环境是对学生学习产生影响的外部因素。家庭的教育观念、经济条件、父母的文化程度等都会对孩子的学习产生重要影响；学校的办学理念、师资力量、教学质量等则是决定学生学习效果的关键因素；社区的文化氛围、教育资源等也会对学生的学习产生一定影响。

综上所述，学习环境对学习的影响是多方面的、复杂的。为了促进学生的全面发展，我们需要努力营造一个良好的学习环境，包括优化物理环境、营造积极向上的心理环境、提供丰富的学习资源、充分利用现代技术手段以及改善社会环境等。

第五章　积极关系

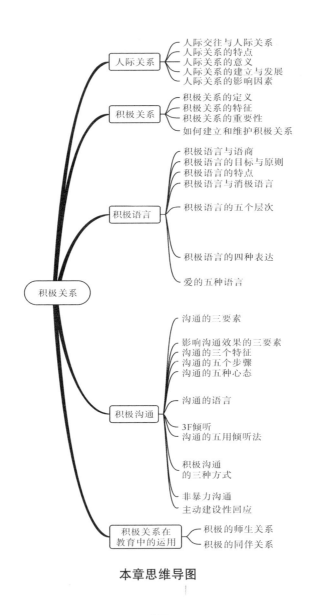

人际关系
- 人际交往与人际关系
- 人际关系的特点
- 人际关系的意义
- 人际关系的建立与发展
- 人际关系的影响因素

积极关系
- 积极关系的定义
- 积极关系的特征
- 积极关系的重要性
- 如何建立和维护积极关系

积极语言
- 积极语言与语商
- 积极语言的目标与原则
- 积极语言的特点
- 积极语言与消极语言
- 积极语言的五个层次
- 积极语言的四种表达
- 爱的五种语言

积极关系

积极沟通
- 沟通的三要素
- 影响沟通效果的三要素
- 沟通的三个特征
- 沟通的五个步骤
- 沟通的五种心态
- 沟通的语言
- 3F倾听
- 沟通的五用倾听法
- 积极沟通的三种方式
- 非暴力沟通
- 主动建设性回应

积极关系在教育中的运用
- 积极的师生关系
- 积极的同伴关系

本章思维导图

积极关系的建立是实施积极教育的重要一环。研究发现，良好的社会支持对儿童与青少年的身心发展至关重要，他们会在社会支持的环境中发展出良好的心理适应性、社会学习能力与平衡健全的身体状态。支持性的师生关系与同伴关系有助于提升儿童和青少年的主观幸福感、韧性、人生意义感。积极关系的重要理论之一是主动建设性的回应方式（active constructive responding），即当对方分享好事的时候，个体语言、肢体和行为的反馈可以让对方感受到被理解与被支持。研究表明，主动建设性回应能够使个体产生积极情绪，强化人际联结，并且将积极体验资本化。学校除了在实际场景中使学生与老师练习主动建设性回应，还增设了正念倾听、非暴力沟通等增进人际关系的技能培训，创造了具有高度情感支持的校园文化氛围。

第一节　人际关系

一、人际交往与人际关系

人际交往是人们在生活实践中通过信息传递、情感交流、思想沟通和物质交换等方式进行的相互影响、相互作用的互动过程。换句话说，人际交往是人们为了彼此传达思想、交换意见、沟通感情、满足需要等目的，运用语言、行为等方式进行的相互联系的心理活动过程。有人估计，个人每天除 8 小时睡眠以外，其余 16 个小时中有 70% 的时间是在进行人际交往。

人际关系是指人与人之间，在一段时期内，彼此借由思想、感情、行为所表现的吸引、排拒、合作、竞争、领导、服从等互动关系（心理关系），广义的人际关系还包含文化制度模式与社会关系。人际关系主要表现为人们心理上的距离远近、个人对他人的心理倾向及相应行为等，人际关系包括三种成分：认识成分，指相互认识、相互了解；动作成分，指交往动作；情感成分，指积极情绪或消极情绪、爱或恨、满意或不满意，这是人际关系的核心成分。

二、人际关系的特点

情感性：情感因素在人际关系中起着主导作用，制约着人际关系的亲密程度、深浅程度和稳定程度。

社会性：人际关系受客观社会关系的制约，反过来又深刻地影响着社会关系各方相互作用的形式。

动态性：人际关系的变化、发展取决于双方之间需要的满足程度，如果互相间得到满足就容易发生密切关系；反之，则容易造成人际排斥。

三、人际关系的意义

1. 信息获取

一个人从书本上学到的知识总是有限的，更何况在现代信息社会中，科学技术日新月异，新技术层出不穷，人们必须不断从其他途径进行辅助学习，才能跟得上时代，不被时代所遗弃。交际是一种交流的过程，在许多情况下，自己百般探索、长期苦思冥想而不得其解的问题，在与人的偶然交谈中，会突然得到启示，产生灵感。通过社会交际获得的知识比从书本获得的知识更直接、更迅速，内容更广泛。随着交际范围的扩大，我们就能认识更多的人、听到更多的事、获得更多的思想和信息。

2. 完善自我意识

成熟的自我意识需要通过与人交往，在与别人的相互作用中逐步完善成熟。首先，人需要以他人为镜，从与他人的比较中认识自己。其次，人还通过他人对自己的态度和评价，以及自己与他人的关系来认识自己的形象。在日常生活中，多了解别人对自己的看法，多听取别人对自己的评价，对于客观、全面地认识自己是很有好处的。

3. 自我表现

人总是希望别人了解自己、理解自己、信任自己。良好人际关系的建立，可使更多的人有机会了解你的为人、你的性格、你的学识、你的才华。人生的许多机遇往往是首先蕴含在人们对你的了解与赏识之中。正确、积极地表现自我，为他人所欣赏，从而获取宝贵的机会，才能实现个人抱负。

4. 激励自我

由于同龄人相互之间有着强烈的情绪共鸣和高度的心理相容，因而可以产生巨大的吸引力。同时，正义、正直、慷慨、友爱、睿智这些美好的人格也会在与他人的交际中得到充分体现。因此，人们在交际过程中既可以看到他人的长处，也可以看到自己的不足，从而唤起其竞争意识，激励自己奋发向上，努力向先进看齐，这样就形成了一种富于激励性的环境气氛。

5. 身心保健

正常的人际交往和完善的社会支持系统是任何一个人获得心理健康、保持精神健康、保证生活幸福的重要前提。人际交往中他人的理解和关怀可以使个体得到心理的满足和思想的升华，从而促使个体保持心理平衡，促进心理健康。

6. 促进共同协作

良好的人际关系能够促进人们共同协作，为完成特定的任务而共同奋斗。

四、人际关系的建立与发展

根据交往双方的情感卷入水平、自我暴露水平的不同，人际关系的建立和发展需要经历以下四个阶段。

定向阶段：交往双方的注意、选择和初步沟通等心理活动逐步加深。

情感探索阶段：随着双方共同情感领域的拓展，双方的沟通也越来越广泛，自我暴露的深度与广度也逐渐增加。

感情交流阶段：人际关系发展到这个阶段，双方关系的性质开始出现实质性变化，此时的人际关系安全感已经确立，谈话范围逐步拓展，有较深的情感卷入。

稳定交往阶段：人们心理上的相容性会进一步增加，自我暴露也更加广泛深刻，可以允许对方进入自己高度私密性的领域，分享自己的生活空间和财产。

五、人际关系的影响因素

距离远近：人与人之间在地理位置上越接近，越容易发生人际交互关系，相互建立紧密的联系。

交往频率：相互交往、接触次数越多，越容易形成密切关系。

观念的相似性：人与人之间有着共同理想、信念、价值观和人生观，对某些问题的看法、观点相同或相似，则比较容易形成密切关系。

兴趣爱好的一致性：兴趣爱好相同的人在一起不仅有共同语言，而且谈话投机，彼此可以从与对方的交往中得到教益和启发，因而容易形成密切的人际关系。

沟通技巧：有效的沟通可以增进理解和亲密感，而不良的沟通则可能引起误解和冲突，影响关系的稳定性。

情商（情绪智力）：个体识别、理解和管理情绪的能力会影响人际互动的质量，进而影响关系的发展。

性格特质：不同的性格特质会影响个体在社交场合的行为，外向的人可能更容易建立广泛的社交网络，而内向的人可能更偏好深厚的个别关系。

社会认知：一个人对他人行为的解释和预期会影响他的社交行为，从而影响人际关系的发展轨迹。

能力水平：一个人的专业技能或其他形式的能力可能吸引他人与其建立联系，但过度的竞争或威胁感也可能阻碍关系的深化。

第二节 积极关系

一、积极关系的定义

积极关系是指建立在相互尊重、信任、支持和理解基础上的良好人际关系。积极关系强调人与人之间的正面互动和情感连接，它鼓励开放、诚实和包容的沟通方式，以及相互支持和共同成长的态度。在这种关系中，个体能够感受到被接纳、被理解和被重视，从而增强自我价值感和归属感。

二、积极关系的特征

相互尊重：尊重对方的观点、感受和个人空间，不轻易贬低或批评对方。

信任：建立在诚实和可靠的基础上的信任感，使双方能够放心地分享自己的想法和感受。

支持：在对方遇到困难或挑战时，给予情感上的鼓励和实际上的帮助。

理解：努力理解对方的立场和处境，以同理心对待彼此的差异和冲突。

开放沟通：鼓励开放、坦诚和有效的沟通方式，以解决问题并促进关系的深入发展。

共同成长：鼓励和支持彼此的个人成长和发展，共同面对生活中的挑战和机遇。

三、积极关系的重要性

积极关系不仅有助于个人的心理健康和幸福感，还对社会和谐与发展具有积极的影响。积极关系有助于缓解压力、减轻焦虑和抑郁等负面情绪，提升个体的心理健康水平。与亲密的人建立积极关系可以带来满足感、安全感和幸福感，增强生活的质量和意义。在积极关系中，个体可以获得来自他人的社会支持，这有助于其应对生活中的各种挑战和困难。积极关系有助于减少冲突和矛盾，促进人际关系的和谐与稳定。通过建立和维护积极关系，我们可以更好地应对生活中的挑战和困难，提升生活的质量和意义。

1938 年，哈佛大学医疗机构负责人阿列·搏克（Arlie Bock）为了探索影响个体长期幸福感的因素，发起了格兰特研究（the Grant Study），跟踪了 724 名男性参与者的一生，关注他们的高低转折，记录他们的状态境遇，探索影响他们人生成功与幸福的关键因素。研究提出了人生赢家的标准，即"十项全能"，其中有两条和收入有关，四条和身心健康有关，四条和亲密关系及社会支持有关。此外，研究还表明，爱的能力、人际关系的温暖程度以及对生活的满意度对人生成功具有重要影响。与母亲关系亲密者、与兄弟姐妹相亲相爱者，在成年后的经济收入和心理健康方面表现更佳。研究还指出，良好的婚姻关系是幸福生活的重要组成部分。如果能在 30 岁前找到"真爱"（无论是爱情、友情还是亲情），个人的成功概率将大大增加。除了外部因素，性格特征、情绪智商和沟通能力等也在很大程度上影响着个人的成长和成功。

一个人处在相互关心爱护、关系密切融洽的人际关系中时，更容易心情舒畅，也更有益于其身体健康。积极的人际关系能使人保持心情平稳、态度乐观；不良的人际关系会干扰人的情绪，使人产生焦虑、不安和抑郁。严重不良的人际关系，还会使人惊恐、痛苦或愤怒。现代医学研究表明，恶劣的情绪实际上是对人身心健康的极大摧残。

拥有积极的关系有助于大脑的发展。镜像神经元是一类在观察和执行动作时激活的神经元，它们在社会认知、学习、模仿、共情和社交互动等方面发挥着重要作用。在积极的人际互动中，镜像神经元的激活可能与神经可塑性有关，通过模仿和学习，大脑能够适应新的信息和经验。"社交脑"是一个复杂的神经系统网络，它涉及多个脑区的协同工作以支持人际交流和社会认知。通过积极的社交经验、良好的情绪管理和认知训练等方法，我们可以提升自己的"社交脑"功能，从而更好地适应社交环境并取得成功。

研究表明，积极关系在提升幸福感和心理韧性，以及预防暴力方面有显著影响。诺贝尔经济学奖得主丹尼尔·卡尼曼调查了 1 000 多名美国妇女，请她们评价自己某一天内的活动，内容包括她们的行为、她们的伙伴和她们的感受。结果发现，对她们的幸福感影响最强烈的并不是她们的收入和工作压力，也不是她们的婚姻，而是她们的伙伴。

从内因上看，个体的社交技巧、共情能力、亲社会行为、情绪管理能力、乐观思维、自我效能感等都是幸福感和心理韧性的保护因素，其中，前 4 个因素都涉及个体建立积极关系的能力。从外因上看，积极关系本身就是极其重要的外在保护因子，尤其是对于儿童和青少年来说，他们最初的幸福体验与心理韧性的建立，都是以他们在积极关系中获益的经历为基础的（如安全的母婴依恋关系、健康的亲子关系等）。

首先，那些与父母有着积极关系的儿童和青少年，具有更强的心理韧性及更高水平的幸福感。积极的亲子关系通常被描述为"温暖的、有情感支持的，同时又有权威性的"。父母对孩子的养育投入度（对孩子成长的关注程度、愿意花多少时间与孩子相处）和对孩子自主性的支持，是亲子关系中对孩子的学业成就及学习胜任力影响最大的两个因素。

当孩子与某个成年人建立了显著的情感联结时，无论这个成年人是父母还是其他人，孩子都能更有创造性地面对挑战，也更容易成功。同时也有研究表明，那些具有更强的心理韧性的青少年更喜欢去寻求那个与之建立了情感联结却又不是父母的成年人的支持，如某个老师、某个邻居、某个长辈。在学校能建立一种这样的积极关系，对学生在学业上取得成功和增强心理韧性是非常有帮助的。

其次，感受到同伴的接纳，拥有积极的同伴互动关系，可以显著提高儿童和青少年的自信，并使他们将来踏入社会时更容易与其他人进行积极的互动。在童年时期，那些至少拥有一位好朋友的人，孤独感更低，更少体验到焦虑，更少被欺凌。同时，同伴关系的质量比数量更重要，具有心理韧性的青少年通常拥有一份可靠的友谊，朋友之间很忠诚，能够相互支持，站在同一阵线。积极的同伴关系为个体提供了一种亲密感、归属感、安全感、认同感和社会支持，以及练习社交技巧的机会和讨论道德伦理问题的空间，这将帮助个体发展共情能力，促进个体社会道德的成熟。

四、如何建立和维护积极关系

我们应达成一种共识，即提升人际和谐与相互尊重的人际互动，最有效的方式不是在事后干预，而是在问题发生之前就教给目标人群相关的知识、技巧，激发他们建立和保持积极关系的动机。

那么，我们应该如何建立和维护积极关系呢？

第一，我们要培养自我意识，了解自己的需求和期望，以及自己在关系中的角色和责任。第二，我们要通过积极倾听强化同理心，关注对方的言辞和情绪表达，理解对方的观点和感受。第三，我们要及时表达对对方的感激和赞赏之情，增强彼此之间的情感联系。第四，我们要以建设性的方式处理冲突和分歧，避免攻击和指责对方。第五，我们要协商制定规则，在关系中共同制定一些基本的行为准则，以确保关系的稳定和健康发展。第六，我们要保持开放的沟通态度，诚实地表达自己的想法和感受，同时也尊重对方的意见和选择。

（一）人际交往中的心理效应

1. 首因效应

第一次交往中给人留下的印象会在对方的头脑中占据着主导地位，这种效应称为首因效应。首因效应也叫首次效应、优先效应或"第一印象"效应。

有这样一个故事：一个新闻系的毕业生正急于寻找工作。一天，他到某报社对总编说："你们需要一个编辑吗？""不要！""那么记者呢？""不需要！""那么排字工人、校对呢？""不，我们现在什么空缺也没有了。""那么，你们一定需要这个东西。"说着他从公文包中拿出一块精致的小牌子，上面写着"额满，暂不雇用"。总编看了看牌子，微笑着点了点头，说："如果你愿意，可以到我们广告部工作。"这个大学生通过自己制作的牌子表达了自己的机智和乐观，给总编留下了美好的"第一印象"，引起其极大的兴趣，从而为自己赢得了一份满意的工作。

2. 近因效应

近因效应是指当人们识记一系列事物时对末尾部分项目的记忆效果优于中间部分项目的现象。近因效应与首因效应相反，是指在多种刺激一次出现的时候，印象的形成主要取决于后来出现的刺激，即交往过程中，我们对他人最近、最新的认识占了主体地位，掩盖了以往形成的对他人的评价，也称为"新颖效应"。

现实生活中，近因效应的心理现象相当普遍。张林与李萌是小学的同学，从那时起，两个人就是好朋友，对对方非常了解，可是近一段时间，李萌因家中闹矛盾，心情十分不好，有时张林与他说话，他动不动就发火。由于一个偶然因素的影响，李萌卷入了一宗盗窃案，张林认为李萌过去一直在欺骗自己，于是与他断绝了友谊。其实这就是近因效应在起副作用。

3. 晕轮效应

晕轮效应又称"光环效应"，属于心理学范畴。晕轮效应指人们对他人的认知判断首先是根据个人的好恶得出的，然后再从这个判断推论出认知对象的其他品质的现象。

俄国大文豪普希金曾因晕轮效应而吃尽苦头。他狂热地爱上了被称为"莫斯科第一美人"的娜坦丽，并且和她结了婚。娜坦丽十分漂亮，但与普希金志不同道不合。当普希金每次把写好的诗读给她听时，她总是捂着耳朵说："不要听！不要听！"相反，她总是要普希金陪她游乐，出席一些豪华的晚会、舞会，普希金为此丢下创作，弄得债台高筑，最后还与她决斗而死，一颗文学巨星过早地陨落。在普希金看来，一个漂亮的女人也必然有非凡的智慧和高贵的品格，这就是所谓的情人眼里出西施。

4. 定势效应

定势效应是指以前的心理活动会对以后的心理活动形成一种准备状态或心理倾向，从而影响以后的心理活动。在对陌生人形成最初印象时，这种作用特别明显。所谓定势思维效应，是指人们局限于既有的信息或认识的现象。人们在一定的环境中工作和生活，久而久之就会形成一种固定的思维模式，使人们习惯于从固定的角度来观察、思考事物，以固定的方式来接受事物。

有一个农夫丢失了一把斧头，怀疑是邻居的儿子偷盗，于是观察他走路的样子，脸上的表情，感到他就像偷斧头的贼。后来农夫找到了丢失的斧头，他再看邻居的儿子，竟觉得言行举止中没有一点偷斧贼的模样了。

5. 刻板效应

刻板效应又称定型效应，是指人们用刻印在自己头脑中的关于某人、某一类人的固定印象，作为判断和评价人的依据的心理现象。刻板印象常常是一种偏见，人们往往把某个具体的人看作是某类人的典型代表，把对某类人的评价视为对某个人的评价，因而影响正确的判断。

例如：老年人是保守的，年轻人是爱冲动的；北方人是豪爽的，南方人是善于经商的；英国人是保守的，美国人是热情的；农民是质朴的，商人是精明的，等等。

（二）同理心

同理心，也称为共情力，指一个人能够理解和感受他人情感、需求和处境的换位思考的能力。这种能力使人们能够站在他人的角度去看待问题，体验他人的感受，从而建立更深厚的人际关系，促进更有效的沟通和理解。它是人际关系和情绪管理中的关键能力，有助于建立良好的沟通和连接，提升人际互动的质量。

在教育过程中，同理心能促进师生沟通，教师通过同理心可以更好地理解学生面临的问题和疑虑，从而采取有效的沟通方式协助学生解决问题，增进师生间的交流。同理心能提升学生的学习兴趣，教师能够根据学生的个性特点设计教学活动，激发学生的学习兴趣和参与度。同理心能培养学生的情感素质，同理心强的教师能够更好地理解学生的内心世界，采用适当的教育方式培养学生的情感素质。此外，同理心还能提升教育教学效果，有助于师生之间建立信任和理解，创造友好的教学环境，从而提升教学效果。

同理心不仅是教师个人的重要教学技能，也是教育过程中促进学生全面发展的关键因素。北京大学苏彦捷教授指出，同理心是青少年身心健康成长的有效保护因子之一，能够帮助学生建立积极的人际关系，进而增强其挫折应对能力。

同理心不仅涉及情感的共鸣，还包括对他人观点的理解和对他人情感状态的识别。同理心的两个必要条件：倾听他人和有所反应。同理心的过程包含四个核心要素：

（1）倾听自己的感受；

（2）表达自己的感受；

（3）倾听他人的感受；

（4）回应他人的感受。

同理心开始于倾听自己的感受，如果你无法明白自己的感受就想要体会别人的感受，那就太难了。所以，同理心起源于勇敢、诚实地探索并表达自己的情绪和感受。

同理心的根源可追溯至婴儿期。几乎从出生起，一个婴儿如果听到别的婴儿在哭，他就会感到不安。有人把婴儿的这种反应看作是同理心的萌芽。同理心起源于个体对他人困扰的模仿，个体通过模仿引发自身相同的感受。同理心的基础是自我意识，我们对自身的情绪越开放，就越善于理解情绪。

同理心的产生不仅来自对方的语言交流内容，也来自他的非语言表达。例如，你询问朋友心情时，他虽然表示状态挺好，但却在不知不觉间皱了皱眉。在你关心的询问下，也许他正经历着难以言明的负面情绪。

当一个人说的话和他的声调、姿势或其他表现不一致时，若我们想了解其真实情绪，就应依据他说话的方式进行判断，而不应依据他说话的内容进行判断。传播学研究的一个经验法则是90%或以上的情绪信息是非言语的。非言语信息，比如声调里的欢快、快速动作中所包含的怒气，通常会被对方下意识地接受并予以回应，而对方也许都没有特别留意信息的具体内容。我们基本上也是潜移默化地学会同理心的技能的。

同理心是指个体不加评论地与他人一起感受。例如，"刻苦努力地训练了三年，这次比赛还是没有拿到名次，如果我是你一定也会感觉挺失落的……""谢谢你告诉我这件事，你感觉挺伤心的，对吗……"

同情心是指个体对别人的遭遇感到同情，但并没有体会到和别人一样的感受。例如，"没拿到名次真是挺可惜的，不过也别太难过，毕竟比赛只取前三名……""别难过，毕竟你之前还拿到过名次……"

在发挥同理心的过程中，最常用到的方法是"设身处地"。设身处地意味着我们不仅理解对方的感受，也理解他的思想。这种能力建立在同理心的基础之上，但这种对别人的感受和思想的有意识了解，是原始同理心所没有的。镜像神经元使我们可以下意识地觉察别人的意图，以便我们做出相应的调整。如果有意识地对别人的意图进行觉察，我们就能够做到设身处地，而且能够更准确地预测别人接下来的行为。例如，"努力了两年都没有通过考试，你会不会有点泄气，准备放弃了？"

同理心是正常运作的人际关系的先决条件。这里所说的人际关系，包括私人关系，如夫妻关系、恋人关系、朋友关系、亲子关系，或者是在职场中的关系，如经理与普通职员、专员与客户、同行之间的关系，在这些关系中对别人的处境产生同理心，会促进彼此之间的信任，有利于解决人际冲突。

北京师范大学张日昇教授在其著作《咨询心理学》提到，同理心从低到高分为四个水平：

（1）基础共情水平。具有基础共情水平的人能够感知到他人的基本情绪，如喜怒哀乐，能够在一定程度上理解他人的表面感受，但可能缺乏深入的理解。在交流中，具有基础共情水平的人能够给予简单的回应和支持，但可能不够细腻和贴切。例如，当朋友分享快乐时，具有基础共情水平的人能够给予简单的祝贺；当朋友表达不满时，具有基础共情水平的人能够表示理解和同情。

（2）中级共情水平。具有中级共情水平的人能够更敏锐地察觉他人的情感和情绪状态，包括非语言信号，如面部表情、肢体语言。具有中级共情水平的人能够从对方的角度理解他们的情感和经历，即使这些经历与自己的经历不同。在交流中，具有中级共情水平的人能够更准确地把握对方的情感需求，并给予适当的回应和支持。比如，在朋友遇到困难时，具有中级共情水平的人能够设身处地地为他们着想，提供建设性的建议或安慰。

（3）高级共情水平。具有高级共情水平的人能够深入理解他人的内心世界，包括他们未明确表达的情感和想法。具有高级共情水平的人能够预测和识别他人的情绪变化，并提前做出适当的反应。在人际交往中，具有高级共情水平的人能够与他人建立更深厚、更信任的关系，因为他人的情感和需求得到了充分的关注和满足。例如，在团队合作中，具有高级共情水平的人能够敏锐地察觉到团队成员的情绪波动，并适时地给予鼓励和支持，从而增强团队的凝聚力和战斗力。

（4）专家级共情水平。具有专家级共情水平的人具备高度的情感共鸣和非凡的理解能力，能够像理解自己一样理解他人。在处理复杂情感和人际关系时，具有专家级共情水平的人达到了能够展现出非凡的洞察力和智慧。具有专家级共情水平的人常常在心理咨询、心理治疗等领域发挥重要作用，帮助他人解决深层次的情感问题。例如，心理咨询师或疗愈者通过非凡的共情能力，能够与咨询者建立信任关系，深入探索其内心世界，并找到解决问题的有效方法。

需要注意的是，同理心的水平并不是固定不变的，它可以通过学习和实践不断提高。角色扮演是一种有效的教育工具，可以帮助个体通过模拟不同的人物和情景来增强同理心。同时，同理心也需要与自我认知、情绪管理等能力相结合，才能发挥出最大的作用。在学校里，教育工作者可以通过情感教育、多角度思考问题的引导、家庭教育和社交能力的培养等方式，帮助学生发展同理心。

第三节　积极语言

一、积极语言与语商

积极语言就是引发个体积极情绪，发现个体优点及潜能，关注使人生美好的有利条件，促进个体美德及积极品质形成，有利于建构积极人际关系的语言。

人力资源社会保障部教培中心"家庭教育咨询服务"培训项目负责人、幸福力导师——王薇华博士提出积极语言的"语商"概念，她将其定义为单位时间内所用语言达到所期待目标的水平。她认为提高语商，有助于体现自身价值，提高沟通效率。通常我们使用的语言词汇和对方的最终反应共同代表了语商的水平。

二、积极语言的目标与原则

人们使用积极语言的目标是给彼此带来愉悦的心情和积极的感受，提升幸福感。美国著名的心理学家埃利奥特·阿伦森曾做过这样一个实验：参与实验的被试者会面对4个不同的评价人，第一个人一直给予被试者肯定的评价；第二个人始终给予被试者否定的评价；第三个人一开始肯定被试者，然后否定被试者，其否定程度与第二个人相同；第四个人一开始否定被试者，然后肯定他们，而且肯定程度和第一个人相同。最后，阿伦森统计了被试者对这四个给予评价的人的喜欢程度。结果，被试者们最喜欢的是一开始否定自己而后来肯定自己的那个人，其喜欢程度甚至远高于一直肯定他们的人，而被试者最讨厌的也并非一直否定自己的人，而是一开始肯定自己然后又否定自己的人。由此可见，人们最喜欢那些对自己的喜欢、鼓励、赞赏不断增加的人，最不喜欢那些对自己的喜欢、奖励、赞赏不断减少的人，心理学家们将这种现象称为"增减原则"。把握好"增减原则"，有意识地制造一种动态的、螺旋式上升的"心理曲线"，会在很大程度上增加你的积极关系。

由此可见，积极语言能够带来积极的体验，并不意味着积极语言只能是对对方的夸奖、称赞、应承，而是将沟通变得有效、可持续、有趣、言之有物。因此，真正的积极语言原则是在传递信息、思想和情感的过程中保持目标明确，使彼此清楚要做什么，达成共识，且有效果。积极语言的衡量标准是在短时间之内，语言准确有效，使对方做出与自己期待一致的行为。有的人坚持使用批评或先批评后表扬的方式，他们认为只有批评才会带来进步，这其实是一种误区。听到批评，我们的第一感受是自尊心受伤，自我被否定，这种负面的感受如此强烈，使我们无法再关注问题和行为本身。使用积极语言进行引导，不仅保护了对方的自尊心，也通过正向肯定和积极关注传递了更多的关爱，发挥了内心的积极力量，因此，更容易达到协调双方的认知、行为和关系的目的。

三、积极语言的特点

积极语言并非指某些特定的词语，而是指那些为自己和他人带来愉快的体验和情绪的表述的语言。积极语言既能够帮助我们发现他人的优点，也能够激励他人关注生活中的美好事物。同时，积极语言还可以引导自己和他人发挥优势和潜能，发现使人生美好的有利条件，提升幸福感，例如那些逗趣式的、具有激励和振奋效果的、带来肯定的话语。要时刻记得，正面的表达比宣泄情绪更能够清晰地将信息传递给对方，我们只是因为这件事而发怒和着急，而不是因为这个人。换个角度看缺点，只要有一定的条件和合适的引导，缺点就可以变成潜能。在表达积极语言的时候，如果配合一些肢体动作，所发挥的积极力量会更加显著。例如，表示同意和认同时点头，在对方说明自己的想法之后，点头并配合"哦，是这样呀，我明白了"，对方会产生被理解的感觉，也会得到积极的鼓励；在表达欣赏的时候，配以微笑和"是呀，确实很厉害！"；在表示关注的时候，静静倾听，或者加上几句"后来呢？你是怎么想的？"。也许你可以尝试一下，每天在单位里，对同事多一些点头和微笑；在家庭中，对伴侣、父母和孩子多一些点头、微笑和倾听，看看会发生什么样的变化。

四、积极语言与消极语言

话语具有生命力，肯定、表扬和赞美的语言会鼓励积极行为的发生，带来无限的可能；否定、指责和抱怨的语言会阻碍积极行为，让人陷入消极和困扰之中。

人对赞美的需求不亚于对食物和睡眠的需求。人本主义心理学家马斯洛在分析人们的行为动机后，提出人们的行为受到内心不同层级的需求的激励，即需要的五层级理论。该理论认为，人们在基础的生理需要和安全需要得到满足后，会有对爱和归属的需求，如渴望得到友谊、认同和情感归属。有的父母认为只要给孩子提供丰厚的物质条件，就可以让孩子感到幸福；有的团队领导认为只要薪资够高，团队就会稳定。这些都是误判和忽视了人们对爱和归属的需求，甚至可能会带来糟糕的结果。

（一）积极语言：肯定和欣赏

"憨豆先生"的扮演者英国喜剧演员罗温·艾金森小时候是一个长相憨憨的、动作也很笨拙的、发育迟缓的学生。因此罗温总被同学欺负，老师们也不看好他，就连父亲也觉得他脑子有问题。幸运的是，罗温有一位了不起的母亲。他的母亲一直认为自己的儿子是优秀的。母亲并没有鄙视和贬损他，而是欣赏和鼓励他。母亲经常告诉他："每个人就像是一朵花，每朵花都有开放的机会。那些没有开放的花，只是季节未到。在季节未到的时候，花需要努力地吸收养分和阳光，储蓄足够多的能量，耐心地等待，时候到了，花自然会绽放。"母亲帮助罗温培养了"积极的潜意识"，引导他相信自己，守候希望。罗温长大后，在成名前也经常碰壁，但是他牢记母亲的鼓励，最终等到适合自己盛开的时刻。

（二）消极语言：指责和否定

已故美国歌唱家、音乐家迈克尔·杰克逊在乐坛中留下了很多至今无人打破的纪录，他的作品充满爱和力量，给了很多人勇气和希望，歌迷几乎遍布全世界，他却说自己是"人世间最孤独的人"。似乎他这一生都在努力治愈自己的童年。

迈克尔的父亲教育子女的方式很"特别"。父亲脾气暴躁，性格古怪，为了"教导"儿子们晚上睡觉的时候不要打开窗户，他会在深夜戴着面具扮成劫匪，爬到儿子们的睡房里大喊大叫，虽然儿子们牢记了这条戒令，但是迈克尔和他的几个兄弟多年来都因此而做噩梦。当迈克尔和兄妹几人在节目彩排中的表现令父亲不满意的时候，父亲更是会用皮带或棍棒抽打他们。迈克尔回忆起小时候时说："有一次，他（父亲）扯断冰箱的电线来打我。"在迈克尔的记忆中，父亲从来没有背过自己，从来没有和自己玩过游戏，他给自己留下的都是一些饱受虐待的心理阴影。迈克尔在青春期的时候，脸上长了暗疮，他觉得自己的样子好丑，皮肤又黑，鼻子又宽，完全不想出门见人，他的父亲和哥哥们没有任何安慰，还给迈克尔起了外号"大鼻子"。尽管后来迈克尔拥有众多粉丝，人们称赞迈克尔的才华，也有人追捧他的外貌，但是迈克尔的内心深处一直否定自己，认为自己是个丑孩子，不接受自己的外貌，甚至后来多次进行整形手术。

来自父母和亲人的否定与指责，会给年幼的我们带来深深的消极影响，甚至有人感慨：幸福的童年治愈一生中的挫折，痛苦的童年却需要一生去治愈。对于成长而言，表扬导致的自满远远小于批评带来的伤害，而积极语言的鼓励远远大于消极语言的勉励。

五、积极语言的五个层次

国际积极心理学协会（IPPA）秘书长詹姆斯·鲍威斯基教授说过，积极语言必须是积极乐观和实际可行的结合点，二者缺一不可。中国积极心理学研究学者陈虹博士对积极语言进行了更加具体的归类，总结了积极语言的五个层次：禁说恶语，不说禁语，少说"NO 语"，多说"YES 语"，总说敬语。

（一）禁说恶语

所谓恶语，是指一些恶毒的、辱骂的、诽谤性的话语。恶语不堪入耳，只具有恶意的攻击性，对正常沟通和相互理解没有任何帮助。恶语是语言暴力的一种，剥夺了对方的被爱感和归属感，只是满足了说话者的情绪宣泄。恶语通常在情绪激动的时候出现，说话者或有意（对对方有极大的恨意）或无意（激烈情绪导致冲动表达），但是语言接收者往往会受到极大的伤害。因此，在积极语言的表述中，恶语是绝对禁止使用的。

（二）不说禁语

积极心理学研究发现，有些语言虽然不是辱骂或诽谤性的，但是会令听者的自尊心受到伤害，不利于维护和谐的关系，也不利于沟通的进行，例如"笨""傻""讨人厌""拖后腿"等。这类语言大多在批评的时候出现，并且都是否定性的、结论性的，完全忽视了对方的立场和缘由，否定了对方的成长可能性，被归为禁语。

（三）少说"NO 语"

有一类语言带有很多的否定性词，表达的是对对方的不信任和否定，统称为"NO 语"，例如"没出息""没记性""没救了""不专心""不努力""不听话""不求上进""没教养""一天不如一天"等。看到这些词，会让人感到一种深深的无力感，失去了继续努力的勇气。这些话说出口的时候，都是在阻止某些行为的发生，传递了"放弃吧，不会成功的"的意思，然而，我们每个人的潜能是无限的，任何事情的结果都不是必然的，努力和坚持不懈虽然也会受到一些意外情况的影响，但是放弃一定不会达到目标。因此，不论是对他人还是对自己，请少说"NO 语"，相信自己的潜能，相信他人的能力，你将会收获更多好的结果。

（四）多说"YES 语"

与"NO 语"相对应的是正向、肯定性的词，也称为"YES 语"，例如"好""行""对""可以的""没问题""试试看""会成功的""能坚持住"等。

"YES 语"的特点是传递了认可和尊重，不论对方做了什么事情，是否有经验，是否经常出错，都相信和理解对方的态度。

"YES 语"不仅对他人有积极作用，也会令自己充满力量。我们并不是在各个方面都一直优秀，我们可能不擅长计算，可能总是控制不好情绪，可能一直成绩平平，但是我们的内心深处都渴望能够坚持下去。尽管失意、灰心的时候，我们会说很多的"NO 语"，但如果听到"YES 语"，心中就会有所期望。

事实上，很多人习惯使用批评类的"NO 语"，认为忠言逆耳利于行，可是我们的忠言没有被接受，这和我们不接受他人的忠言的理由一样，不是道理不对，而是表述的方式不对。在理解对方的基础上，应先正向肯定，再指出其中的原因，提出建议，这样会使沟通更有效。"这个方案可行，我支持你去做，只是这里我觉得还可以注意一下"要比"这个想法不成熟，这里得改，你总是这么粗心，考虑不全"更能够促使对方做出积极修改。

（五）总说敬语

敬语不仅具有正向肯定性，还包含激励、引导和赞赏，能够促进彼此的自我实现。例如"我相信""我赞同""我理解""我期待""我尊重""有道理""有进步""有新意""有趣""有能力""令人满意"等。

设想一下，当你想到一个工作计划，只是雏形，还不成熟，这时领导说："我相信你可以完善它，我很期待你的呈现。"当你某次考试成绩下滑，父母说："我知道你这次没考好是有原因的，我相信你会调整好自己。"此时是一种什么样的感受？是觉得领导和父母都被自己糊弄了，自己可以继续偷懒了，还是觉得原来大家是看到我的努力的，我是被理解的，并充满干劲？同样，当我们的同事、伴侣、朋友、孩子提出了一个想法，或是做了某件事，我们给出的反馈是敬语，那么他们并不会因此狂妄或自满，而是感到被激励和受到引导。敬语运用得当，不仅能够给出指向未来的建议，还会带来正向效果的行为。

六、积极语言的四种表达

语言传递表达者的情绪、感受、立场和观点，然而信息总是无法百分之百地传递给对方，经常会失真，甚至导致误解和沟通失效。在表达的过程中，我们还需要注意表达的方式与方法，尽可能做到真诚、友善，传递期待，兼具优美。

（一）真诚言语

我们表达积极语言时要真诚，即真诚地赞美，真诚地告白，真诚地表达"YES语"和敬语，如此一来，才能增加语言的可信度。

（二）友善言语

"良言一句三冬暖，恶语伤人六月寒。""毒舌"和"刀子嘴"都是图自己一时痛快，而伤了人心。那些"刀子嘴豆腐心"的人经常被误解，不熟悉的人无法理解其中的善意，熟悉的人在失意、难过之时难以接受。而那些温柔和善的人经常被信赖，因此友善的表达更有利于实现语言的目的。

（三）期待言语

美国心理学家罗伯特·罗森塔尔博士进行过一场实验，他发现，如果教师在教学过程中对学生抱有积极的期待，学生就会朝着期待的方向成长，这种现象被称为罗森塔尔效应，也叫期望效应。期望效应不仅适用于教师和学生之间，也适用于各种人际关系，给对方产生某种正向期待和殷切希望，也会令对方做出积极的回应和改变。交谈者在使用积极语言的时候，会传递出期待，有助于产生良好的沟通效果。

（四）优美言语

语言的艺术性并不在于辞藻的华丽，而在于令沟通双方感到舒服。观察生活中那些让我们感到舒服的朋友，同样的话语从他们口中说出来，我们更乐于接受，因为他们真诚、友善，充满信任和期待。在繁华的街头，有一个满头白发的盲人老人坐在台阶上乞讨，他在纸板上写着 "I am blind, please help me!"（我是一个盲人，请帮帮我）。然而路人行色匆匆，很少有人停下来投钱币给他。一位女士注意到了老人，她停了下来，将老人的纸板翻过来写了几个字，就离开了。之后，路人纷纷停下，向老人的铁罐中投入钱币。老人好奇那位女士究竟做了什么？原来这位女士在老人的纸板背面写上了 "It's a beautiful day, but I can't see it."（生活如此美好，可我却看不见它）。

七、爱的五种语言

美国著名婚姻家庭专家盖瑞·查普曼（Gary Chapman）博士提出了"爱的五种语言"理论，用于描述人们表达和接受爱意的五种主要方式。

肯定的话语：用言语来表达对对方的赞美、鼓励和肯定。真挚的夸赞或肯定比任何礼物都来得有价值，在日常生活中，可以对伴侣大方地赞美，不吝啬真诚地夸奖，避免负面和批判的话语。

服务行为：通过实际行动来表达爱意。对某些人来说，"行动胜于言辞"，他们更倾向于通过实际的努力和付出来感受到被爱。我们可以观察伴侣在日常生活中最需要帮助的地方，主动伸出援手，避免做出被动或马虎的服务。

接受礼物：通过给予和接受礼物来表达和感受爱。对这类人而言，礼物是爱的象征，无论大小，都能使他们感到被珍惜。定期为伴侣准备小礼物，注意他们的喜好，选择有意义的礼物，避免例行公事的送礼。

精心时刻：与伴侣度过的、无分心的、专注的时间。有些人更重视与伴侣的独处时光，这是他们感受到被重视和爱护的时候。定期为伴侣留出专属时光，放下手机和其他干扰，全心全意地陪伴，避免心不在焉的陪伴。

身体接触：通过身体的接触来传达爱意。一个拥抱、一个亲吻或是握手，都能让我们深深感受到爱意，我们应当增加与伴侣的身体接触，如拥抱、抚摸、牵手，确保这些行为是真诚和适当的，避免机械或过度的接触。

　　这五种爱的语言不仅适用于夫妻或伴侣之间，也可以用于家庭、朋友和其他人际关系中。了解并运用这些爱的语言，可以帮助我们更有效地传达和感受爱意，增强彼此之间的亲密感和幸福感。同时，值得注意的是，每个人对爱的理解和需求都是独特的，因此在实践中需要灵活调整，以满足对方的实际需求。

【心理测试】

爱的五种语言测试题

　　下面这些题项可能是你的伴侣（朋友或家人）无法做到的，但假如他（她）能够做到的话，在每一个题项中，你会选择哪一个？（在你心情放松的情况下做这个测试，尽量不要急着把它快速做完，可以用至少 10 分钟时间来完成这个测试）

　　1. 我伴侣写的爱的短笺让我感觉很好。　　　　　　　　　　　A
　　我喜欢伴侣给我的拥抱。　　　　　　　　　　　　　　　　　E
　　2. 我喜欢和我的伴侣单独待在一起。　　　　　　　　　　　　B
　　当我的伴侣帮我做一些具体的事情（如家务、工作等）时，我会感觉到他（她）的爱。　　　　　　　　　　　　　　　　　　　　　　D
　　3. 从伴侣那里收到特别的礼物会让我很开心。　　　　　　　　C
　　我喜欢与伴侣一道做长途旅行。　　　　　　　　　　　　　　B
　　4. 当我的伴侣帮着我做洗衣服的工作时，我感觉他（她）爱我。　D
　　我喜欢我的伴侣抚摸我。　　　　　　　　　　　　　　　　　E
　　5. 当我伴侣搂着我时，我感受到他（她）的爱。　　　　　　　E
　　我知道我的伴侣爱我，由于他（她）送礼物给我，让我惊喜。　C
　　6. 我不管往哪里，都愿意和我的伴侣一起前往。　　　　　　　B
　　我喜欢牵着伴侣的手。　　　　　　　　　　　　　　　　　　E
　　7. 我很珍惜伴侣送给我的礼物。　　　　　　　　　　　　　　C
　　我喜欢听伴侣对我说，他（她）爱我。　　　　　　　　　　　A
　　8. 我喜欢我的伴侣坐在我旁边。　　　　　　　　　　　　　　E
　　我喜欢听伴侣告诉我说，我很漂亮（英俊）。　　　　　　　　A
　　9. 能和伴侣在一起，会令我很兴奋。　　　　　　　　　　　　B
　　伴侣送给我的即使是最小的礼物，对我来说都很重要。　　　　C
　　10. 当伴侣告诉我他（她）以我为骄傲的时候，我感觉到他（她）爱我。　　　　　　　　　　　　　　　　　　　　　　　　　　　A

当伴侣在饭后帮着收拾餐桌时，我知道他（她）爱我。 D

11. 不管做什么，我都喜欢和伴侣一起做这些事。 B

伴侣给我的支持意见让我感觉很好。 A

12. 和伴侣对我说的话相比，他（她）为我做的那些小事情对我来说更重要。 D

我喜欢拥抱我伴侣。 E

13. 伴侣的赞扬对我来说意义重大。 A

伴侣送给我一些我很喜欢的礼物，对我来说很重要。 C

14. 只要在伴侣身边，就会让我感觉很好。 B

我喜欢我的伴侣帮我推拿。 E

15. 伴侣对我的成就做出的反应让我很受鼓舞。 A

伴侣若能帮助我做一些他很讨厌做的事情，对我来说意义重大。 D

16. 我从来没有厌倦过伴侣的亲吻。 E

我喜欢我的伴侣对我所做的事情表示出真正的爱好。 B

17. 我可以指望我的伴侣帮助我完成一些任务。 D

当我打开伴侣送给我的礼物时，我仍然会感到很兴奋。 C

18. 我喜欢我的伴侣称赞我的外表。 A

我喜欢我的伴侣倾听并尊重我的想法。 B

19. 当我伴侣在我旁边时，我忍不住要触摸他。 E

当我的伴侣有时为我跑腿时，我很感谢他。 D

20. 我的伴侣应该为帮助我所做的一切得到奖赏。 D

有时我会为伴侣送给我的礼物是如此专心而感到惊奇。 C

21. 我喜欢伴侣给我他全部的注意力。 B

我喜欢伴侣帮着在家里做清洁。 D

22. 我期待着看到我的伴侣会送什么生日礼物给我。 C

我从来没有厌倦过听伴侣告诉我，我对他（她）有多么重要。 A

23. 我的伴侣通过送礼物给我，让我知道他（她）爱我。 C

我的伴侣不需要我出声就主动帮助我，表达了他（她）对我的爱。 D

24. 在我说话时，我的伴侣不会打断我，我喜欢这一点。 B

我从来没有厌倦过收伴侣送给我的礼物。 C

25. 在我累了的时侯，我的伴侣善于问我他能帮着做些什么。 D

我们往哪里并不重要，重要的是我只喜欢和我伴侣一起往这些地方。

B

26. 我喜欢拥抱我的伴侣。　　　　　　　　　　　　　　　E

我喜欢从伴侣那里收到礼物，得到惊喜。　　　　　　　C

27. 伴侣鼓励的话语给了我信心。　　　　　　　　　　　A

我喜欢与我的伴侣一起看电影。　　　　　　　　　　　B

28. 我不敢奢求还有哪些礼物比我伴侣送给我的礼物更好。　C

我简直无法把自己的手从伴侣身上收回来。　　　　　　E

29. 对我来说很重要的是，当我伴侣尽管有其他事情要做，他（她）却来帮助我。　　　　　　　　　　　　　　　　　　　D

当伴侣告诉我他（她）很欣赏我的时候，让我感觉非常好。　A

30. 在我和伴侣分开一段时间后，我喜欢拥抱和亲吻他（她）。　E

我喜欢听到伴侣告诉我，他（她）相信我或想念我。　　A

请计算选择答案的个数：

A：_____　B：_____　C：_____

D：_____　E：_____

A＝肯定的言语　　B＝精心的时刻　　C＝接受礼物　　D＝服务的行为
E＝身体的接触

第四节　积极沟通

　　人际沟通可以发生在任何人之间，不论亲疏远近；沟通也不受时间和地点的制约，随时随地都可以进行；沟通也有多种形式，如语言的、文字的、肢体的、特定符号等。

　　积极沟通的目的是寻找促进信息有效传递的途径和方法，更快速地达成思想一致和感情通畅。语言是沟通过程中重要的符号，是人类通过高度结构化的声音组合，或者通过书写符号，或者通过手势等构成的一种符号系统。语言是一种社会现象，伴随着人类社会的产生而出现，伴随着社会的发展而发展，在不同的时代，相同的语言可能会有不同的含义；而在同一个时代，不同的文化环境也会通过语言达成共识。

　　美国人类学家爱德华·霍尔提出，人类的沟通有很多潜在的维度和风格，其中有两种特别典型的风格：高语境沟通风格和低语境沟通风格。

　　高语境沟通风格是指在与他人沟通交流的过程中，我们不仅要关注对方的言辞，更要注重对方说话的方式、场合及其他情景。高语境沟通风格最明显的一个特点就是间接、委婉，沟通时需要猜测对方的意图，甚至要借助自己的情感进行共情和推测。高语境中很多信息都蕴含在习俗、共同的价值观、相同的立场里，不需要用过多的言语来表达。好朋友之间，仅靠一个眼神就能领会彼此的想法，这就得益于高语境。而国家政要之间的会面也属于高语境，会见的场所和形式，其深意远远多于言语的信息。因此，高语境中的言语往往是简短的、碎片化的。霍尔认为，大多数亚洲国家都属于高语境沟通风格地区，中国和日本尤甚。例如，中国的流水席中会有一道"送客菜"，这道菜上来了，就代表主人的感谢以及暗示宴席要结束了。具有高语境沟通风格的人更有悟性，尤其能理解沟通过程中的沉默。若要与具有高语境沟通风格的人相处，需要关注话外之意，听取弦外之音。

低语境沟通风格是指在与他人沟通交流的过程中，更强调和关注言语本身的内容，而不太关注情景、场合等背景信息。很多西方国家，例如英国、美国都属于低语境沟通风格。具有低语境沟通风格的人强调就事论事，直截了当，完全通过语言来表达，不会借助肢体和环境进行暗示，所以需要具备比较强的表达能力来阐述观点和细节，即使是陌生人之间也能够很快接收到更多的信息，短时间内就能达到好的沟通效果。但是，如果一个人理解能力稍弱，需要反复推敲才能领悟全部含义，可能就会导致信息冗余，有时候情感表达会比较夸张和戏剧化。

高语境沟通风格和低语境沟通风格并没有好与坏之分，各有优势和不足，在沟通过程中只有了解对方的风格及其关注的是言语还是其他，才能不断修正自己的说话方式和行为方式，降低沟通成本，避免误解。沟通的目标不是自己说得爽，而是有效传递信息并与对方建立联系，当对方接收信息不畅，与其抱怨对方不得要领，不如自己转换沟通风格。

一、沟通的三要素

（一）调整心态——沟通的基本前提

有效沟通需要双方达成一致，只想到自己而忽略了对方则会阻碍沟通。影响沟通效果的最基本因素就是沟通时的心态。概括而言，有三种阻碍沟通的不良心态。其一是自私。中国的传统文化强调集体，因此我们在意归属感，更关心让我们有归属感的群体，包括父母、兄弟姐妹、夫妻、朋友等。当我们开始偏私，就会影响沟通的进展。其二是自我。自我是指只能想到自己，忽略他人。其三是自大。自大是指以为自己的经验和理解就是真相，无视且质疑专业人士的讲解，经常会说"我就不这样，所以这不可能""虽然你是专家，但是我想这样做"。

（二）关心对方——沟通的基本原理

关心对方，即真诚地关注对方的状况和难处、需求和不便、痛苦和问题。对方的情绪、专注状态、困倦程度等都会影响沟通的进程，如果忽略了这些因素，沟通效果就会大打折扣。对方并不会直接讲明这些信息，因此，我们需要观察和验证，例如，你若发现对方一直在看表，则要尽可能简短地表述，适时询问他接下来的安排。

（三）主动参与——沟通的基本要求

沟通中如果能够做到主动支援和主动反馈，将会消除沟通中的误解。有时候，沟通对象会陷入麻烦或负面情绪，在其开口之前就提供相应的信息，能够缓解不融洽的氛围，例如在参观地点的不同位置摆放提示出口距离的指示牌。

二、影响沟通效果的三要素

相较于沟通的言语内容，场合、气氛和情绪才是影响沟通效果的三个要素。比如，一个善于演讲的人，他一定会注重演讲的环境、气氛的营造和情绪的渲染，以使他的观点和态度深入人心。再或者，当一个人情绪沮丧时，你却向他分享自己的快乐，并希望能带动他和你同频，结果可想而知，对方会感到你不能理解他，甚至远离你。因此，沟通需要根据场合、气氛、对方的情绪做出调整。如果忽略或无视这些要素，只会导致沟通无效。

三、沟通的三个特征

沟通具有三个特征：行为的主动性、过程的互动性和对象的多样性。能够达到自己目的的沟通往往是主动开始的，不论时间或地点，主动开始才会实现信息传递，被动等待则机会渺茫。沟通效果比评判对错更重要，沟通的目标可以拆分成各种小目标，每个目标都是在沟通的过程中逐渐实现的。沟通的对象有很多，因此沟通的技巧和使用的语言都要转换，面对领导、下属、客户，面对父母、伴侣和子女，都需要我们有策略地调整沟通方式。

四、沟通的五个步骤

沟通的五个步骤：点头、微笑、倾听、回应、做笔记。看着对方点头示意赞同，保持迪香式微笑，真诚地倾听，及时进行语言或表情回应，适当做笔记，可以营造一个良好的沟通氛围，也能避免信息的流失。其中，倾听最简单，却最难做到，很多人在倾听的时候用心不专，对方刚开启话题就急于打断，听到异议，就失去耐心或者心里做了立场预设，无意识地做出一些不耐烦的动作，这就可能导致冲突和跑题。实现良好倾听的技巧是对方优先，注意观察，消除心里的预设和其他信息的干扰，听取关键词和重点，适时总结、确认并鼓励对方继续。

五、沟通的五种心态

沟通的五种心态：喜悦心、包容心、同理心、赞美心、爱心。每一次沟通的场所、氛围、情绪和状态都可能不同，所以要珍惜每一次和朋友聊天、和客户协商、和孩子对话的机会，让自己保持良好的心情，包容对方的小状况，从对方的立场和感受出发，不吝称赞。

沟通的特点是情绪的转移、信息的转移、感情的互动。沟通没有对错，只有立场。生活中有很多既定结论，双方对话的时候难免发表观点，若执着于观点的对错，有时会损害关系。沟通是有规律可循的，神经语言程序学把沟通由浅入深地分为五个层次：①打招呼。打招呼一般是浅层对话的开始，能够很快打开沟通局面，我们可以在平时积累一些可用于打招呼的话题或句式，这样能够很好地在陌生环境里打开局面。②谈事实。这个层次的对话只是就事论事，没有表露观点，也没有建立彼此的关系。③分享观点和想法。这时候的沟通进入一个初级阶段，双方建立了初步的信任。④分享感受。只有建立了信任的关系，双方才能畅快地分享感受，有时候对方沉默或拒绝表达，是因为关系还没有建立。⑤敞开心扉。在一个完全信任和完全接纳的关系中，我们才会敞开心扉，这与关系类型无关，而是与心理感受有关。所以，我们有时候并不愿意对父母说出心里话，却能够在心理咨询室诉说真实想法。

六、沟通的语言

（一）口头语言

口头语言是人们最常使用、最便捷的语言沟通方式，不受年龄和教育水平的限制，会谈、讲座、聊天都可以使用口头语言。使用口头语言的时候能够立刻得到反馈，随时补充，利用声音可以增强口头语言的表达意图，但是不能同时与更多的人进行双向沟通。

（二）书面语言

书面语言清晰、简洁，可以用于正式的信函、宣传广告等，尤其是在与多人进行沟通的时候，书面语言比较便捷、快速，但是无法立即得到对方的反馈，缺乏感情，有时候语言过于简洁会导致信息表达不完全，造成误解。

（三）图片或图形

图片或图形也可以用来传递信息。图片或图形打破了时间和空间的限制，可以直观、形象地传递信息。

（四）肢体语言

肢体语言包括动作、表情、眼神和声音等，最成体系的一种肢体语言是手语，用以辅助有听力障碍或发声障碍的人群进行交流。

肢体语言所传递的信息大多是无意识的，例如我们和不同关系的人对话时，身体距离是不同的，一般社交距离保持在120~360厘米，而好朋友之间的亲密距离是0~45厘米。此外，声音里包含着非常丰富的肢体语言，例如，用什么样的音色去说，用什么样的音调去说，都是肢体语言的一部分。肢体语言也能够单独发挥巨大的作用，譬如触摸和拥抱。美国加利福尼亚大学洛杉矶分校精神病学教授海拉·卡斯博士表示，人体脑下垂体后叶会分泌一种被称为"黏合荷尔蒙"的物质，它使爱人之间有抚摸和拥抱彼此的欲望，这种动作也会刺激体内修复细胞分泌一种抗衰老、抗压抑的激素。触摸是一种本能的需要，从婴儿时期开始，触摸就能够安抚人的情绪，给予安全感，建立信任。科学研究发现，触摸能促使身体分泌出让身心愉快的激素。触摸对我们的积极作用与吃饭、睡觉一样重要。当生病的时候，抚摸、拥抱会对身体康复发挥积极作用。纽约大学护士学校的多洛斯博士首创了治疗性触摸，也叫触摸疗法。研究发现，当人得到抚摸后，会下意识地激发体内抑制系统，同时使大脑分泌出更多的内啡肽，它们能够缓解疼痛，起到一定的保健和治疗作用。美国研究人员以艾滋病患者为对象施以治疗性触摸，每次抚摸45分钟，每周5次。一个月后，患者的焦虑情绪得到平缓，产生了能够测量的机体免疫效果，并能够抑制其他病毒的侵入，避免了并发症的发生。拥抱是爱的能力。家庭治疗大师萨提亚曾说过，人每天需要4个拥抱才能存活，8个拥抱才能维持精力充沛，12个拥抱才能成长。

七、3F 倾听

美国人际关系学大师戴尔·卡耐基在其著作《沟通的艺术》一书中，介绍了如何建立自信来提高表达能力，以及如何说服他人等沟通和演讲技巧。他特别提到了倾听的重要性。其实，倾听有三个层次。

第一层次，以自我为中心的倾听。倾听者完全没有注意听说话者所说的话，假装在听，其实在考虑其他毫无关联的事情，或内心想着辩驳。在倾听的过程中，以自己的观点进行判断，虽然在"听"，但是完全没有接收到新的信息，依旧沉浸在自己的信念和想法中。

第二层次，以对方为中心的倾听。倾听的时候注意力集中在对方那里，根据对方的语气、语速、语态等做出反应。在倾听的过程中不断点头，表示会意，保持微笑，表情放松，姿态专注，与对方保持适度的目光接触和交流，身体前倾，关注对方话语中所传递的内容，能够找出关键字词进行回应，还能够进行适当的总结。

第三层次，高效、深入的倾听。倾听者能够依靠直觉、洞察力、同理心，在说话者传递的信息中寻找感兴趣的部分，他们认为这是获取新的有用信息的契机。通过倾听对方真正的情感、意图、优点或卓越性，倾听者不仅能听到事实（fact），还听到情绪（feel）和情绪背后的意图（focus），因此高效的倾听也被称为3F倾听。

若要做到3F倾听，就要从倾听者"我"和说话者"你"的两个角度去听。3F倾听有六个要点：我听到的事实、我听到的感受、我听到的意图、你听到的事实、你听到的感受、你听到的意图。我听到的事实是你今天买了很多东西，你神采飞扬，你很开心；我听到的意图是你想展示自己买到的心仪物件，于是我会根据我的意图让你听到我的表达。如果我并不认同你，我想打击你，我会皱眉，说这些东西超过预算了，那个东西根本不值钱；如果我想认同你，我会表现出好奇和欣喜，称赞你的购物品位。

3F 倾听是有技巧的。

技巧一：少讲多听，管住自己的嘴。人们在进行 3F 倾听时，最大的障碍就是陷入自我中心的模式。大脑在进行信息加工的时候会运用逻辑思维，这样能够帮助我们快速识别信息，节省精力，但也会因为已有思维对事实进行错误的归因。例如听到对方说失眠，我们会不由自主地进行判断："哎呀，你就是想太多了，心思太重。"或者我们会给出建议："你应该关上手机，现在人们都被手机绑架了。"这种情况下，我们会错失对方表达的情绪和意图，也许对方只是最近换了新的枕头，也许是想分享一些治疗失眠的方法。当他人诉说的时候，并不一定是在征求建议，而是期待理解。

技巧二：倾听最终目标，听懂对方语言背后的正向意图。很多家长在孩子进入校园开始集体生活之后，都会有一个困惑：怎样帮助孩子解决每天遇到的难题。孩子每天回到家里都会讲述在学校里发生的事情：和同桌争吵，被老师批评，等等。孩子讲述的事实令以自我为中心的家长开始焦虑。同桌不好相处，老师脾气不好，都是从家长角度出发的评判，却不是孩子的真正意图。家长需要通过技巧进一步准确观察孩子的感受。这并不需要家长去猜测，而是去验证。"这真是烦人，那你怎么想？""这让你苦恼了吗？""你用了什么办法？"当孩子感觉到自己被理解，被读懂，就会增加信任，并且愿意和家长进一步说出自己的目标，他们只是想和家长说说话，或者是不知道是不是要向同桌道歉，或者觉得原来老师也会情绪不好，再或者他们只是想告诉家长自己遇到了问题。3F 倾听的意义和价值最终体现在我们与对方在相互信任的前提下共创解决问题的方案。

技巧三：3F 倾听的最高境界是连接他人的卓越品格。当我们连接到他人的卓越品格，就能激发他人更好地发扬卓越品格。我们总是容易发现对方的问题和缺点，却忽略了对方的优点，当我们从对方的立场去看待沟通的主题，就可以发现更多新异的立场。

八、沟通的五用倾听法

用耳朵听：用耳朵听对方说或问的内容。

用眼睛看：用眼睛观察对方的表情、肢体语言等。

用脑思考：一边倾听，一边用大脑思考对方说话的真实意图。

用嘴提问：用嘴巴提出问题，以便彼此进行互动，例如："你看上去精神很好呀，说说吧，是不是有什么好事?"

用心感受：用心体会说话者的感受。在沟通的过程中，不仅要听见、听清，更要听懂。

九、积极沟通的三种方式

培养与人积极沟通的良好习惯，可以帮助我们建立积极的人际关系。

（一）高效沟通和善于倾听

好的倾听者感同身受而不会有先入为主的判断。他们能够设身处地看待事物，保持开放的心态，而非辩解。高效沟通还要有极强的观察力，拿捏好对方的心理及自己说话的方式和分寸。

（二）良好的表达和沟通能力

清晰表明自己的观点并尽可能让对方接受是具备良好表达能力的表现之一。沟通能力的判断标准是能否理解别人的话语，能否通过交流与对方达成一定的共识。

（三）说什么更重要，怎么说最重要

少问多说，多说自己；客观陈述事实；适当表达感受；谨慎评价对方。

（四）55/38/7 定律

美国社会语言学家艾伯特·梅拉比安总结了沟通过程中的 55/38/7 定律：沟通过程的 55% 是通过肢体语言、发型、妆容等非语言信息进行的；38% 是用声音完成的；只有 7% 是通过语言内容完成的。当非语言信息和语言信息不同的时候，人们更愿意关注非语言信息，如果一个人在讲述的时候眼神飘忽，低着头，不断搓手，即使在讲一件很笃定的事情，我们也会怀疑；如果一个人气息稳定，声音清晰，我们会更信任他所陈述的观点。

十、非暴力沟通

非暴力沟通（nonviolent communication，NVC）是一种强调通过观察、感受、需要和请求来促进有效沟通和理解的沟通方式。这种方法由美国著名沟通专家马歇尔·卢森堡（Marshall B.R.）博士于 20 世纪 60 年代提出，其核心在于通过非攻击性、非指责的方式来表达自己的需求，并倾听和理解他人的感受和需求，从而达到和平解决问题的目的。

非暴力沟通包含四个基本要素：观察、感受、需要和请求。

观察：客观地观察当前的事实和情况，不带任何判断或评论。描述一个情况时，应尽可能地避免使用诸如"好""坏""正确""错误"等价值判断性词语，而是简单地陈述事实。这里需要区分观察和评论，前者是对客观事件的描述，不夹杂任何主观评价；后者则是当事人对客观事件的态度，例如，"你经常迟到"是评论；"你本周五天学习日，其中有三天迟到了"是观察。

感受：识别和表达自己的内心感受。非暴力沟通鼓励我们用"我"语句来说明自己的感受，而不是责备或指责他人。例如，"我感到很沮丧"而不是"你让我感到沮丧"。这里需要区分的是感受和想法，例如，"我很生气。"是感受；"你很可恶"是想法。

需要：在认识并表达感受之后，识别自己内心最根本的需求。非暴力沟通鼓励我们直接表达自己的需求，而不是将其归咎于别人的行为。例如，"我需要更多的安全感"而不是"因为你没有给我足够的安全感，所以我很焦虑"。

请求：提出明确、可行的行动请求。非暴力沟通摒弃命令或要求的方式，而是以请求的方式表达自己的诉求，让对方有选择的余地。这里要区分请求和要求，例如，"你现在马上把衣服收拾整齐"是要求；"我希望你能把自己的衣服叠好收进衣柜，可以吗"是请求。

非暴力沟通的模式："我看到或听到……""我感到……""因为我需要……""我希望……"，见图5-1。例如，夏天的晚上，在寝室里，室友把空调的温度调到18℃，你冷得没法睡觉。你用非暴力沟通的方式："我看到空调的温度是18℃，在这样的室温下，我感到很冷没法入睡，我需要调高一些温度，这样晚上入睡不至于着凉感冒，能请你把空调温度调到25℃吗？"

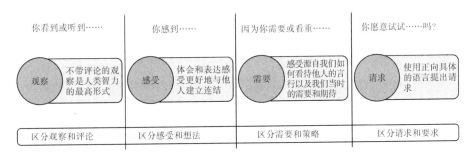

你看到或听到……	你感到……	因为你需要或看重……	你愿意试试……吗？
观察 不带评论的观察是人类智力的最高形式	**感受** 体会和表达感受更好地与他人建立连结	**需要** 感受源自我们如何看待他人的言行以及我们当时的需要和期待	**请求** 使用正向具体的语言提出请求
区分观察和评论	区分感受和想法	区分需要和策略	区分请求和要求

图5-1 非暴力沟通模式

十一、主动建设性回应

主动的建设性回应（active constructive responding，ACR）是一种主动的、有积极情绪反应的、有进一步交流的回应方式，在这个过程中你真诚地为对方感到高兴，并且把你的这种积极情绪展现出来。积极心理学研究发现，只有主动的建设性回应才可以提高人的幸福感，发展出更友好的关系。主动的建设性回应向人传递着两种信息：

第一，我认可这件事的重要性，认可你与这件事的关系，认可你的付出。

第二，我看到了这件事对你的意义，对此我做出一些回馈和反应，从而展现出我与你的积极关系。

而一个被动的或破坏性的回应则可能传递出这样的信息：

第一，你提到的那件事是没有什么意义的，无论是现在还是将来。

第二，我不知道哪些东西对你而言是重要的。

第三，我并不关心你的情绪、想法和生活。

美国加利福尼亚大学圣巴巴拉分校心理学教授盖博（Shelly L.G.）的研究表明，好事发生时能否获得支持回应在关系中起着非常重要的作用。她将人们对他人发生好事时的回应分成四种：主动建设性回应、被动建设性回应、主动破坏性回应、被动破坏性回应，见表5-1。

表5-1 回应他人的好消息的四种方式

	主动的	被动的
建设性的	热情的支持； 眼神接触； 真诚的态度： "太棒了！我就知道你行，给我讲讲你怎么做到的？"	没什么精神； 反应迟缓； 不上心地鼓励一下： "哦，挺好的。"
破坏性的	表示质疑； 拒绝接受； 贬低事情的价值： "我觉得这不值得你高兴，以后说不定压力更大。"	转移话题； 忽略这件事； 忽略说话的人： "哦，没什么大不了的，我给你说件好事。"

第五节　积极关系在教育中的运用

在儿童和青少年成长过程中，人际关系的发展是家长及教育工作者需要关注的。积极的人际关系对孩子健康幸福、成长成才非常重要。

一、积极的师生关系

积极的师生关系在儿童和青少年获得幸福感和心理韧性的过程中起着重要作用。有研究表明，那些与老师有积极而紧密关系的青少年，酗酒、自伤或自杀的可能性更低，出现暴力行为的可能性也更低。师生关系的质量是对学生的学业成就影响最大的因素之一，积极的师生关系会使学生对学校的态度更正面，学习也更投入。此外，积极的师生关系也是教师进行有效班级管理的基础，高质量师生关系的班级与其他班级相比，在一学年内违反纪律的概率要低31%。这种"高质量师生关系"通常被描述为投入的、情感上安全的、相互理解的、温暖的、紧密的、信任的、尊重的、充满关心和支持的。

美国一位著名的教育家花了几十年时间，从90 000封学生写的信中概括出了受学生喜爱的教师的12个特点。

（1）友善的态度。"他（她）把全班变成了一个大家庭，我每天都很期待去上学。"

（2）尊重课堂上的每个人。"他（她）不会在其他人面前像耍猴一样戏弄我。"

（3）耐心。"他（她）会一直讲解一道题，直到我会做为止。"

（4）兴趣广泛。"他（她）带给我们课本以外的观点，帮助我们把所学的知识运用到生活中。"

（5）良好的仪表。"他（她）的语调和笑容让我们感到很舒心。"

（6）公正。"他（她）会给你应得的分数和赞扬，而不会有任何的偏差。"

（7）幽默感。"每天他（她）都会在教学时带给我们欢乐，让课堂变得不再乏味。"

（8）良好的品行。"我相信他（她）与其他人一样也会发脾气，但是我从来没见过。"

（9）对个人的关注。"他（她）帮助我认识了一个全新的自己。

（10）虚心学习。"当他（她）发现自己有错时，他（她）会直接承认并且尝试用其他方法来改进。"

（11）宽容。"虽然我知道我不聪明，但是即使在我考得很差时他（她）也不会说我不优秀。"

（12）教学有方。"突然发现，虽然我没有刻意去想，但是我一直在用老师教我的方法学习，并且发现这些方法十分有效。"

培养积极的师生关系，需要做到以下 5 点。

（1）有意识地营造一种温暖的氛围，例如上课前与班上的每一位同学都快速对视一下，确认每个人是否在场。

（2）反馈应该及时。在给出某种学习标准后，立刻给予学生反馈是最有效的，这样学生就能积极回应并记住这段经验。时间久了再给反馈，学生可能会忘，也无法将反馈与行为联系起来。

（3）每次集中反馈一件具体的事。每次跟学生只谈一个问题，会比你一次谈他的所有问题更有影响力。比如，一个学生语文作业写得不好，你与其对这个学生说："你作业的问题太多了，字迹潦草、错别字多、内容有遗漏、语法也有问题。"不如本周先强调让他注意字迹，下周再强调改正错别字，再隔一周强调使用正确语法。一次强调一件事，这样做效果会更好。

（4）给学生真诚的赞美。如果你总是告诉你的学生"干得好""做得漂亮"之类的空话，时间一久效果就减弱了。用"具体事件+行为动作"的方法表扬学生，比如用"我注意到……"的句式来表达（如"我注意到你这一整周都按时到校没迟到。""我注意到你在帮老师收作业时，总是会把同学们的卷子抚平。"）。认可学生付出的努力，能对学生的学习生涯产生积极而长远的影响。

（5）邀请学生给你反馈。给学生机会，让学生们能匿名评价，可以用一些问题如"你是否喜欢老师带的这个班级，为什么？""如果你来当老师，你会做哪些不同的事？""你从老师身上学到最多的东西是什么？"来达到目的。

二、积极的同伴关系

友情对儿童和青少年有重要影响，无法建立友情和积极的同伴关系会对孩子造成负面的影响。研究发现，那些同伴关系较差、缺少朋友的孩子在成年之后会长期无法适应生活和工作，精神健康方面也会受到影响。有证据显示，良好的朋友关系与良好的学业成就相关。教师仅给那些没有朋友、被班里排斥的孩子提供个人支持是不够的，教师不仅要帮助他们学会新的社交技巧，还要改变班上其他人对他们的看法和行为。

幼儿阶段：角色扮演。研究者们曾经认为孩子直到七八岁才能形成深厚的友谊，但现在看来孩子在更小的年纪就已经懂得挑选自己喜欢的同伴，与之合作玩耍，展现出最初的共情能力了。幼儿阶段的角色扮演游戏是促进幼儿间亲密关系发展的关键。教师在对幼儿人际关系进行积极构建时可加入游戏和沟通的技巧，以便给他们友谊的形成提供更理想的条件。例如，使用玩偶来进行角色扮演，让孩子们练习使用各种交友技巧，包括如何进入一个团体，或处理别人带来的失望；给孩子们的友善行为提供指导和点评；当孩子出现烦恼和矛盾时，给孩子深谈的机会，这样可以帮助孩子理解自己的感受和他人的感受；给孩子们提供一些可以充分互动的活动，如共同完成一项活动任务；通过讲关于友谊的故事来唤醒孩子的意识，与孩子讨论友谊的特征。

学龄阶段：与他人玩耍。当孩子们进入学龄阶段时，与他人玩耍依然是发展社交技巧和友谊的重要方式。有些孩子会说，他们最好的朋友就是那些总是能一块玩耍的朋友。我们可以充分利用这个阶段孩子建立积极关系的关键方式，比如，为孩子们提供更多自主发挥的空间，如操场、游乐场地等，使孩子们能够在没有监视的情况下玩耍；鼓励孩子参加校外活动，以便保持他们对别人的兴趣；在班集体中共同讨论友谊与友善行为；制定班级规定时应尊重个体，包容差异，让每一名成员都有参与感和归属感；定期与孩子们深谈，帮助他们消除友谊方面的烦恼；创造团队合作的机会和活动，让孩子们能习惯于跟班里的不同成员合作。

青少年阶段：认同与归属感。在这个阶段，青少年需要发展他们的自我认同和归属感，与朋友互动、加入一个友谊团体可以帮助他们实现这些。青少年的友谊在提供接纳和情感支持方面能起到非常重要的作用，尤其是能使他们变得更加独立，对父母的依赖有所减少。心理学家布尔梅斯特（Buhrmester）认为，进入青春期之后，友谊会在四个方面发生重要变化。

（1）友谊的活动主题发生了变化。青少年时期，朋友之间的交流由活动为中心转向以谈话为中心。

（2）友谊关系的活动范围进一步扩大。青少年时期，随着各方面的发展，好朋友之间进行活动的场所已经延伸到校外，包括各自的家以及其他一些公共场所。

（3）友谊成为自我探索与情感支持的重要关系。青少年时期，个体的一个突出的特点就是好朋友之间自我暴露和相互提供情感支持的程度加深。

（4）友谊亲密性程度加深。亲密性作为青少年时期同伴友谊的一个显著特点，需要个体能够表现出理解、忠诚、敏感、可靠，以及愿意为对方保守秘密等社会技能。

根据上述特点，我们可以进行如下的尝试：与青少年交流，确认他们在哪些场合会与同辈产生交际困难，在什么情况下需要支持；教授青少年建立友谊或结交新朋友的技巧，建立积极的同伴关系；给那些缺乏自信的、社交压力过大的青少年提供短期的团体培训，提升青少年的自尊自信水平、加强积极的人际互动等；开设"友谊关系小组"，通过同伴相互帮助的方式来增强学生的自信，丰富他们维持友谊的技巧、解决问题的技巧等。

第六章　积极意义

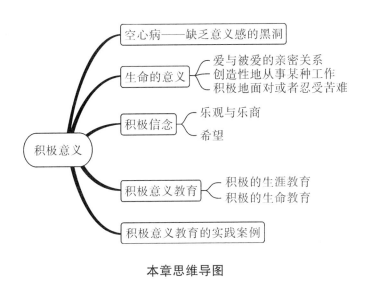

本章思维导图

积极意义是指为他人和社会谋福祉而获得的崇高的内在价值的体验。研究发现，感受到人生的意义有益于个体的身体健康，提升其生活满意度并建立和谐的社会关系，还能预防抑郁症、躯体疼痛和危险行为的发生，这是因为意义能够给人提供对生命、个人存在的使命感与方向感。更重要的是，体验到人生的意义与生活的价值本身就是人生幸福的重要体现之一，也是塞利格曼"幸福五要素"模型的重要组成部分。研究发现，提升个体意义感的策略包括做出符合个体价值观的行为和使用个人的优势来帮助他人的能力。

第一节　空心病——缺乏意义感的黑洞

2022 年出版的《心理健康蓝皮书：中国国民心理健康发展报告（2021—2022）》指出，我国青年是抑郁的高风险群体。

北京大学心理健康教育与咨询中心原副主任徐凯文概括了"空心病"的七种病理学特征。

第一，从症状上来讲，它可能是符合抑郁症诊断的。"空心病"患者会表现为情绪低落、兴趣减退、快感缺乏。但是它和典型抑郁症不同的是，"空心病"患者这些症状表现并不非常严重和突出，所以外表上看起来可能跟其他大多数正常人并没有差别。

第二，有强烈的孤独感和无意义感。这种孤独感来自好像跟这个世界和周围的人并没有真正的联系，所有的联系都变得非常虚幻。更重要的是，"空心病"患者不知道为什么要活着，也不知道活着的价值和意义是什么。即便"空心病"患者得到了想得到的东西，内心还是空荡荡，就有了强烈的无意义感。

第三，人际关系通常是良好的。他们非常在意别人对自己的看法，需要维系在他人眼里良好的自我形象，但似乎这一切都是为了别人而做的，因此他们做得非常辛苦，也非常疲惫。

第四，对药物治疗不敏感，甚至无效。

第五，有强烈的自杀意念。这种自杀意念并不是因为现实中的困难、痛苦和挫折，用他们的话来讲就是，"我不是那么想要去死，但是我不知道我为什么还要活着。"

第六，出现这样的问题已经不是一两天。他们可能从初中、高中，甚至更早就开始有这样的迷茫，甚至之前已经有过更极端的行为。

第七，传统心理治疗疗效不佳。他们的问题大概不是通过改变负性认知就可以解决的，甚至不是去研究他们原生家庭的问题和早期创伤可以解决的。

第二节　生命的意义

积极心理学之父塞利格曼认为："人类不可避免地会追求幸福的第三种形式，即对人生意义的追求。"有意义的生活与单纯追求享乐的生活不同。心理学家曾对近 400 名年龄在 18~78 岁的美国人进行过调查，询问他们是否认为自己的生活有意义和是否有幸福的感受。调查结果显示：充满意义的生活和幸福的生活虽然具备一些共同的特点，但仍然有不同之处。心理学家总结：在幸福的生活中，人们"得到"的更多；而在充满意义的生活中，人们更愿意去"给予"。

心理学家对此做出了进一步的解释：满足欲望会使人感到幸福。如果你产生了一种欲望或需求，比如你口渴了，然后饮水，干渴的感觉就消失了，于是你会感到幸福。从某种意义上讲，那些只追求幸福的人只有从其他人那里得到了好处，才会变得幸福。但是那些追求生命意义的人，会在给予他人时享受到愉悦。换句话说，那些只追求幸福的人只知道忙着满足自己无穷无尽的欲望，与此同时，那些追求生命意义的人早已超越了自我。追求更崇高的生命意义的人，更愿意伸出双手去帮助那些有需要的人。

塞利格曼认为，追求生活的意义就是"用你的全部力量和才能去效忠和服务于一个超越自身的东西。"因此，有意义的生活绝不是一种自私的追求，不是向世界索取什么，而是思考自己能为周围的人和环境贡献哪些价值。

社会心理学家罗伊·鲍迈斯特认为，意义的本质是联系，当两个看似毫不相干的事物之间建立起了联系时，意义就产生了。例如，你与路人从未相识，是陌生人，因此不存在联系；但如果因为你的疏忽，你的随身物品遗落，路人恰好看到并善意提醒你，你感激路人，并对他表达感谢，于是你俩就建立了联系。当一个人为别人提供帮助时，他就与另一个生命建立了联系，于是意义就产生了。维克多·弗兰克尔是意义治疗与存在主义分析疗法的创始人，因为是犹太人，所以在第二次世界大战中被德国纳粹关押在集中营，遭受非人的折磨。但在绝境中，弗兰克尔通过对爱人的思念，让他的精神从绝望和无意义的现实世界中超脱出来，他将希望寄托于让自己的爱人幸福，于是他的存在变得有意义了。他在《活出生命的意义》中写道："世界上一无所有的人只要有片刻的时间思念爱人，那么他就可以领悟幸福的真谛。"一个人还可以通过与周围的世界建立联系的方式获得生命的意义。比如，对一个科学家来说，用毕生的精力去探寻世界的规律，解答一个又一个问题，就是在与周围的物质世界建立联系的过程。遗传学家孟德尔为了追求自己的学术生涯放弃了结婚的权利，选择到修道院生活；居里夫人曾经在科学生涯中承受着丈夫离世的痛苦。通过创造性的劳动，一个人可以看到自己的独特性。除了人与人、人与物的联系，过去与未来的联系也可以产生意义。换句话说，意义不仅是超越自我的，更是超越时空的。弗兰克尔在《活出生命的意义》中还写道："要消除集中营生活对囚犯心理的影响，就要给他指明一个未来的目标，使他恢复内在的力量。"比如，你必须要忍受现在的痛苦，因为还有很多听众等着你来给他们讲述你的研究结果。因此，我们说意义具有超越性。感受以及追求意义可以使人们更好地发挥自由意志，这体现了人区别于动物的独特性。

意义从何而来？

生活的意义不是我们能够直接寻找并且获得的东西，我们越是理性地去寻找它，我们越可能错失它。生活的意义和快乐一样，如果我们刻意去追求一个叫作"意义"的东西，结果可能不遂人愿，那么人们可以从哪些活动中获得生命的意义呢？弗兰克尔认为，获得生命的意义有积极和消极的方式，也有不同的来源。从来源上来说，有三种途径可以让人体验到意义感：爱与被爱的亲密关系、创造性地从事某种工作、积极地面对或者忍受苦难。

一、爱与被爱的亲密关系

温暖而支持的人际关系是获得意义感最重要的来源之一。曾经，有一个实验组织了121名学生参加一个电脑接球游戏。在游戏中，有三个人互相传球，除了参加游戏的学生是真人以外，其余两个游戏角色均是研究者用程序设置好的虚拟角色，但是研究者会让学生认为，他们在和两个真人互动。实验结果表明，当抛球的虚拟角色几乎不把球传给学生，而只把球传给另一个虚拟角色时，学生会在游戏之后的问卷调查中反映出对生命的无意义感；而如果学生接到球的次数和其他虚拟角色相同，或者是多于其他虚拟角色，则会更少地体验到无意义感。即使是一般的人际关系，也会影响着人对意义的感知。

二、创造性地从事某种工作

社会学家梅尔文·科恩及卡米·斯库勒曾调查过 3 100 名美国人对自己工作的看法，他们发现，影响他们的满足感的关键就是他们所说的"工作自我引导"。从事低复杂度、高重复性工作的人，对工作产生的疏离感最强（会有无力感、不满足感，而且觉得自己和工作是分离的）。如果工作内容多样化、较具挑战性，且在工作中有自由发挥的空间，那么从业者对工作的满意度则远高于前者。

记者到建筑工地采访工人，问他们在干什么？第一个建筑工人头也不抬地回答道："我正在砌一堵墙。"第二个建筑工人习以为常地回答道："我正在盖一所房子。"第三个建筑工人则干劲十足、神采飞扬地说道："我正在为建设一座美丽的城市而努力。"三个建筑工人有各自不同的回答。若干年后，第一个建筑工人还是在一个普通工地上从事建筑工作，仍然像以前一样砌着他的墙，没有任何变化；第二个建筑工人已是在施工现场拿着图纸的设计师；第三个工人则是一家房地产公司的老板，手下拥有几十号人，正在运营大的建设项目。这个故事很形象地总结了人们对待工作的三种态度：把工作当作一份"差事"、视工作为一份职业、把工作当作事业。只是为了赚钱才工作的人上班的时候常常会盯着时钟，一心盼望着周末赶快到来。把自己的工作当作职业的人，则会为自己定下目标，希望自己能得到升迁及名望，这类人会努力把工作做好，不过当升迁和声望不能如期而至的时候，他们会感到十分受挫，还会不时地感慨工作辛苦。把工作当作事业的人，觉得自己的工作就是在实现自己的抱负，而不是出于其他目的才做这份工作，他们常常会全身心投入，获得物我两忘的福流体验，工作报酬和职业升迁在工作选择中成为非决定性的因素。

纽约大学心理学家埃米·瑞斯奈斯基博士发现，几乎所有她调查过的职业中都存在上述三种工作态度。以在医院工作的人员为例，她发现医院的清洁人员中也有些人认为自己是医疗团队的一员，每日为病人做出自己的贡献，促进病人的康复。这些清洁工不仅会把自己的基本工作做好，还会帮重病病人把病房打理得明亮洁净，积极配合医护人员的工作，而不只是被动地等待指示。他们的这种尽心尽责的态度，提升了他们在工作中的自我引导，秉持着这种工作态度的清洁工已把自己的工作当作一份天职。比起其他只把工作当作一份"差事"的人，前者能从工作中得到更多的快乐。

积极心理学的研究得出了一个乐观的结论，即大部分人都能从自己的工作中得到更多的满足。第一步就是找出自己的优势，掌握自己的优势，选择一份让自己每天都能发挥优势的工作，这样就能不时在工作中享受到福流体验。如果你的工作跟自己的优势不相符，那么你就应该重新调整自己的工作，让两者相符。以教师为例，从业者需要具有爱心、耐心、积极关注的园丁精神。发挥自己的优势能使自己从工作中得到更多满足感，工作心态就会变得更积极，也会更愿意面对问题。一旦有了这种心态，从业者就会更有愿景，愿意为大我做出贡献。正如诗人纪伯伦所言："工作是爱的具体体现。"

三、积极地面对或者忍受苦难

尼采说："那些没能杀死我的必将让我强大。"即使在看似毫无希望的境地，生命完全被暴力束缚，人们也能找到人生的意义。勇敢接受痛苦挑战的时候，生命就有了意义，就像弗兰克尔曾在纳粹集中营的经历。苦难冥想的练习可以帮助人们找到消极事件的积极意义。研究者对个体写下的创伤经历的内容进行分析后发现，从开始写到结束的整个过程中，个体对创伤事件的认知会有所提升。在记录整个事件的过程中，个体会重新评估那些失败的经历，会在负面事件中寻找积极的意义，还会在书写的过程中对事件的结果进行合理归因。这种归因不是一种片面的归因，而是对自身内在条件和环境条件都加以考虑后的一种积极的、全面的归因。这种归因可以有效帮助人们整体全面地理解自己的经历，找到失败的真正原因，从而有利于人们做进一步的计划和调整。

第三节　积极信念

积极的信念是一种驱动力，不仅能使个体坚持不懈地追求目标，而且能增强其生命的意义感。积极心理学认为，乐观、希望都是积极信念的重要组成部分。

一、乐观与乐商

乐观是指人们相信（期待）未来会有好的事情发生在自己身上，并觉得自己能掌控未来。乐观有两种主要成分：一种是人们追求的目标的价值，这有赖于个体的个性化主观赋予；一种是人们对自己未来能否达成目标的知觉，越觉得自己能达成，其自我乐观度越高。如果个体认为自己不可能达成目标，则可能会出现悲观的情绪。

中国心理学会积极心理学专委会副主任委员、浙江师范大学任俊教授提出，乐商（optimistic intelligence quotient，简称 OQ）是指一个人保持乐观心态的能力，又被称为乐观智力。乐商既包括一个人乐观水平的高低，又包括一个人从经历的消极事件中汲取积极力量的能力，以及用乐观心态影响、感染其他人的能力。

（一）乐商的三个维度

衡量乐商的维度有三个：乐观程度；摆脱消极事件或影响的能力；影响他人变得乐观的能力。

1. 乐观程度

衡量一个人乐商水平的第一个维度就是其乐观的程度。个体的乐观程度越高，其心态、身体状态就越好，寿命也越长。乐观程度对个体身心层面的影响差异主要体现在两个方面。一方面，乐观程度越高的个体，越倾向于参与促进健康的行为，比如不抽烟、不喝酒、爱运动等，这些行为对于个体的身体健康有很大的促进和保障作用。另一方面，乐观程度越高的个体，其心理复原力也越强。心理复原力（也称心理韧性），是指个体在遇到压力、困难或挫折情景时，能够有效应对，从困境中恢复甚至反弹的能力。乐观程度高的个体在面对困难时更灵活，能更快地从压力源中恢复过来。乐观程度低甚至持悲观主义的人，往往愁容满面，具有相对固定的灾难化思维，遇到事情时总是先考虑坏的一面，他们坚信自己的生活不会是一帆风顺的，遇事逃避、退却，爱抱怨。

2. 摆脱消极事件或影响的能力

这个维度指的是个体从所经历的消极事件中获取积极力量的能力。乐商高的人在面对消极事件时，会较少受消极心理的影响，总是能看到问题和困难的积极面，直面事件，并在解决问题中成长。

3. 影响他人变得乐观的能力

乐观具有感染性。乐商高的人，能影响身边的人，让他们变得像自己一样乐观。换言之，乐商高的人，更有能力带给别人快乐和鼓舞人心的力量。此外，乐商高的人对他人的积极影响还与其包容度有关。乐商高的人在遇到困难时愿意相信自己、鼓励自己，在他人遇到困难时有同情心，为对方着想，因此会表现出相当高的宽容和仁慈，让人感受到温暖和善良。

（二）乐观品质的培养

研究发现，悲观消除后，人并不会自然地变得乐观。乐观的品质需要训练和培养。首先，乐观可以通过一些简单的方法或训练得到提升。冥想是一种心灵修炼的方式，它帮助人们通过专注和意识控制来达到内心的平静与清晰。不少研究发现，冥想可以改善人大脑的神经生理活动，尤其是当人处于压力状态时，通过冥想能减轻压力引起的应激焦虑程度。冥想还可以降低血压，减轻慢性疼痛，增强免疫系统功能等。与此同时，冥想还能增强个体的自我意识，让其更加了解自己的情绪、想法和感受。冥想的这些积极作用，能提升个体的乐观程度。其次，不同于知识教育需要考虑学习者的最近发展区和身心成熟度，乐观的训练越早越好，甚至胎教时就可以加入乐观训练。孕妇的情绪状态对胎儿的发育和成长具有重要影响。孕妇在怀孕期间，保持积极心态就是对胎儿的乐观训练。为此，孕妇可以积极寻找让自己感到快乐和愉悦的事情，如听喜欢的音乐，看喜剧电影，和亲朋好友聚会等；还可以通过阅读励志书籍，观看鼓舞人心的电影或视频等方式，提升自己的情绪状态；或者尝试一些新的兴趣爱好，如绘画、写作、瑜伽、冥想等，这些活动不仅能让孕妇放松身心，还能培养乐观情绪；此外，加入孕妇交流群或参加孕妇课程，与其他孕妇分享经验和心得，共同建立乐观的情绪氛围也是一种积极的措施。最后，根据具身认知理论，经常保持微笑，也能增加自己的积极快乐情绪，提升自己的乐观程度。英国心理学家理查德·怀斯曼在其著作《59秒》中曾介绍过这样的一个实验。1980年，费兹·斯塔克和他的同事们通过一支铅笔对两组参与者的快乐进行了实验。一组参与者被要求用牙齿咬一支铅笔，但要确保铅笔不碰到嘴唇；另一组参与者被要求用嘴唇而不是牙齿含住铅笔。在没有意识到的情况下，用牙齿咬住铅笔的参与者的面部肌肉被迫进入微笑状态，而仅仅用嘴唇含住铅笔的人则不自觉地皱起了眉头。实验结果表明，参与者所体验的情绪与他们所展露出来的表情相符，那些被迫微笑的人比被迫皱眉的人感觉更快乐。

二、希望

希望指的是寻求相应的方式以实现预期目标和消除障碍的能力及相应的动机。希望能让我们在艰苦的处境中表现出难以置信的耐力和毅力。心理资本研究的鼻祖、国际著名管理学家路桑斯认为，心理资本对个体的成长和发展非常重要，其包括希望、韧性、乐观和自我效能感。其中，希望是个体坚守和实现目标的一种积极状态，由目标、路径和意志力决定。斯奈德是研究希望的专家，其提出的"希望理论"是积极心理学的核心概念之一。"希望理论"认为希望是基于内在成功感的积极动机状态，包括清晰、明确的目标，达到目标的详细策略和计划（路径思维），激发与保持运用策略与计划实现目标的动机（动力思维）。目标是我们想要实现的事情，为我们指明方向；路径思维帮助我们思考如何才能达到目标，以及当计划失败时积极寻找替代方法；动力思维是我们追求目标的勇气和在困境中坚持的力量。包含目标、路径和动力的希望，是能够把意愿和行动相联系，把现在和未来相联系，把期待和现实相联系的希望。

目标是"希望理论"的核心概念。斯奈德认为目标可以分为时间目标、具体目标和抽象目标。人们对于目标的态度可以分为积极的"接近"目标和消极的"避免"目标。他还强调，实现目标的可能性与希望的程度没有多大关系。事实上，即使实现目标的概率很低，也可能有希望，也需要有希望。目标将促进行为的生成，其是否能实现在于路径思维和动力思维。路径思维是实现目标的具体方法和计划，是希望的认知组成部分。总体来说，希望感高的人探寻的道路比希望感低的人更具体、更可行，他们也擅长找到替代道路。动力思维是指实现目标的动力，属于希望的激励成分，即个体有根据现有路径实现预期目标的动力。当人们遇到困难时，希望感高的人普遍会有足够的毅力与韧性来克服困难，并将困难与挫折视为成长的机会，而希望感低的人面对困难则会屈于困难，被困难打败。提升个体的希望水平，可以增强其生活满意度、主观幸福感、压力应对能力和积极情绪体验。

（一）提升希望水平

首先，要设定适当的目标。第一，选择与自己相关的、有意义的目标。只有当这个目标真正符合目标设定者的价值观、兴趣时，才能激发其实现目标的内在动机。第二，选择主动接近目标，而不是被动地回避目标，这样更容易成功地实现目标。第三，选择明确的目标。明确的目标具有清晰的实现路径，可以激发个体的内在力量，提高路径思维能力。第四，选择有足够难度的目标。中等难度的任务最能激发内在动机。

其次，丰富路径思维。第一，应该尝试将大的目标分解成一个个小目标，这些小目标之间要有联系和递进关系。当一个小目标实现时，应该奖励与称赞自己，体会成功带来的自我效能感。实现小目标带来的快乐和力量能够逐渐增强自信和动力，进而一步步地实现大目标。第二，寻找实现目标的替代方法。在实现目标的过程中遇到问题时，要积极地从多角度思考解决问题的方法，积极、灵活地寻求其他解决方法。如果目标不够恰当，必要时还要调整目标。第三，预演目标实现过程。在实施具体行动之前，不妨在脑海中预演一遍，尽可能具体地想象在这一过程中可能遭遇的困难，并提前找到应对困难的方法。第四，在想象的过程中，体会到成功的快乐，提前为自己储蓄积极的力量与信念。

最后，积极行动。实践与行动才是检验方法是否有效的途径。行动可以分为参照他人以及参照个体经验两种。一方面，和你的朋友谈论目标，或者通过书籍、电影等了解其他人是如何成功的；另一方面，回顾自己过去的成功经验。希望感与过去经验相关，过去的成功经验少，自我效能感就低，希望感也会低；成功经验多，自我效能感也相应会高，希望感也会高。人们应将注意力转向积极方面，从成功经验中看到自己的能量，从而强化实现目标的动力思维。

（二）超越自我

人本主义心理学创始人马斯洛提出的需要层次理论，其中最高层次的需要即自我实现的需要。自我实现即个体实现自己的潜能和才能，追求个人成长和发展，实现自我价值的过程。马斯洛认为，人们在自我实现时会产生极致的体验——"高峰体验"。一些成长和成就可能需要历经苦难和折磨才能实现，如一个妈妈克服分娩时的痛苦生下孩子后而获得的高峰体验。因此，高峰体验应该由苦难（或悲伤等）和快乐（或喜悦等）共同谱写。

积极心理学有一项研究，收集了一些被试者一生中情感波动最重大的生活事件，并且评估了这些人的人生意义与这些事件的关系。最后的结果显示，最有人生意义的事件都是那些极度快乐或极度痛苦的经历。随后，该研究还探索了这些事件为何会提升人生意义。结果发现，极端事件之所以更有意义，很大程度上是因为它不仅会造成强烈的情感体验，还会引发人们对自己生活的思考，而这种思考提升了人生意义。因此，追求极致体验也是人们寻找生活意义的重要途径。一个人的人生故事和对自我的定义主要是由这些有极致体验的生活片段组成的，那些情绪波动最激烈的事件往往也最值得记录在人们的人生履历中。这些紧张经历带来的大量的深刻思考自然就增加了人们用这些经历定义自己的可能性。

能导致人生意义的事情通常具有三大公认的特征：目标性、事件的重要性和一致性。只有能成为生活目标的事件才会让人们的生活有意义，不是生活目标的事件即使实现了也没有什么意义。必要的苦难后的高峰体验或许更能定义我们是谁或者我们为什么活着。人生的意义不能少了那些来自苦难的快乐，苦难才能印证人的生命力强大。

（三）利他

"利他"是一个道德和伦理学的概念，指的是个体的行为或决策以他人的利益为首要考虑因素，而不是仅仅为了自己的利益。在社会心理学中，利他行为通常被看作是一种无私的行为，它可能源于同情、共情、道德信念或社会规范。

真正的利他行为是以关心他人为前提，不期望在帮助他人后能够获得任何自利的结果。利他主义是增进他人福祉的一种动机，与利己主义相对立。

利他行为不仅能帮助他人，对助人者本人也有益处，如提高助人者幸福感，缓解压力、疼痛感等消极情绪，并可能改善生理健康等。

利他行为促进了个体的亲社会倾向，超越了自我利益的局限，体现了个体对他人的关注和热爱。这种关注和热爱可以使我们的生命变得更加有意义，让我们更加深刻地体验到人生的价值。在与他人的交往和互动中，个体通过帮助他人、参与社会活动等行为，感受到自己的存在对他人和社会的价值，从而获得意义感。另外，个体也可以通过为社会和他人做出贡献来获得生命意义。

【心理测试】

中文人生意义问卷（C-MLQ）

请你花一点时间思考一下，"对你来说，什么使你感觉到你的生活是很重要的？"然后，根据下面的描述与你的情况相符合的程度，在1～7中做出选择。请尽可能准确和真实地做出回答。答案无对错之分。

1＝完全不同意，2＝基本不同，3＝有点不同意，4＝不确定，
5＝有点同意，6＝基本同意，7＝完全同意

（1）我很了解自己的人生意义。

（2）我正在寻找某种使我的生活有意义的东西。

（3）我总是在寻找自己人生的目标。

（4）我的生活有很明确的目标感。

（5）我很清楚是什么使我的人生变得有意义。

（6）我已经发现了一个令人满意的人生目标。

（7）我一直在寻找某种能使我觉得"我的生活很重要"的东西。

（8）我正在寻找自己人生的目标和使命。

（9）我的生活没有很明确的目标。

（10）我正在寻找自己人生的意义。

人生意义体验因子：（1）（4）（5）（6）（9）题相加；人生意义寻求因子：（2）（3）（7）（8）（10）题相加。两者分数相加，总分越高表明人生意义感越强。

第四节　积极意义教育

教育的本质就是激发受教育者对真、善、美的追求。我国教育的根本任务是立德树人，引导学生正确认识义和利、群和己、成和败、得和失。因此，积极教育是学生教育很重要的一个组成部分。无论是在宏观上打造校园文化氛围，还是在微观上聚焦课程建设，以及面向个性化的学生辅导，都可以把意义教育融入进去。

一、积极的生涯教育

目标是意义的重要一环。一个宏伟的目标可以帮助学生把低水平意义解释提升至高水平的意义解释。如果老师能帮助学生设定未来的长期目标，引导学生去思考离开学校后想做什么，可以做什么，那么学生很可能改变对学习的态度。许多学生缺乏学习动机，并不是对学习本身没有兴趣，是因为他们不了解在学校学习了这些知识后能干什么，所以感到困惑、倦怠，进而丧失了继续学习的动力。就像一个长跑选手，如果他知道

终点还有多远，他为了什么而跑，跑完了他会得到什么，那这名选手就能持之以恒地跑下去。相反，如果我们不告诉这名选手要跑多远，为什么要跑，在终点会有什么等着他，而只是让他一直向前跑，选手很快就会感到疲倦，不久后就会放弃，因为他不知道自己到底是为了什么而努力。未来目标的学习法可以向学生提供一个持久的学习动机，促使学生主动去改善学习方式，增强学习动力，最终实现未来目标。

生涯教育是一种综合性的教育活动，旨在帮助学生认识自我，了解社会，并规划未来。生涯教育不仅包括职业规划，还涉及对个人兴趣、能力和价值观的探索。生涯教育的目的是促进学生的全面发展，帮助他们做出明智的生涯选择，并为未来的职业成功奠定基础。

生涯教育是一个全面的教育过程，旨在帮助个体认识自我、探索职业世界、制订生涯规划，并通过不断地学习和实践来实现个人的职业目标和提升生活满意度。生涯教育通常包含以下几个主要内容。

自我认知：帮助学生了解自己的兴趣、能力、价值观和个性特点，建立积极的自我概念。

教育与职业探索：通过课程学习、实习、职业咨询等方式，让学生对不同的教育路径和职业领域有所了解。

生涯规划：指导学生根据自我认知和外部环境，制定短期和长期的生涯目标，并规划实现这些目标的步骤。

生涯决策和管理：教会学生如何做出明智的职业选择，如何管理自己的职业生涯，包括时间管理、目标设定和应对职业变化。

生涯适应和转变：帮助学生适应职场变化，处理职业转换和重新规划生涯的挑战。

终身学习：鼓励学生持续学习，以适应快速变化的社会和劳动市场。

由此可见，生涯教育的目标是促进个人的全面发展，帮助学生实现职业成功和个人幸福。

二、积极的生命教育

如果说获得目标感是一个结果，那么寻找人生意义，最终确定目标则是一个过程。这就好比交响乐，在交响乐中，每一个音符都是整个乐章的一部分，每一个音符都有其存在的价值，而不是只有最后一个音符才有价值。然而，职业教育作为人力资源开发和提高国际竞争力的手段，可以让受教育者获得未来从事某一职业所需要的知识和技能，可以为社会培养经济发展所需要的人才。一直以来，职业教育强调的都是培养学生的专业性、职业性和实用性。其实提高调职院校学生的人文素养，完善人格，建立积极的人生态度和精神追求与学生的全面、健康、可持续发展密切相关。

开展生命教育可以帮助学生认识生命、珍惜生命、敬畏生命、欣赏生命、提高生存技能、提升生命的质量，其实施途径可以是家庭教育和学校教育。学校通过课程设置、主题活动、心理健康教育等形式，系统地进行生命教育；家长则通过建立开放的对话、示范行为、鼓励自主思考等方式，将生命教育融入亲子的日常生活中。

生命教育不仅关注个体生命的价值和意义，还涉及积极生存、健康生活和独立发展。生命教育的核心要素通常包括以下几个方面。

生命信念。生命信念是关于生命由来、存在方式及其意义的认识，决定人的生活态度、目标定位与价值追求。

生命管理。生命管理是建立在自我概念基础上的人生规划与成长力，决定着生命的宽度与境界，以及个体存在的社会意义。生命管理涉及生命持续的成长力和对其方向的把握。

生命意识教育。生命意识教育是为了使学生对生命形成科学的认识，尊重生命、热爱生命，并认识到生命的独特性和宝贵性。

生命价值教育。生命价值教育帮助学生树立远大的理想与崇高的信念，鼓励他们不断努力地完善自己，实现自我价值的超越。

死亡教育。死亡教育的目的是教育学生理解生命的有限性，接受将死亡作为生命过程的一部分，并学会在此基础上珍视生命和生活。

综合实践活动。综合实践活动旨在通过实际操作和体验活动，让学生在解决身边问题的过程中提高其综合分析和解决问题的能力，同时深化对生命教育的理解和体验。

在家庭中有效开展生命教育对于孩子的全面发展至关重要。生命教育不仅是关于生物生命的知识传授，更包括对生命尊严、生命价值和生命意义的理解，以及如何与他人和环境和谐相处。这种教育有助于孩子建立积极的人生观和价值观，培养责任感和同理心，从而促进其身心健康和社会适应能力。

在家庭里进行生命教育，家长可采取以下策略。

建立正确的生命观念。家长应该教育孩子珍爱自己和他人的生命，尊重所有形式的生命，并教会孩子如何在日常生活中体现这种尊重。

提供情感支持和正面引导。在孩子遇到困难和挫折时，家长应提供情感支持和积极的引导，帮助孩子建立自信，提升抗挫折能力。

开展安全教育。家长应教育孩子识别潜在的危险，并采取适当的预防措施，以确保自身和他人的安全。

进行挫折教育。通过面对和解决生活中的挑战，孩子可以学会如何管理情绪和应对逆境，这是生命教育的重要组成部分。

实施死亡教育。尽管死亡是一个敏感话题，家长仍应适时与孩子讨论，帮助孩子理解死亡是生命的自然过程，从而让孩子更加珍惜生命。

融入生态教育。教育孩子关爱自然环境和动物，理解人类与自然界的相互依存关系，培养其可持续发展的意识。

通过日常互动进行教育。家长可以通过日常对话、共同参与活动、阅读和观影等方式，将生命教育自然地融入家庭生活。

在意义教育的过程中，教师可以让学生在开放的环境中分享对故事或者人生问题的真实想法，进而使他们从自己的想法中悟出人生的意义。对学生进行意义教育时可以从以下几个方面设计团体活动。

（1）探索生命的意义，让学生明白自己生命的独特价值。

（2）强调多元化的生命意义，使学生明白生命意义是多元化的，坚持自我，不屈从于社会俗流，并且学会尊重别人的生命意义，不要将自己的生命意义强加在别人身上。

（3）激发学生对大自然的欣赏之情，达到人和自然的和谐共存。

（4）通过放松来缓解紧张情绪，消除疾病促进健康，帮助学生聆听自己内心的感受，使其获得力量去面对压力和困扰。

（5）使学生明确生命中最重要的人和事物，学会珍惜现在拥有的。

（6）理解意义与实践的关系，把人生意义这个大而抽象的命题和日常生活、学习行为结合起来。这些活动可以帮助学生建立与他人以及与大自然的和谐关系，培养积极的个人信念及价值观，积极探索人生的价值与意义。我们在探索人生意义时需要特别注意，意义的探索并不同于宗教信仰，很多无宗教信仰的人也确信自己对别人和社会有义务和责任，要为别人服务，而不只是照顾自己。我们在设计团体活动时，应该注重鼓励青少年在思索和讨论与人生意义有关的课题时，了解他们的"真我"，以帮助他们追寻自己卓越的一面，从而找到生命的意义。

在进行探索生命意义的活动设计时也有很多思路可以参考，如带学生到烈士陵园为牺牲的人民英雄扫墓，让学生为社区敬老院的老人服务等。教师还可以借助生命教育主题的影视作品，让学生在观影后讨论，引导学生思考生命问题。此外，种花、种菜、饲养小动物，并分享栽培和养殖经验，都是生命教育可以尝试的形式。

如何找到生活中的意义感？

（一）让学生回答问题

提问可以引发学生的思考，可以给学生准备一些与人生意义有关的问题。尽管不同的学生会给出各不相同的答案，并且这些答案与他们对生命的理解和他们当下身处的情景相关，但回答这些问题仍然是重要的，因为对人生意义的寻找和对这些问题的回答并不是一蹴而就的。以下是部分问题举例：

（1）我如何实现自己的梦想？我此生究竟想做什么？我的天赋和激情的交集在哪里？成就和满足感的平衡点在哪里？

（2）我想做一个怎样的人？考虑到理想和现实生活的矛盾之后，我还能实现目标吗？理想的生活是什么样的？

（3）我怎样才能建立起持久的、充满爱的亲密关系？为什么独自生活如此不易，然而维系一段关系也同样困难？真的存在"灵魂伴侣"吗？谁才是我可以信任的、真正的朋友呢？

（4）我和其他人的身份如何帮助我定义自己呢？比如，肤色、性别、宗教信仰、社会阶层等。为什么有的时候人们容易有偏见呢？

（5）我怎么知道现在学习的东西对以后有用呢？上学真的有用吗？为什么要上这么多我不感兴趣又不知道有什么用的课呢？

（6）我怎样才能尽到公民的责任，为地区、国家乃至世界带来改变呢？志愿活动为什么重要呢？

（7）怎样才能达到并保持生活的平衡，最终收获幸福？完成多个任务是度过人生的最健康的方式吗？真的有人可以同时达到身体健康、心理健康、精神健康、情感健康、社会交往健康的状态吗？

（二）讲故事

帮助学生发现意义与学生讲述自己发现意义的故事的能力直接相关。无论课程的内容是什么，教师都不应惧怕引出学生自己的故事。教师也可以分享自己的故事，以吸引学生的注意力。因为故事具有主题，所以学生在故事中很容易发掘意义。而当学生讲述自己的故事的时候，作为主人公的自己一定会有目的。不同的学生讲述的人生故事一定是不同的。对有些人而言，生活是一场只有输赢的比赛；对有些人而言，生活是一场冒险。这些不一样的对生活的理解和解释会影响他人的观点，正如他人的故事会影响我们一样。

让学生在课堂上讲述自己的故事就是给他人上一堂具有鲜明的个人风格的课。这种课程需要学生有一定袒露自己隐私的勇气，同时需要学生有足够的自信。

（三）道德对话

对话是在学校进行意义教育的一项十分有价值的教育方式，当人们进行对话时，每一个参与者都会享受这个过程，包括教师和学生。在对话中，人们可能会相互抚慰或者相互伤害；人们可能会创造更加开放的空间或者制造出更加紧张的冲突。对话可以在任何时间和地点发生。在对话中，每个人都可以与他人进行连接，每个人都以真诚对话的方式成为他人的教育者。在他们的课堂上，最激动人心的时刻是那些人们真正地在和他人对话的时刻。这种对话是指大家对自己同意或者不同意的事物进行坦诚的、互相尊重的交流。在这个过程中，人们互相学习，每个人都是平等而独立的。

之所以称这种对话形式为道德对话，是因为在对话中有一个重要的原则——"己所不欲，勿施于人"。在对话中，没有任何提前规定好的议程，也没有需要强加给学生的特定的哲学或政治思想，这种对话更像是一种互惠的过程，它鼓励我们了解每个人的想法，使我们按照他人想要被对待的方式对待他人。在合作中，人们相互学习，发现人生的意义，这是教育能产生的最长久的效果。人生的意义不仅仅是收获幸福，更重要的是过有意义的生活。由此，人们才能跳出浅薄空虚的利己生活，获得更深层次的幸福。寻找意义不是一蹴而就的过程，对每个人来说，生命在每时每刻都有其独特性。通过一些实用的方法，教育者可以帮助学生逐步发现属于自己的、独一无二的人生意义，这也是教育的意义所在。

（四）测试

我们这里用的测试是由著名管理大师吉姆·柯林斯提出的，他鼓励人们要审视自己的生活，尤其是工作，问一问自己：假如自己无条件地继承了2 000万美元的遗产，还会像现在这样生活吗？如果得知自己最多还能活10年，还会继续做现在的工作吗？如果答案是否定的，那么你就应该好好反思一下了。当然，仅凭这个测试并不能决定你的人生方向，但是这个测试还是不错的，至少它的答案可以说明一些问题。

（五）去掉"但是"

如果发现自己被一些障碍所牵绊，你知道什么可以使你的生活变得更有意义吗？试试用这个简单的联系去突破那些障碍。列出生活中你想要做出的一些重大改变，以及阻碍你实现这些改变的因素。

我很想抽出更多时间陪家人，但是我经常出差。

我想吃得更健康一些，但是在工作时我总是吃太多甜食。

我想多读一些书，但是我却几乎没有时间坐下来看书。

把以上的陈述中的"但是"换成"而"，将会怎样？

我很想抽出更多时间陪陪家人，而我经常出差，所以有的时候，我要设法在出差时带上家人。

我想吃得更健康一些，而在工作时我总是吃太多甜食，所以我需要带一些更健康的食物来防止自己去吃那些不健康的东西。

我想多读一些书，而我几乎没有时间坐下来看书，所以我需要找一些有声书，这样我就可以在车上或者健身房里听书了。

把"但是"换成"而"，可以让你不再为自己找借口，而是全力解决生活中的难题。

（六）致献他人

很多书中都会有献词页。你也可以这样做，把自己的努力（如一次演讲、一场演出、一篇文章）献给一个你所仰慕的人或在你生命中重要的人。当你把自己从事的事情当成一份礼物送给他人时，它就会变得更有目的性，更有意义。

第五节　积极意义教育的实践案例

国外实施积极教育的先驱学校，非常侧重引导学生树立"利他主义"的价值观念，以此来促进青少年形成积极的价值观和意义感。

在澳大利亚吉朗文法学校的积极教育模式中，积极目的被定义为服务于超越自我的事情，有意识地服务他人与社区，这与学校强调"为他人服务"的悠久学校文化十分契合。学校十分注重引导学生树立正确的价值观和人生目标，在十年级专门设置了积极教育课程，引导学生探索人生目标与人生意义。课堂上教师会分享大量的诗歌、故事、视频等资料，对人生、美好生活等概念提出一系列见解和看法，学生们可以自由谈论自己的人生哲学。学校"为他人和社区服务"的理念以及积极教育中积极目的的主题，促使校园中出现了很多服务他人的组织与活动。其中，"克伦难民家庭作业俱乐部"是该校很好的积极目的主题实践案例。开办克伦难民家庭作业俱乐部是为了鼓励在校学生帮助来自缅甸的克伦难民家庭的学生，帮助他们融入新的语言与文化。吉朗文法学校十、十一、十二年级的学生在放学后会到学校教堂中为需要帮助的同学提供一对一的家庭作业辅导，给难民学生提供良好的学习空间和作业帮助。这个俱乐部为学生们提供了交友交流的宝贵机会，学生们在和难民同学相处的过程中拓展了视野，与他们建立了深厚的友谊。这一活动深受吉朗文法学校学生的追捧，很多学生自愿参与这项活动，他们真切体会到帮助他人是多么幸福快乐的事。

美国基础教育的"服务性学习项目"将学习课程与社会服务相联系，强化学生的奉献意识，提倡通过为社区、社会特殊群体服务等方式来培养学生的奉献精神、集体意识与社会公民意识，进而增强学生的人生意义感。

在借鉴国外先进案例的基础上，成都工业职业技术学院结合本校特点，形成了积极意义教育的三结合模式，将积极心理教育与思政教育结合；积极教育与生命教育结合；积极教育与职业生涯教育结合。

积极心理教育与思政教育结合，成都工业职业技术学院推进铸魂育人，在识别赋能学生优势品格的基础上，利用红色文化、工匠精神、党史和中华优秀传统文化引导学生正确认识义和利、群和己、成和败、得和失，端正学生三观，培养学生家国情怀，将个人理想和抱负与国家发展、民族振兴结合起来，增强学生的使命感和意义感，通过丰富的实践活动，让学生在活动中体验和升华意义。一是传统佳节，感恩抒怀。在重阳传统佳节举办"感恩有你"教育活动，倡导高职生传承尊老、敬老、爱老、助老的传统美德。通过"一封家书""表白墙""心爱漂流"等活动，营造浓厚的感恩教育氛围，培育学生感恩、博爱、珍惜等心理品质。清明时节，举办各类纪念活动，讲好党史故事传承红色基因，从追思和缅怀中汲取前行力量。二是志愿服务，助人自助。学校建立大学生心理志愿者长期服务机制，在华阳、白沙场、四河等13个社区建立大学生思想政治教育基地。组织大学生志愿者开展关爱留守儿童、社区卫生治理、建设文明社区宣传等志愿服务工作，累计参与活动200余人次、服务城市居民5 000余人，服务时长达300余小时，引导青年学生关注社会、感恩社会、服务社会，促进社会主义核心价值观在青年学生中"内化于心、外化于行"。

积极教育与生命教育结合。成都工业职业技术学院通过"专题课程+主题活动+场馆科普"的形式，开展大学生积极生命教育。一是通过公共基础课大学生心理健康教育的生命教育专题，采用讨论式、体验式和案例式的教学形式，引导学生认识生命的珍贵性、价值和意义，帮助学生树立正确的生死观。例如，课程中，让学生用废弃的枯树叶进行艺术创作，激发和培养学生创新意识，同时也促进学生探寻与觉察生命的意义。二是在积极教育主题活动月中，开展领养金鱼、盆栽绿植养护和校园环境保护等活动，同时在学校的微信公众号和学生易班平台上分享典型的养护心得和优秀作品，增强学生对生命多样性的尊重和呵护。三是在学校建设红十字会应急救护培训基地和大学生青爱小屋，与校外机构和协会合作，依托场馆设施，开展生理卫生、健康急救、健康婚恋和科学性教育等科普活动，牢固树立学生健康的生命观。

积极教育与职业生涯教育结合。一是开展各专业职业认知体验活动，让学生看到职业未来，以及达到就业目标必需的技能、必学的课程，激发目标指引和职业归宿，产生个人发展持续内在动力。二是开展实习积极心理训练。就业前期实习和就业指导融入积极教育，编写高职学生就业心理热点面对面手册，整理每个行业新人进入职场后可能遭遇的若干冲突情景，分析其心理影响，开展针对性应对策略训练，增强抗压和应对能力。三是运用积极心理资本就业择业。学校、企业、园区、家庭等协同，强化自我效能感、乐观、希望和韧性等在应对慢就业、不就业、期望偏差、适应困难等心理问题中的积极作用，引导学生积极面对就业、积极面对毕业、积极面对新的生活。四是开展积极职业适应教育。心理中心与招就处、二级学院、企业等配合，开展职前心理培训，针对角色转换期可能会遇到的心理问题提前训练应对策略。针对就业第一年学生开展职间跟踪辅导，应用心理资本处理职场适应期遇到的人际交往、工作压力、角色转换、场景变化等问题，实现学生到员工的心理转变，快乐工作。校企深度合作，家校协同，对就业后毕业生开展职后延时服务，形成积极就业心理教育工作闭环，并从反馈中改进校内工作内容方法。

第七章　积极成就

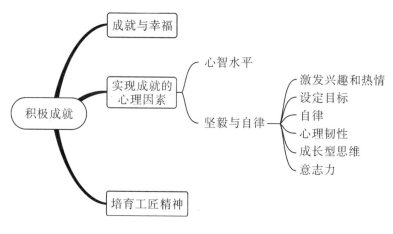

本章思维导图

　　积极成就指的是发展个体的潜力以助其达成有意义的目标，从而提升学生实现有价值目标的能力、遭受困难与挫折时仍能持之以恒的内驱力、在人生重要领域获取竞争力与成就的能力。研究表明，幸福与积极成就的关系是双向的。心理学研究进一步发现，心理健康是有效学习的前提条件。芭芭拉通过实验研究证明，积极情绪有助于激发个体的创造力以及提升个体的思维灵活度，同时，达成有价值的目标又能提升个体的积极情绪与幸福感。此外，思维模式与学业成绩的关系研究是心理教育学的重要研究与发现。固定式思维模式指个人认为智力与才能是固定的、难以改变的，而成长性思维模式指个人认为智力与才能可通过持续努力与正确训练而不断发展。美国的一项关于积极成就的实验研究发现，成长性思维能增强学生应对挫折的韧性、实现目标的毅力、创造价值的内驱力，进而提高他们的学业成绩。随着全球化竞争日益激烈，学生直面困难的坚毅力、遭遇挫折后的恢复力与取得成就的内驱力至关重要，而这些都与成长性思维模式高度相关。积极教育致力于改善学生的思维模式，努力将固定式思维模式调整为成长性思维模式。

第一节　成就与幸福

心理学家爱德华·迪纳认为："幸福是在达成自己的目标和理想过程中所产生的满足感和快乐感。"关于国人幸福感影响因素的研究也发现，国人幸福感的主要来源包括了自我控制和自我实现。

不是成功带来了幸福，而是幸福带来了成功。美国一项对青少年的追踪研究发现，那些在 16 ~ 18 岁时生活满意度和积极情绪占比相对较高的人，在 29 岁时的平均收入比其他同龄人整体平均收入水平高 10%，而最不幸福的一部分人在 29 岁时平均收入比整体平均水平低 30%。在未婚阶段感到自己很幸福的，结婚后的幸福程度为平均值的 1.5 倍。在个人层面，幸福感与自我实现和目标达成有着密切的关系。当个体通过努力达成目标，实现自我价值时，会感到满足和愉悦，这种成就带来的幸福感是推动个人持续努力的重要动力。同时，幸福感的提升也会促使个体更愿意去追求自我实现和目标的达成，形成一种良性循环。

当你通过各种途径给自己的人生幸福大厦添砖加瓦时，你也提升了自己获得成就的概率。研究表明，追求成功的动机与主观幸福感呈显著正相关，而避免失败的动机与主观幸福感呈显著负相关。这意味着个体在追求目标和实现成就的过程中，往往能够体验到更高的幸福感。

在教育活动中，一方面，学生的幸福在一定程度上与他们所取得的成就，特别是学业成绩有关；另一方面，让学生更快乐地学习，也会让他们更容易取得优异的成绩。当学生在学习过程中体会到了幸福感时，无论这种幸福感是来源于情绪、关系、福流、人生意义，抑或是成就本身，他们都会更容易取得好成绩。

第二节　实现成就的心理因素

影响一个人成功、获得成就的因素有很多，有主观因素和客观因素、外在因素和内在因素。就一个学生而言，学业成绩和学校表现能在一定程度上代表其求学期间的成就。这些成就会受到父母的教养方式、家庭经济水平、学校教育水平等因素的影响。全球最早最成功的积极教育学校——澳大利亚吉朗文法学校，经过十几年的积极教育实践，发现影响孩子成就的因素中，环境因素占到了50%，这里的环境因素包括客观的物理环境因素和主观的心理环境因素。其中，心理环境因素是指家长及教育工作者为孩子创造的温暖、支持、包容和有规则的环境。在家庭中，最好的环境就是父母自己，父母以身作则，言传身教，孩子自然会耳濡目染，把父母当成模范和榜样来学习。但是，与个体的成就高低联系最紧密、并且由个体自主控制，可以通过教育和学习获得的因素，才是教育者需要去积极引导和努力培养的学习者品质，包括心智水平、坚毅与自律。

一、心智水平

心智水平通常指个体在认知、情感、意志等方面的综合能力，涉及个体处理信息、解决问题、理解他人心理状态以及自我调控等方面的能力。心智水平直接影响个体的学习效率和社交互动和情绪管理等方面的表现。

塞利格曼认为心智速度是智能的核心。心智速度表明了个体能自动化处理的任务有多少。执行功能是影响心智水平的另一个重要因素，也是成就中举足轻重、有意识的过程。执行功能包括集中注意力、忽视干扰、记住并使用新信息、规划行动、修改计划，并抑制冲动的想法和行动。当我们的心智速度更快时，我们能留更多的精力给执行功能。学习速度也在影响心智水平。学习速度越快，个体在单位时间内能积累的知识就越多。值得注意的是，学习速度和个体思考任务的速度不是一回事。

大量研究发现，在预测学生成绩方面，自律对于学业成绩的预测准确性要比智商高出约两倍。有意思的是，智商和自律之间没有显著相关性。换句话说，要培养能创造成就的孩子，教育者需要引导孩子提升其自律水平。

二、坚毅与自律

美国心理学家安杰拉·达克沃思通过对不同领域的成功人士的调查研究发现，他们成功的原因不是一直以来人们认为的天赋，而是坚毅。她将坚毅定义为对长期目标的热爱和坚持不懈，并给出获得成就的公式：成就＝技能×努力，技能＝天赋×努力。如果把这两个公式结合，就可以得到：成就＝天赋×努力^2。坚毅的内涵包括两个核心要素：热情和坚持。热情是指个体对目标和梦想保持长久的兴趣和热爱；坚持是指个体持续地为目标付出努力，遇到困难、挫折和失败时也能坚持下去。

坚毅是一种非常重要的品质，它在很多方面都发挥着关键的作用：

（1）实现目标。坚持不懈、持之以恒是实现任何目标所必需的特质。只有具备坚毅品质的人，才能够克服困难和挫折，始终保持追求目标的劲头。

（2）克服挫折。人生中总是充满了各种挫折和困难，在这些困难面前，缺乏坚毅品质的人很容易丧失信心，影响到自己的生活和工作。拥有坚韧不拔的品质可以帮助我们在失败时重新站起来，并通过经验教训指导下一步行动。

（3）增强抗压能力。坚毅是一种有效的情绪调节方式，能够使人们更好地应对生活中的挑战，并减轻心理压力和焦虑情绪。拥有坚韧不拔的品质，可以让我们遇事更加淡定冷静，不被外界环境左右。

（4）提升自信。当我们坚韧不拔地追求自己的目标并取得成功时，自信心会逐渐增强。这种自信心可以让我们更好地实现目标，并在面对困难和挫折时更加坚定决心。

（5）增强归属感。坚毅是一种个人价值观、文化传承和社会文明的重要体现。拥有坚韧不拔的品质，可以为人们带来一种归属感和使命感，在面对诸多困境和危机时增强他们的凝聚力和责任感。

美国 KIPP（knowledge is power program）集团学校引入了积极教育的理念，在教育过程中着重培养学生坚毅、自控、热忱、社交、感恩、乐观和好奇这七项性格品质。这些品质都是学生在未来生活中不断获得成功的保障。今天的 KIPP 集团已经是在美国 20 个州拥有上百所学校并仍在扩张的集团学校。

因此，坚毅精神非常重要，它可以在工作、学习、生活等方面促进人们不断成长，提高竞争力。

如何培养坚毅呢?

坚毅的两个核心要素告诉我们,培养坚毅的品质,个体首先需要发展自己的梦想和兴趣,然后用科学的方法学习坚持。培养坚毅的过程见图 7-1。

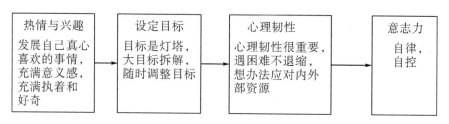

图 7-1　培养坚毅的过程

(一) 激发兴趣和热情

要找到热情,得从兴趣和梦想出发,发现自己真心喜欢的事情,充满意义感,充满执着和好奇。兴趣是通过与外部世界的互动引发的,兴趣不会像顿悟一样突然而至,而是需要积极地去发展,也就是说,兴趣必须反复被激发。兴趣源于动机。

在心理学上,动机被认为是推动个体或群体采取某种行动或行为的内在力量或外部诱因。动机源于个体的需求、欲望、目标或价值观,并促使个体为实现这些目标而付出努力。动机可以分为外在动机和内在动机。外在动机指的是由外部因素如奖励、惩罚、社会认可等引起的行为动机。外在动机通常与行为的结果相关联,而不是行为本身的乐趣。例如,为了获得奖金而努力工作,或为了避免批评而遵守规则。内在动机则是指个体因对活动本身的兴趣、满足感或个人成长的需求而产生的动机。内在动机不依赖外部奖励或惩罚,而是源自个体的内在需求和欲望。例如,对知识的渴望、对艺术的热爱等。

自我决定理论 (self-determination theory, SDT) 认为人类行为可以分为自我决定行为和非自我决定行为。自我决定行为是基于个体的内在动机、兴趣和个人价值观,而非自我决定行为则更多地受到外部控制和压力的影响。自我决定理论非常强调个体在动机过程中的主动作用,重视基本心理需要的满足,包括自主性、能力感和归属感,这是促进内在动机和自我决定性行为的关键因素。

内在动机是自我决定理论中的核心概念之一,它与个体的自主性需求紧密相连。自我决定理论认为，当个体的基本心理需要得到满足时，他们更有可能展现出内在动机，从而更积极地参与活动并从中获得满足感。

孔子曾说"知之者不如好之者，好之者不如乐之者。"对于学习，了解怎么学习的人，不如喜爱学习的人；喜爱学习的人，又不如以学习为乐的人。这句话点明了内在动机对于兴趣的重要意义。

此外，自我决定理论还告诉我们，外在动机如何通过内化过程转化为内在动机，以及如何通过提供支持自主性的环境来促进这一转化。将外在动机转化为内在动机是一个逐步的过程，涉及个体对其行为的重新评估和内在化，这一过程包括几个关键步骤。

（1）认识到内在动机的重要性：内在动机与自主、能力和归属目标紧密相关，当这些目标得到满足时，个体的幸福感最高。

（2）内化过程：内化是将外在动机转化为内在动机的机制。这个过程包括外部调节、内摄调节、认同调节、整合调节，最终形成内在动机。外部调节是指个体的行为完全遵循外部规则，其目的是满足外在要求或是获得附带的报酬。外部调节是外部动机最具控制的形式。没有内化发生，个体行为完全受到行为结果的影响，如学习是为了找一份好工作等。内摄调节是指个体吸收了外在规则，但没有完全接纳为自我的一部分，是相对受到控制的。在这种情况下，人们从事一项活动是为了避免焦虑或责怪，或是增强自我。在这种动机的支配下，人们去做某件事是为了展示自己的能力（或避免失败）以维持价值感，还没有体会到是自我的真正部分。认同调节是指个体对一个行为目标或规则进行有意识的评价，如果发现这个行为是重要的，就接纳为自我的一部分。在这种情况下，个体更多地体验到自己是行为的主人，感觉到更少的冲突。它含有更多的自主或自我决定的成分，是最具有自主性的外部动机形式，如学习是为了取得好成绩。整合调节是指个体将外部规则或要求完全内化，使其成为自我价值观、需要和身份的一部分。在这种情况下，个体所从事的活动或行为不再仅仅是为了满足外部的要求或获得外部的奖励，而是因为这些活动或行为已经成为个体自我认同的一部分，如学习是为了成为一个优秀的人。

（3）调整动机类型：通过自我觉察，找出自己的动机类型，并尝试将回避型动机转化为趋近型动机，将外在目标转为内在目标，以此来增强内在动机。

（4）培养内在兴趣：通过参与和实践，个体可以在活动中找到乐趣和成就感，从而将外在动机转变为内在的兴趣和热情。

（5）设置合理的目标：在设定目标时，结合内部动力和外部动机，确保目标既有个人价值又符合现实条件。

（6）平衡内外部动机：避免过度依赖外部动机而忽视内在兴趣，同时也要防止盲目追求内部动力而忽视现实限制。

（7）寻求反馈与支持：与他人建立良好的关系，获取反馈和支持，调整动力来源，维持内外部动机的平衡。

通过上述步骤，个体可以逐步将外在动机转化为内在动机，从而提高自我激励的能力和持久性。这个过程需要时间和自我反思，但最终能够帮助个体实现更深层次的满足和长期的行为改变。

（二）设定目标

目标是灯塔，指引着我们的前行。心理学家大卫·沃森强调了目标的重要性："追求目标，即使没有达到目标，也是带来幸福和积极情感的要素。"一个坚定、持久的目标可以让我们把心思放在实现目标的有益行动上，目标甚至可以让我们更能忍受一时的痛苦和挫折，让我们在面对任何困难和问题时都能更坚强。美国临床心理学家谢尔顿·科钦认为，恰当的目标不仅能帮助个体减轻压力或者克服创伤，最重要的是能帮助个体获得成长。目标实现是个体获得最大化幸福感的必要因素。另外，改变个体的目标比改变其人格特质要容易得多，帮助个体恰当地设定和追求目标有助于其更好地获取主观幸福感。

目标在动机心理学中指的是个体预期自己的行为所能达到的结果。美国心理学家阿尔伯特·班杜拉把目标分为短期目标和长期目标，自我决定理论把目标分为内部目标和外部目标。内部目标是指能直接带来内部回报的目标，即能直接使个体的自主感、胜任感或归属感获得满足的目标，比如让个体获得自我成长、建立情感上的亲密关系和自信等；外部目标指那些不容易直接使个体的内在心理需求获得满足的目标，比如经济收入、名誉等。

美国心理学家查尔斯·卡弗等发现，外部目标和心理健康水平负相关，被试报告说在追求外部目标时会感到一种被控制感和不安全感。卡弗等还发现，追求目标的自主性动机与自我实现存在着正相关，追求目标的控制性动机与自我实现存在着负相关。他们认为，在两个人追求目标实现的自主性动机水平相同的情况下，一个人的目标内容是"富有"和"成名"，另一个人的目标内容是"长成我自己"或者建立一种有益的人际关系，获得归属感。这两个人的心理幸福感会截然不同，前者低，后者高。一项以商贸专业的学生和企业家为样本的研究也发现，越把目标的重心放在金钱的积累上，生活的幸福感越低。就外部目标与心理幸福感的负相关关系来说，已有的研究给出如下解释。首先，注重外部目标的人普遍觉得他们与朋友和恋人的关系复杂，缺少爱，富有竞争意识，这些品质让他们与幸福感的获得相去甚远。其次，以外部目标为人生导向的人会潜意识地认为自己的人生价值具有偶然性，即他们的人生价值依赖一个个充满不可控因素的外部目标的实现。再次，过度注重外部目标会使人更热衷于攀比，进而去做一些违背自己的原则或者内心感受的事情，最终导致自己与幸福背道而驰。最后，每个人的时间和精力都是有限的，如果在外部目标上花费过多的时间，那么关注内部目标的时间和精力就会变少，久而久之，幸福感就会变得遥不可及。总之，以外部目标为导向的生活方式会在各个方面影响个体幸福感的获得。

2003年，美国临床心理学家谢尔顿·科钦通过研究提出了追求健康目标的自我和谐模式。自我和谐的目标是指由个体的内在动机、核心价值观和持续的兴趣等激发而起，能促进个体主动地去塑造自己、完善自己和周边环境的目标。该目标能把行为导向有意义的结果，能带给个体实现自我抱负的满足感，增强其主观幸福感。因此，对个体设定自我和谐的目标和实现该目标的过程的积极干预，有助于提升个体的心理幸福感。而且，个体心理幸福感的提升又有助于个体设定下一步的自我和谐目标，因为自我和谐目标和心理幸福感是螺旋式上升的关系。

1. 如何设定目标

错误的目标无法坚持，比如挑战太大、标准模糊、反馈缺乏。目标一般要符合SMART原则，那么一个"明智"（SMART）的目标应该满足哪些条件呢？它们分别是：具体化（specific），它可以提出一个很明确的让你去努力的目标而不是"我要做到最好"这样不明确的目标；可衡量（measurable），即能够评估目标的达成情况，试想，当你能得到一个明确的反馈时，你更能坚持地执行目标；可实现的（attainable），如果这个目标挑战太高你无法胜任，那么你就难以坚持，所以这个目标一定是在你的能力范围之内；相关的（relevant），即目标跟你的生活是相关的，这样你在做的时候，才能有及时的反馈，假如你的目标是我要让世界变得更好，其实很难说清楚，因为它和你的生活没有太多直接的相关性，所以很难得到反馈，而反馈对于人能不能坚持是至关重要的；有时限的（Time-bound），目标的实现有一个时间期限，这样你才能够制订一个计划，一步步地实行，才能够真正坚持下来，而不是一味地拖延。在教育活动中，如果学生的目标不具备这些特征，教师可以针对其中某项不断提问，帮助学生进一步思考出符合 SMART 原则的目标。例如，如果学生的目标是"好好学习"，教师可以问"好好学习具体是指什么""用什么衡量""是否可以实现""为什么想实现这个目标""准备在多长时间内达成"等，以帮助学生形成一个 SMART 的目标。

2. 接下来怎么做

当然是计划和行动。任何成就的实现都离不开行动，但是很多学生又会迟迟不开始行动，得了所谓的"拖延症"。造成这种情况的原因有很多，其中比较典型的有：①学生想要在有了一个完美的计划后才开始行动；②目标过于庞大，不知从何下手；③动力不足或担心失败。这时老师可以选择的应对方式：①引导学生理解整个自我调控循环的模型，认识到计划是可以在行动过后不断调整的；②帮助学生拆分目标，制订更具体的计划，让学生知道"下一步我可以做什么"；③激发学生的兴趣，鼓励其多进行尝试，允许学生在尝试过程中犯错，不断给予学生鼓励。

3. 朝着目标的行动中还需要做些什么

监控、评估和调整。监控、评估和调整是自我调控模型的关键环节，也是学生最需要培养和提高的能力。许多时候大部分人都无法很好地进行自我调控，这时就需要教育者有足够的耐心，不断地提示学生思考"过去一周进展怎么样？""获得了哪些成功或失败的经验？""下一步我要做出哪些改变？"等，这样可以促使学生形成自我监控、评估和调整的习惯。

4. 庆祝成功

学生学习成绩不好，老师一般会约谈他们的家长，但在学生有进步时候，老师却不会为他们庆祝。这样的现象很常见，因为很多老师担心学生会骄傲，但这却不是什么好的教育方式。及时对学生所取得的成绩表示祝贺，或者鼓励学生自我奖励，都可以提高学生对学习的兴趣和信心，促进他们取得更多的进步。只是这种鼓励和奖赏应当针对他们在过程中付出的努力，以及取得的进步，而非成就本身，这样可以促进学生形成成长性思维。例如，教育者可以说"你的成绩有进步，这跟你最近的努力分不开，老师替你感到高兴!"替代"因为这次你考进了全班前 10 名,所以老师奖励你!"这样的说法。

(三) 自律

自律是一个人重要的内在品质,体现了个体的意志品质。自律是指个体能够自我控制,自我管理,并遵循一定的原则、规范或价值观来指导自己的行为和决策。自律的人能够抵制诱惑、克服拖延、保持专注,并持续追求自己的目标。

美国心理学家斯科特·派克在其《少有人走的路》一书中提道:"所谓自律,就是主动承受痛苦,以积极的态度解决问题。""面对问题,自律让我们变得坚定,从痛苦中获得智慧。"可以看出,自律是人们能够面对痛苦、困难、挫折的根基。自律非常重要。第一,自律能帮助我们实现目标。自律是达成目标的关键,通过设定明确的目标,并制定实现这些目标的计划和时间表,自律的人能够有条不紊地推进工作,逐步接近成功。第二,自律能提高工作和学习的效率。自律使人能够集中精力完成任务,减少分心和拖延,从而在更短的时间内完成更多的事情。第三,自律能培养良好的习惯。自律是养成良好习惯的基础,无论是学习、工作还是生活,自律的人都能坚持良好的习惯,如定时作息、健康饮食、持续学习等,这些习惯有助于提升个人的整体素质和幸福感。第四,自律能增强自信。自律的人能够不断挑战自己、超越自己,这种成就感会增强他们的自信心和自尊心。第五,自律还能帮助人们更好地掌控自己的生活,减少焦虑和不安。第六,自律能促进健康。自律对于身心健康也有很大的益处,通过坚持锻炼、保持健康饮食和良好的生活习惯,自律的人能够增强身体素质,提高免疫力,减少疾病的发生。

情感系统理论的提出者沃尔特·米歇尔博士曾做过著名的棉花糖实验。实验对象选择的是某幼儿园的小朋友,研究他们自我控制的差异。实验开始前,研究者给每个孩子一块棉花糖,并告诉他们棉花糖可以立刻吃。但如果他们能够等待 15 分钟再吃,他们会被奖励另一块棉花糖。在等待的时间里,每一个孩子都是单独留在房间里,没有成年人在现场监督他们。实验中,实验人员确实发现有些孩子能够控制住自己,确实是等待了 15 分钟再吃掉棉花糖。实验结束后,实验人员追踪了这些孩子未来的表现,发现那些能够等待 15 分钟再吃的孩子在未来的表现上会比那些立刻把棉花糖吃掉的孩子更好。这些表现包括人际关系、SAT 分数("美国高考"

入学分数）、同学评价、体重指数等指标。在这个实验的基础上，沃尔特提出了"延迟满足"这一启发性概念，即如果一个人有足够高的自律能力，能够抵制当前的诱惑，那么他更容易取得成功。由此可见，幼年的延迟满足倾向体现了个体的自律水平，这与其成就高低有显著的关联。

自律遵循规定并以此为基础而进行自我约束，克制自己不做不该做的事情。自律的本质是自我意识和自我管理，培养自律的一个非常简单有效的方法是习惯。如果一件事重复多次，人就会产生肌肉记忆。更准确地说，产生记忆的并不是肌肉，而是大脑巩固了行为。自律的人倾向于把以下两件事情做到极端。

第一，不喜欢但应该做的事情。人是矛盾的，惯性与潜能并存于体内。当没有压力时，人们倾向于碌碌无为，只有在背负一定的压力时，人们的潜力才能被激发，促使人们朝着目标努力。因此，要做到自律，就要迫使自己做有用的事情，即使这些事情做起来会很不舒服，但这些事对自己有益，也要强迫自己去做。例如，你应该总是强迫自己进入一种克服自我的状态。

第二，喜欢但不应该做的事情。自律意味着你必须有所放弃，放弃自己的偏好，放弃自己的惰性，学会克制自己的欲望。例如，想获得奖学金，晚上就不能玩游戏；为了保持身材和健康，就不能吃垃圾食品；想要事业进步，就必须在业余时间刻苦钻研，拒绝不必要的社交。

许多人曾经认为自由就是想做什么就做什么，后来他们发现只有自律才有真正的自由。当一个人达到了高度自律的时候，他的内心会有强烈的驱动力，对自己的生活和状态满意，对自己内心的掌控、行为的掌控都变得越来越好，进入积极循环的轨道，并且，他有能力将它变得更好，有能力获得自己想要的东西。要想达到高度自律的状态，需要做到六点：第一，必须有计划。比如，提前规划工作内容，把每一项工作都按照轻重缓急的优先等次进行排序。第二，善于利用零碎时间。比如，在飞机、火车、地铁上，利用时间看电子书，学习知识。第三，尽量少看手机和电视，杜绝无意义的、浪费时间的行为。第四，快速做决定，不拖延，马上行动。第五，自我激励。设定奖励机制来激励自己坚持自律，每当达到一个小目标或完成一项任务时，可以给自己一些小奖励来增强动力。第六，寻求支持，与志同道合的人一起分享目标和计划，互相鼓励和支持，也可以寻求专业人士的帮助和指导来更好地培养自律品质。

真正的自律、自我控制、自觉都需要从一点一滴的习惯开始培养。只有形成习惯，很多行为才能真正落地。想要培养好习惯，并最终达到高度自律的状态，就要达到一种高明的境界：对自我有高要求，并严格去做。有时，想要达成目标，就必须强迫自己，只有这样，才能将自身潜在的才华和智慧发挥得淋漓尽致。养成良好习惯甚至实现长远目标的关键不在于实现目标的雄心有多大，而在于你真的有决心和行动每天朝着目标前进。

1. 刻意练习——1 万小时法则

英裔加拿大作家马尔科姆·格拉德威尔在《异类》一书中指出，一个人之所以是天才，不是因为他才华横溢，而是因为他不断地努力，1 万小时的锤炼是任何人成为世界级大师的必经之路。英国神经科学家丹尼尔·莱维廷也认同人脑需要长时间才能理解和吸收知识或技能，顶尖级的棋手、音乐家和运动员等都需要 1 万小时的训练才能让一项技艺至臻完善。莫扎特之所以能成为音乐大师，不是仅仅因为他在音乐方面有独特的天赋，还因为他从幼儿时期开始就把所有的时间都用来练习他的音乐技能。世界级的国际象棋选手并不是思路比别人快，他们对于棋路也并非有着非同寻常的好记性，他们只是经验太丰富了，能比一般的国际象棋选手更好地识别出棋盘布局的模式。格拉德威尔认为，1 万小时定律的关键是 1 万小时是最低要求，没有人能在 3 000 小时内达到世界级水平；7 500 小时也是不够的，必须达到 1 万小时（10 年），每天至少 3 小时。由此可见，坚持不懈是培养行为和技能、迈向成功的主要途径。

2. 21 天效应

美国心理学家威廉·詹姆斯通过研究发现，养成或改变一种习惯或许只需要 21 天，这是一个人的新习惯或想法形成和巩固的最少天数。也就是说，一个人的行为或想法重复 21 天，就会变成习惯。但实验也证明，仅仅给人们 21 天的时间来养成习惯是不够的。伦敦大学学院的专家菲利帕·佩里进行了这样一组实验：要求 96 名被试者每天坚持进行一次运动，例如 100 次仰卧起坐、70 次俯卧撑或半小时的跑步，持续时间超过 21 天的 4 倍。按照 21 天形成习惯的原理，他们应该已经实现了自动化。事实上，大多数人在第 66 天才能养成每天做运动的习惯；一小部分人花了 84 天还没有成功。人们养成习惯平均需要 66 天。此外，不同的人养成习惯的时间不同，从 18 天到 254 天不等。因此，21 天并不足以养成一种习惯。

习惯的形成过程可以分为三个阶段。第一阶段为懵懂期，1~7 天。这一阶段的特点是"故意和不自然",人们需要提醒自己。例如,人们需要设置一个闹钟,写一张便条来鼓励和提醒自己。第二阶段为沉思期,8~21天。这一阶段的特点是"故意和自然",人们需要有意识地控制自己的行为,不时提醒自己。然而,如果你不注意,就会回到过去。第三阶段为准备期,22~90天。这一阶段的特点是"不故意和自然",是没有意识的控制。在这个时候,习惯形成了。一旦进入这个阶段,一个人就完成了自我转化,这个习惯已经成为他生活中的有机组成部分,当然也将一直"服务"于他。好习惯是需要靠持之以恒的坚持与重复来培养与巩固的。首先,要按照三个阶段的特点进行改变。在第一个阶段要靠自身或外界力量时刻提醒自己;第二阶段要提防半途而废、前功尽弃,时刻鼓励自己;第三个阶段要有恒心,把习惯坚持下去,让习惯成为自然。其次,在养成习惯的过程中要有耐心。以往人们认为新理念、新习惯的形成需要21天,但根据具体要培养的习惯的难易不同,可能需要远不止21天。佩里的实验就发现,要养成早餐后喝一杯水的习惯大约需要20天,养成午餐时吃一片水果的习惯大约需要40天。运动习惯是最难养成的,84天后很多人仍然没有养成运动习惯。最后,习惯需要不断地重复与练习。习惯包括行为习惯、身体习惯、思考习惯,将这些习惯演化成能力与兴趣都不是一朝一夕的事情,在不断的练习中,这些习惯才会内化成自身的一部分,发挥良好的作用。

3. 培养习惯的"四步魔法"

从清华校园走出的大众演说家、习惯研究专家——周士渊,提出了培养习惯的"四步魔法"。

第一步:分析必要性。人们必须仔细分析培养这种习惯的必要性。当我们想培养一个好习惯或克服一个坏习惯时,我们需要清楚地知道这个习惯的必要性。为此,我们应该探索这种习惯一旦形成,对我们自己有多好;如果养不成,对我们自己有多坏。这会让我们感觉到这个习惯的重要性,并更有动力去实施它。

第二步:分析可行性。习惯在具备必要性之后,是否可行仍然是一个大问题。如果习惯同时是可行和必要的,我们将以更大的动力和更高的情绪坚持。相反,如果习惯必要但不可行,其中存在的问题早晚有一天会暴露出来,最终我们可能不得不放弃养成这个习惯。

第三步:探讨策略性。我们必须认真思考如何养成这种习惯。例如,有些人想养成每天不乘电梯而是爬楼梯的习惯，这对健身肯定有好处。但是为什么不能坚持下去？问题之一是楼层数太多，若把楼层数从 16 改为 2，开始时只爬两层楼，那就容易坚持了。《道德经》有云："天下难事，必作于易；天下大事，必作于细。"我们应该逐渐养成习惯，从一个"小"字开始。

第四步：找到操作性工具。为了培养这种习惯，我们还必须找到一个简单高效的操作工具。这个工具是一分钟的"修身日志"。我们可以使用日记或工作日志，或者制作一个特殊的表格，每天写日志，每天提醒自己。

4. 培养微习惯

美国宅男斯蒂芬·盖斯根据亲身经历，撰写了《微习惯：简单到不可能失败的自我管理法则》一书。书中指出，微习惯看似很不起眼，但如果每天都能坚持做下去，几年如一日地做好它，那我们不仅能收获好习惯，还将实现自我超越。顾名思义，微习惯意味着习惯非常小。如果你想培养一个新习惯，微习惯就是一个大大简化的版本。这样做的好处显而易见，目标如此小，以至于你没有理由不去完成它。但微习惯虽小，力量却一点都不小。一天天地坚持，一点点地改变，积少成多，积小成大，你会收获意想不到的成果，拥有一个全新的人生。

有专家建议每天做以下五件事情，能够帮助我们提升幸福力。

第一，每天锻炼 30 分钟，让自己更健康。有研究表明，运动有各方面的好处，例如，运动可以促进骨骼生长，加快新陈代谢，提高肺活量，改善心肺功能，增加肌肉含量，还可以改善记忆力和反应能力。同时，运动也能给人带来快乐，减轻压力，缓解焦虑与紧张。

第二，每天做开心的事情 3 分钟，让自己心情愉悦。积极情绪对身心健康十分重要，积极情绪可以改善人体功能，激发人们的动力，激励人们努力工作。而且，积极情绪有助于智力的发展，也是人健康长寿的重要因素。

第三，每天看书 30 分钟，丰富自己的知识。在生活中保持积极用脑的生活习惯会使大脑保持健康。

第四，每天朗读 10 分钟。每天朗读能让你头脑冷静，思维清晰，记忆效率高。大声阅读促进对知识的理解和记忆，也有助于培养语感。

这些习惯都是微习惯，但坚持下去也会有很大的收获。

第五，养成以下八个习惯，有助于提升自己的自律水平。

（1）爱的习惯。用全身心的爱去善待身边的每一个人，迎接美好的每一天。

（2）坚持的习惯。坚持不懈，直到取得成功。

（3）自信的习惯。人类最伟大的奇迹就是自信。

（4）珍惜时间的习惯。用尽全力过好每一天。

（5）笑的习惯。笑对生活，笑对人生，笑对挫折。

（6）自制的习惯。学会控制自己的情绪。

（7）发掘自我潜能的习惯。加倍重视自我潜能和优势。

（8）立即行动的习惯。现在就付诸行动。

（四）心理韧性

心理韧性是指个体在面对逆境、压力、失败或挫折时，能够迅速恢复并适应新环境的能力。它是一种强大的心理素质，使个体在遭遇困境时保持冷静和理智，有效地应对挑战。心理韧性不仅能帮助个体应对生活中的各种压力和挑战，还能在逆境中促进个体的成长和发展，增强心理健康。心理韧性最早由心理学家艾美·维尔纳提出。维尔纳研究发现，生活在问题家庭的儿童，他们的父母或者酗酒，或者吸毒，或者患有精神疾病，家庭经济非常拮据。在长期的跟踪研究下，维尔纳发现并不是所有的儿童都受到了家庭恶劣环境的负面影响而致使其人生问题重重，部分儿童表现出了良好的适应力，依然可以发展良好。维尔纳将此形容为"有弹性"。

提出"心理资本"概念的管理学家路桑斯认为，心理韧性是个体心理资本的重要组成部分。心理韧性是指个体在逆境、冲突、失败、责任和压力中迅速恢复的心理能力。

心理韧性对个人成长具有多方面的积极影响。

心理韧性促进个体积极应对。心理韧性有助于个体在面对困难时保持内在稳定性，并通过积极的认知、情感和行为应对困境。这种积极的应对不仅有助于个体更好地适应当前的压力，还能够培养个体对未来挑战的更强抵抗力。

心理韧性可以提高个体的情绪调节能力。心理韧性强的个体能够有效管理和调节自己的情绪反应，保持情绪稳定，不让负面情绪占据主导。

心理韧性能够增强个体的适应性。心理韧性强的个体能够灵活适应环境变化，调整自己的行为和策略以应对新的挑战。

心理韧性能提升个体解决问题的能力。面对问题和挑战时，心理韧性有助于个体有效地识别问题、分析情况并找到解决问题的方法。

心理韧性能增强自我效能感。心理韧性强的个体对自己的能力有信心，相信自己能够通过自己的努力克服困难和挑战。

心理韧性促进个人发展。心理韧性的培养意味着不仅要关注个体的心理抗压能力，还要关注其在逆境中的自我调整和成长，有助于实现更为全面的个人发展。

心理韧性能维护个体积极的心理健康。心理韧性强的个体更容易保持良好的情感状态，能够更快地从负面情绪中恢复，有助于维持积极的心理健康。

通过培养心理韧性，个人能够更好地适应生活中的各种挑战，实现个人成长和心理健康的双重提升。

心理韧性的发展受到多种因素的影响，包括个性因素、环境因素等。个性因素涉及个体的心理品质，如乐观、自律和坚韧等。环境因素包括家庭、学校和社区等社会范围内的积极因素，这些因素通过提供支持和资源，促进个体心理韧性的培养。

心理韧性的评价主要围绕个体的内在素质和外部支持两个方面来展开。

内在素质包括：①个人能力，包括独立性、自信、决心、策略、忍耐性、控制感和坚持等，这些是个体内在的心理资源，有助于个体应对困难；②个体管理和调节自身情绪的能力，以便在逆境中保持稳定的情绪状态；③认知评价，包括积极的自我看法和对未来的积极观念，这些认知评价有助于个体在面对负面事件时维持乐观态度；④社会能力，指个体在社会关系中的互动能力，包括建立支持性的人际关系和利用社会资源；⑤应对方式，个体面对压力时采取的行为和策略，如解决问题的能力和寻求帮助的意愿。

外部支持包括：①家庭支持，家庭环境和家庭成员对个体遭遇困难时的支持程度；②人际关系，家人以外的社会成员对个体遭遇挫折时的帮助和支持程度，包括情感支持和资源共享等。

塞利格曼和他的研究团队曾在美国宾夕法尼亚州开展过提升中小学生心理韧性的干预课程项目。这些课程教给了学生解决问题、应对困难与应对消极情绪的技巧和策略，学生可以学到包括增强自信、与人沟通协商、做决定、解决社会问题和放松等技巧和策略。通过课程学习，研究人员发现，这些知识储备能有效预防学生的抑郁和焦虑症状，即便两年后，仍然如此。

如何通过日常生活习惯来培养心理韧性？

心理韧性是指个体在面对压力、挑战和逆境时保持积极态度、快速恢复和适应的能力。通过日常生活习惯的培养，个体可以逐步增强心理韧性，更好地应对生活中的挑战和压力。以下是一些增强心理韧性的建议。

（1）建立目标与计划：明确个人目标，并制定实现这些目标的具体步骤和计划。小步骤的进展可以增强个体的信心并提供持续前进的动力。

（2）培养积极思维：通过正面肯定、乐观思考和重新框架消极事件来培养个体积极的思维模式。例如，将挑战视为成长的机会而不是不可逾越的障碍。

（3）提升应对技巧：学习有效的压力管理技巧，如深呼吸、冥想、正念练习以及放松技巧，以帮助个体减轻紧张和焦虑情绪。

（4）加强社会支持：与家人、朋友和同事建立稳定和支持性的关系。社会支持是个体抵御压力的重要资源。

（5）发展自我效能感：通过不断挑战自己并取得成功来增强信念，相信自己有能力克服困难。

（6）学会适应性应对：面对问题时，尝试多种解决方案，并随时准备调整策略。灵活性和适应性是培养心理韧性的关键。

（7）照顾自己的身体：规律的身体活动、均衡饮食和充足睡眠都对心理健康至关重要。

（8）反思和自我分析：定期花时间反思自己的感受、行为和思想。了解自己在压力下的反应可以帮助个体识别和改善应对策略。

（9）求助于专业人士：在遇到难以自行解决的情绪或心理问题时，及时寻求专业心理咨询师或治疗师的帮助。

（10）终身学习和成长：把生活中的每一次经历都看作是一次学习机会，不断追求个人和专业上的成长。

通过上述习惯的培养和实践，个体可以逐步增强心理韧性，提升应对生活挑战的能力。除此之外，个体还可以尝试运用 SWOT 分析法帮助自己应对困难和挑战。

（五）成长型思维

1. 成长型思维与固定型思维

成长型思维最初由美国斯坦福大学心理学教授卡罗尔·德韦克提出，卡罗尔教授将人们理解世界和看待自身能力的认知框架称为思维体系。思维决定认知，认知促成行动，行动改变命运。思维体系分为两大类型。第一种类型是成长型思维，即"优势可以通过练习不断加强"，虽然聪明才智和能力有先天的基础和区别，但并不是固定不变的，而是可以随着人的努力和投入，不断改善和成长。第二种类型是固定型思维，即"优势没法改变"，聪明才智和能力是天生的，后天无法改变。固定型思维的人在遇到挫折失败时会归咎于自己不具有这方面天赋和能力，所以会想尽办法逃避尝试新的挑战。我们在日常生活中经常说的"屡败屡战""罗马不是一天建成的"就是成长型思维方式的体现。

如果学生具有成长型思维，那么他们就会在生活和学习中不断运用自己的品格，培养自己的优势，同时在面对困难时也更加坚韧，因为他们相信眼前的困难是可以解决的，只要自己不断努力练习就会有所提高。他们在做事时想得更多的是"我能够从中学习到什么""我应该怎么改进"。一个具有成长型思维的老师在面对学生的问题时，也会更多地看到学生的潜力，看到他的品格优势，给予学生鼓励和支持。他们会想这个学生只是暂时有一些问题，他会改进的，而不会认为这个学生"无可救药"。

具有固定性思维的人往往会花许多时间在为自己的天赋自豪或者自怜，而不考虑如何去发展自己的品格和优势。他们更依赖测试的结果，如果具有某项品格优势，他们就会觉得这是他们理所应当拥有的，而对于那些自身不具备的品格优势他们也无能为力。他们相信仅仅依靠天赋就能获得成功，而不是通过辛苦的努力。这样的学生在遇到困难的题目时会轻易放弃，在考试成绩不好时会受到很大打击或者表现得不屑一顾，他们会想"我没有这方面的天赋，我也没办法"或者"这次考试我没有认真，我只要认真一点儿就一定能考好"（然而他们几乎每一次都"不认真"，因为如果认真了还没考好就真的说明自己没有天赋了，他们会尽力避免这种事情的发生）。当一位具有固定型思维的老师在教学过程中遇到有困难的学生时，一方面，他会想是这个学生"太差劲，没救了"，因此放弃对这个学生的教育；另一方面，他也会对自己是否具有"教学的天赋"产生怀疑。这样不仅影响工作效率，也影响自己的心理健康。

清华大学赵昱鲲教授团队在大量中小学积极教育实践中发现，提升中国学生的成长性思维模式能促使其提升学业投入度与心理幸福感，而且能有效帮助学生直面挫折而不被击倒。

表 7-1 中列举了持有固定性思维和发展性思维的人在面对不同情景时做出的不同反应。

表 7-1　持有两种思维的人在面对不同情景时做出的不同反应

	固定型思维	成长型思维
挑战	避免挑战	拥抱挑战
别人成功	感到威胁	感到鼓舞激励，是学习的榜样
遇到困难	容易放弃	坚持
把努力当作	不得不做	学习的必经之路
面对批评	忽略有用的负面评价，感觉受伤和被否定	学习的机会，从中寻找有用的反馈
考试成绩	智商的评价标准	有效的反馈
潜力	不能成为最佳的自己	不断挑战极限，创造不可能
能力	能力是固定不变的，需要被证明	能力是可以通过不断努力来提升
自己的成功	智力的证明	学习的结果
努力	证明自己没有天赋	学习、提升、精进
遇到挫折	失败，意味着自己没有天赋	发现难点，提升的机会
面对未知挑战	畏惧退缩，固步自封，担心暴露自己的不足	在挑战中成长，拓展自己的能力

2. 成长型思维与神经可塑性

大脑会根据经验和学习调整其结构和功能的能力，具有可塑性，这种现象被称为神经可塑性。在学习过程中，脑细胞之间的连接可以改变，这种结构上的改变与长期记忆和长期运动技能的进步相关，这意味着学习可以改变大脑的功能性组织。对于成年人而言，神经可塑性仍然是学习新技能的关键因素，具有较高脑神经可塑性的成年人更容易学习新的知识和技能，他们对新的刺激更加敏感，对问题的解决更加高效。认知训练可以改变成人的学习能力，例如，通过特定的训练，大脑负责视觉运动区的灰质体积可以显著增加，显示了大脑可塑性在成年后的个体学习中的作用。

研究表明，成长型思维可以激发大脑更多地参与学习过程，促进神经可塑性的发生。当个体拥抱成长型思维时，他们会更加积极主动地面对挑战和学习过程中的困难，而不是被负面反馈所打击。这种思维方式有助于优化反馈对大脑和学习的积极影响，因为它与大脑的学习和适应能力相一致。了解神经可塑性是培养成长型思维的基础，当我们知道大脑可以通过学习来改变自身结构和功能时，我们就会更有信心去学习和应对挑战，培养成长型思维。这种认识有助于我们在日常学习中，通过积极的学习态度和策略，促进大脑功能的提升和认知能力的发展。

3. 成长型思维的培养

培养学生的成长型思维是一个多方面的过程，涉及教学方法、评价体系、校园文化和家庭教育等多个层面。以下是培养学生的成长型思维的一些关键策略。

培养自信与乐观态度。教育者应当鼓励学生相信自己的能力，相信自己可以通过努力和坚持，从而不断提升，帮助学生积极面对挑战，看到挑战所带来的成长机会。

改变认知标签。教育者应避免给学生贴上能力固定的标签，尽量使用描述性语言强调他们的努力和进步，这样可以帮助学生建立起成长型思维。

过程导向的表扬与批评。教育者在表扬学生时，重点应放在他们的努力、策略和改进上，而不仅仅是结果；批评时，应转化为建设性反馈，帮助学生从错误中学习。卡罗尔教授认为，一个人的心态取决于他个人的成败经历以及周围的人反应。研究发现，当孩子取得好成绩时，被赞扬"聪明"而不是"努力"的孩子，会更容易具有固定型心态。因为他们相信，自己的表现只和先天的"不可改变"的因素相关，即使很多父母和老师已经学会了夸孩子"努力"，但是内心对"聪明"的偏爱，也会从身体语言、面部表情、行为流露并传递给孩子。其实，大多数人都偏向于拥有固定型心态，但是只要相信改变真的可以发生，每个人都可以培养出"成长心态"。

重新定义失败。教育者应该教导学生将失败视为学习和成长的机会，而不是终点，这样可以减少学生对失败的恐惧，增加他们尝试新事物的意愿。

创造安全的探索环境。教育者应鼓励学生大胆尝试，支持他们试错，培养他们的创新精神和适应变化的能力。

榜样的力量。教育者应利用名人的成长故事、行业精英的事迹和优秀毕业生成长路径来激励学生，展现即使是伟大的人物也是通过不懈努力和学习才达到卓越成就的，以此来激发学生的内在动机。

教育者的亲身示范。教师和学校管理者应该通过自己的行为示范成长型思维，成为学生学习的榜样。

家校合作。家长和教师之间的沟通与合作对于培养学生的成长型思维至关重要，二者共同营造了一个支持性的学习环境。

不过对老师来讲，有一点值得注意，成长型思维并不意味着每一名学生都可以做任何事情，或者所有的学生都可以像全班第一那样成绩优秀。尽管每个学生都是可以成长的，但对于不同的学生来说，学习不同事物的速度和潜力是不同的。老师需要发现学生之间的差异，关注于发挥和提升学生的品格优势，而不是过度关注学生的劣势，尽管劣势在必要的时候也需要有所弥补。

通过上述策略的实施，我们可以有效地培养学生的成长型思维，帮助他们建立起积极面对挑战、持续学习和个人成长的心态。

坚毅和成长型思维有很大关系。面对挑战和失败，具有成长型思维的人会认为自己如果继续努力可以做得更好。相反，具有固定型思维的人会将这些解读为"我不行"的证据，认为自己不够好。可见，成长型思维和固定型思维的人很大的区别在于他们在内心深处是否相信自己真的可以变得更好。

（六）意志力

意志力是指一个人长期追求目标的能力，以及对自己的行为和思考进行自我控制的能力。这种自我控制包括对诱惑、冲动和短期满足的控制，以及对恐惧、焦虑、压力等情绪的控制。意志力是人格中的重要组成因素，对于人的一生有重大影响，它使一个人能够坚定自己的决心，经受住各种诱惑和考验，追求并实现自己的目标。

相关研究发现，人在清醒的时候，大约有 1/4 的时间都是在运用意志力控制自己，抵制欲望。1921 年，美国心理学者特尔曼进行了一项大规模的追踪研究，他寻找了 1 528 名智力超常（智商分数高于 140 分）的儿童，通过 50 年的观察，收集其成人后的情况和信息。研究中，特尔曼对比了其中 800 名男性的成就，发现成就最大（前 20% 的群体）和成就最小（后

20%的群体）的两组人之间最显著的差异是意志力，成就最大的一组人更加不屈不挠，其自信心和进取心更强。

意志力的特点包括自觉性、果断性、自制性和坚持性。自觉性是指目的明确，主动去做。这种品质反映了一个人坚定的立场和信仰，贯穿意志行动的始终，是意志产生的源泉。果断性是指思密、周密、迅速决断，其是以周密的考虑和极大的勇气为前提。自制性是指抑制诱惑，能做而不做。具有自制性的人善于控制不良情绪和排除外界诱惑的干扰，能忍受种种痛苦和困难。坚持性是指克服困难，持续执行。具有坚持性意志的人能在行动中坚持目的和计划，保持充沛的精力和顽强的毅力，做到有始有终。

如何提高意志力？

从生理角度，葡萄糖能够提高个体的意志力。当意志力被耗竭时，个体可以通过放松来恢复活力。此外，个体可以采取以下策略来提升意志力：

制定明确的目标：设定具体、可行的目标，并将其写下来。这有助于个体更清楚地了解自己的目标以及需要付出的努力。

坚定信念：相信自己能够完成目标并坚定信念是提高意志力的关键。

持续行动：将目标分解为小的里程碑并持续朝着这些里程碑前进；在行动中保持积极的态度和动力以克服障碍和挑战。

培养良好的习惯：通过培养良好的习惯如早起、运动、饮食健康等来增强自我控制能力和意志力。

掌握情绪管理技能：学会控制自己的情绪并避免让负面情绪影响自己的行动和决策。

寻求支持：与他人分享目标并寻求他人的支持和鼓励，这有助于个体保持动力和决心并克服挫折和困难。

另外，将重要的事情放在意志力充足的时候做，通过日常小事也能提高意志力。比如，有意使用左手；有意调整身姿、单脚站、说书面语和洗冷水澡，等等。

综上所述，意志力是个体在追求目标过程中不可或缺的品质。通过了解意志力的定义、重要性、特点以及影响因素并采取相应的提高方法，个体可以更有效地增强自己的意志力并在生活和工作中取得更大的成功。

WOOP 是一种心理策略，全称为"wish-outcome-obstacle-plan"，即

"愿望-结果-障碍-计划"。这种策略旨在帮助人们通过明确愿望、预见结果、识别障碍以及制订具体的行动计划四个阶段来达成目标，如图 7-2 所示。

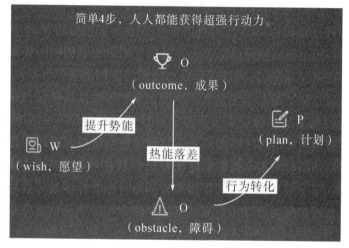

图 7-2　WOOP 策略示意

愿望（wish）：你需要清晰地定义你的愿望或目标。这个愿望应该是具体、可衡量且可实现的。明确你想要什么，这将是你的驱动力。

结果（outcome）：想象如果你实现了这个愿望，会发生什么美好的结果。这种积极的结果构想会增强你的动力和动机，使你更加坚定地追求目标。

障碍（obstacle）：在追求目标的过程中，你不可避免地会遇到一些障碍或挑战。提前识别这些潜在的障碍是非常重要的，因为这有助于你做好应对准备，并减少因突发情况而导致的中断或失败。

计划（plan）：制订一个具体的行动计划来克服这些障碍，并实现你的目标。这个计划应该包括你将采取的具体步骤、所需的资源、时间表以及可能需要的支持。

WOOP 策略通过引导人们以这种方式思考和规划，帮助他们在面对挑战时保持专注和动力。它不仅有助于设定明确的目标，还促使人们考虑如何克服障碍，并提前准备好应对策略。这种方法被广泛应用于个人发展、职业规划、健康管理和日常生活等多个领域。

此外，WOOP 策略还强调了一种"心理对比"的过程，即在想象中对比实现目标和未实现目标的情景。这种对比有助于增强个人的目标承诺，因为人们会更加珍惜和追求那些他们认为值得付出的目标。

总之，WOOP 是一种有效的心理策略，通过明确愿望、预见结果、识别障碍和制订计划，帮助人们更有效地实现他们的目标。

第三节 培育工匠精神

党的十八大以来，习近平总书记多次强调弘扬工匠精神的重要性。内涵是敬业乐业、专注专一、勤奋创新、追求精致。工作熟练无失误仅为"工"，而未成"匠"；由表及里，精益求精乃为"工匠"。工匠精神是一种对职业敬畏、对工作执着、对产品和服务追求完美的价值取向。具体到工匠个体，工匠精神意味着具有专注、坚守、耐心、淡然、创新，以及不断突破自我等优良品质。

从心理学角度剖析，工匠精神的要素包括以下几方面：一是兴趣乐趣。兴趣是最好的老师。人对一件事物产生兴趣，才会给予它优先关注并积极探索，从中获得积极情绪体验——乐趣，才会充满热情地专注于这件事物。这是工匠精神的第一心理要素。二是创新创造。创新是匠人寻求技艺突破的必需能力；创造是工匠收获成果的一大境界。匠人尚巧，其创新创造品质是区别一般技术工人的重要心理特质。三是坚韧钻研。注重细节，追求技艺的精湛和产品的精致，不惜花费时间，"既琢之而复磨之"，精雕细琢的工作态度值得称道。四是担当责任。匠人只有发明创造、反复雕琢，用心打磨，为品质负责，为行动负责，为岗位负责，才无愧于产品，无愧于顾客，无愧于自然，无愧于自身。工匠精神缘起于兴趣，闪烁着"尚巧"的创造思维，彰显坚韧钻研的品格，严谨负责的态度，追求至善尽美、精益求精的美德。工匠精神是个体持续内化的职业心理素养。工匠精神是执着事业的热爱度，追求极致的精气神，独具匠心的创造力，在年复一年、日复一日的工作中，凝心聚力的操作和实践内化为人的精神。其实，工匠精神在很大程度上是优秀的心理素质与精湛的职业技术、专业技能结合的产物。培育工匠精神，就是为了培养具有优良职业心理素质的技术技能人才。换句话说，培育高职院校学生工匠精神，就是高职院校教师传授专业知识和技能时的心理教育，是促进高职院校学生专业能力、道德品质与职业素养全面提升的心理教育，也是引导高职院校学生成长与成才的心理教育，从而为培育高素质的技术技能人才奠定坚实的心理基础。

工匠精神的精髓是用心活、用心干、用心经营、用心诠释人生，在高职院校学生心中埋下希望的种子。工匠精神是技艺从业人员所要追求的生命状态，非一朝一夕即能达到，在追寻的过程中难免遇到挫折、遭遇桎梏，此时不能自怨自艾，怀疑自身能力，以至于自暴自弃，半途而废，而是要保持积极乐观的心态，努力拼搏。

工匠精神是个体超越自我、追求卓越的过程。终身学习不是工匠的专利，却是工匠的坚守与追求。在学习的道路上，工匠秉承因时而变的原则，不断进取、勇于创新，从而为古今中外的仁人志士所称道。工匠的卓越，并非因其成果丰硕，而是有一种永不满足地追求出类拔萃的进取精神。并不是每一个人都具有工匠精神，但工匠精神却是值得每个人追求的理念和境界。能够实现"人无我有、人有我优、人优我精"的发展，个体也就达到了积极卓越的人生状态。

倡导和培育现代工匠精神，就是要塑造现代职业教育发展的价值观，在专业技能提升的同时促进高职院校学生成长成人成才，改变一些高职院校学生身上存在的"差不多精神"，引导他们树立精益求精、追求完美的职业态度。高职院校弘扬和培育工匠精神，有利于在全社会倡导一种"做专、做精、做细、做实"的作风，营造一种"技术是硬道理""用品质说话"的环境氛围，培养坚韧钻研、精益求精、创新创造、乐业敬业的高素质技术技能型人才，为高质量发展加油，促进经济发展和科技进步，产生"蝴蝶效应"，助力新质生产力发展。一个拥有工匠精神、推崇工匠精神的国家和民族，必然会少一些浮躁，多一些纯粹；少一些投机取巧，多一些脚踏实地；少一些急功近利，多一些专注持久；少一些粗制滥造，多一些优品精品。

培育现代工匠精神，高职院校要以助人自助、立人成人为出发点，秉承立德树人、育人至上的现代理念，立足实际、积极实施、注重实效，要以培养现代工匠精神为主线，以积极心理品质为主要内容，以专业技能教学为主阵地，开展积极教育。

工匠精神作为现代职业教育的精神引领，涵盖了"技""术""心"三个层面的价值理念，覆盖了工艺精神和人文精神的双重追求。高职院校在人才培养上应加入工匠精神的教育，从学生一开始接受职业教育，就应该让工匠精神扎根其心中。因此，高职院校有责任将职业精神教育融合到课程中，达到精神和技能的统一，培育真正高素质的劳动者和技术技能人才。高职院校应以培育富有工匠精神的现代职业人为己任，注重培育职校生的实干实践、刻苦钻研、团结团队、创新创业等精神。

1. 培育实干实践精神

引导高职院校学生立足于实践，成为技术技能实干者，高职院校可以从多方面着手：一要创造条件让学生多参加专业方面的岗位实践，让其明确职业需求，增强技术实践性；二要鼓励学生积极参与职业技能大赛，掌握专业技能，营造浓郁的技能练习与好学氛围；三要加强校内外实训基地建设，改善实训教学管理，为专业技能教学服务；四要充分利用校企合作，为学生提供多样化实习形式，包括新生认识实习、毕业前岗位实习、专业课程实习和综合课程实习等，增加学生专业技能实践，引导学生养成"稳扎稳打"的态度，练好实践技能。

2. 培育刻苦钻研精神

高职院校培养职校生的刻苦钻研精神，首先，要教学生学会自学，学会思索，培养勤于思考、善于思考、独立思考的能力。"授人以鱼不如授人以渔"，学会学习比学习知识本身更重要。其次，鼓励学生刨根问底的积极性。遇到问题，学生能够不怕辛苦，不怕花费精力，对不明白的地方追根究底，主动积极地探索，才体现出颇具坚韧钻研的工匠精神。最后，寓教于乐。高职院校教师，尤其是专业课教师，应优化技能教学模式，寓教于乐，让学生在学中做，在做中学，乐在其中。钻研技术的过程必然充满艰辛、孤独，促进职校生刻苦钻研精神的教育，是职业教育践行现代工匠精神的重要途径。

3. 培育团结团队精神

培养富有团结团队精神的职校生，是工匠精神顺应时代发展的重要体现。高职院校可以从三方面展开：第一，培养学生表达和沟通能力。在专业技能实践活动中，给予学生更多的机会去表达自我，学会与同学沟通，锻炼表达沟通的能力。第二，培养主动做事的品格。采取小组合作式教学，需要对小组任务细化到每个成员进行考察，保证任务具体到每个成员。第三，培养敬业的品格。敬业就是人们在集体工作及学习中，严格遵守职业道德的工作学习态度。在专业技能实践活动中，要引导学生以职业人的身份严格要求自己，对所在集体或团队负责。

4. 培育创新创业精神

工匠精神不是因循守旧，它是在传统工艺的基础上不断创造新工艺、新技术的过程，职业教育的使命就是要将创新创业的"基因"植入学生脑中。培养职校生的创新创业精神，首先，需要营造"鼓励创新、宽容失败"的社会文化环境，这有助于推行创新创业的职业精神教育。其次，需要建立创新失败补偿机制，降低创新创业的尝试风险，让学生沉得下心、坐得住"冷板凳"，不怕花时间、舍得花精力，真正迸发好创意、创造好作品。

根据江苏理工学院崔景贵教授的研究，高职院校可以从匠技、匠艺、匠心、匠力、匠魂这五个方面对学生实施积极职业教育。

匠技是工匠精神的前提。所谓匠技，即所谓的高技能。高职院校应培养学生对产品精雕细琢的执着，追求细节的完美。学生需要不断打磨技术，在持续的实习实践中，磨炼技术至精湛的匠技境界。

匠艺是匠人工艺素养的极致体现，是工匠精神的重要内容。匠艺追求完美精致，注重客户的艺术体验，在匠技的基础上，不仅注重产品的实用性，还要将其当作一件工艺品用心设计，与时俱进又不失美感，带给使用者全新的唯美感受。学生追求匠艺，需要在不断的实践中，既要磨炼好技能，也要掌握工艺设计的理念，赋予产品工艺美，从而创造出既具实用性又具工艺性的作品。

匠心是指工匠精神的核心创新精神。高职院校在培养学生"匠心"的过程中，需要引导学生发散思维，富有创造性地打磨产品品质，做出凝聚匠人智慧结晶的工艺品。

匠力即持之以恒之力，它是工匠精神的保证。高职院校在培育学生工匠精神时，需要教导学生学会持之以恒。完美工艺品的形成离不开匠人大量时间和精力的投入，技术技能人才在反反复复雕琢产品的过程中，总是免不了遭遇挫折，忍受孤独和寂寞。打造出精美的工艺品需要匠人锲而不舍、坚持不懈地付出。

匠魂即专心专注，它是工匠精神的最高境界。物我两忘，手中材料不仅是材料，更是灵性之物，匠人物尽其用，达到物人合一的境界，以全身心的投入诠释万物灵性的魅力。高职院校应将匠魂树立为高职院校学生最高的人生和职业境界，向学生灌输专心专注的职业理念，教导学生悉心揣摩材料的蕴涵，以物为友。

只有这样，才能让工匠精神在现代职业教育改革创新中扎根，让现代工匠精神释放出无愧于时代的教育光彩。

第八章　积极教育实践及其效果

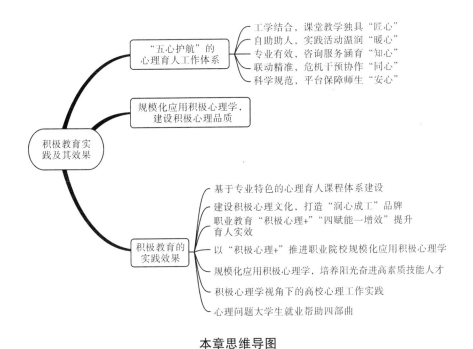

"五心护航"的
心理育人工作体系
- 工学结合，课堂教学独具"匠心"
- 自助助人，实践活动温润"暖心"
- 专业有效，咨询服务涵育"知心"
- 联动精准，危机干预协作"同心"
- 科学规范，平台保障师生"安心"

规模化应用积极心理学，
建设积极心理品质

积极教育实
践及其效果

积极教育的
实践效果
- 基于专业特色的心理育人课程体系建设
- 建设积极心理文化，打造"润心成工"品牌
- 职业教育"积极心理+""四赋能一增效"提升育人实效
- 以"积极心理+"推进职业院校规模化应用积极心理学
- 规模化应用积极心理学，培养阳光奋进高素质技能人才
- 积极心理学视角下的高校心理工作实践
- 心理问题大学生就业帮助四部曲

本章思维导图

　　成都工业职业技术学院始创于 1951 年，由成都市人民政府举办，四川省教育厅主管。学校以立德树人为根本，以服务发展、促进就业为导向，坚持"以人为本、铸造未来"的办学理念，坚持"办一流高职、育大国工匠"的办学定位，秉承"以德润身、技臻至善"的校训，培养了一批身心健康、本领过硬的优秀毕业生，为四川实施创新驱动发展战略，推动治蜀兴川再上新台阶做出了应有贡献。

　　学校始终坚持以习近平新时代中国特色社会主义思想为指导，全面贯彻落实全国高校思想政治工作会议精神，始终将师生心理健康工作放在重要位置。学校心理健康工作以 2008 年汶川地震灾后心理辅导"1 人 1 室"（1 名心理健康教育教师、1 间心理咨询室）为起点，不断加强心理健康的教育教学、实践活动、咨询服务、预防干预、平台保障等各项工作。

历经 16 年发展，学校目前已建成占地近 300 平方米的师生积极心理发展中心。中心拥有两间办公室，分别是心理健康教育中心办公室、心理健康教育教研室；功能室有 5 间，分别是 3 间个体咨询室、1 间团体辅导室和 1 间积极心理训练室。

目前学校共有专职心理教师 3 人，心理健康课专任教师 5 人，均具有硕士以上学历，兼课教师 9 人。学校以"培养大国工匠，塑造工匠精神"为核心，实践探索并形成了"五心护航"的心理育人工作体系。学校立项了四川省高校思政工作心理育人精品项目、全国高职院校心理育人精品项目，自编教材入选四川省"十四五"职业教育省级规划教材，荣获省级教学竞赛一等奖 2 次、二等奖 3 次，全国职业院校教师教学能力比赛二等奖 1 次。学校心理团队教师多次参加省级、国家级学术交流活动，1 名教师被提名为四川省高校心理健康教育年度人物，2 名教师被四川省心理学会评为高校心理健康教育先进个人。当前，学校在此基础上推进规模化应用积极心理学，在心理健康教育中心文化建设中融入积极心理学、积极教育的理念，鼓励学生以此为标准来发展自己，初步形成了积极心理+思政教育、积极心理+学法指导、积极心理+职业规划的积极教育创新体系。学校的积极教育经验多次刊载于四川教育动态、四川省教育厅官网、中国教育报、人民网等媒体平台。

第一节 "五心护航"的心理育人工作体系

一、工学结合，课堂教学独具"匠心"

学校设置的大学生心理健康教育课程坚持服务专业、服务职业、服务于毕业生可持续发展，实现"工学结合"的理念。教师根据专业特点和职业岗位需求不同，构建课程体系，每个二级学院的大类专业在共性目标基础上提出不同心理素质教育侧重点，做到"一院一案"。例如在情绪管理及人际交往主题中，教师结合城市轨道交通运营管理专业学生实践工作场景——"乘客不配合安检""乘客无理投诉""反复接受不同乘客相同问题的提问"等，运用心理学技术，如正念认知疗法（MBCT）、共情技术、非暴力沟通技术等帮助学生提升情绪调适能力、人际交往技能等。

大学生心理健康教育课程以任务为驱动的教学策略见图8-1。

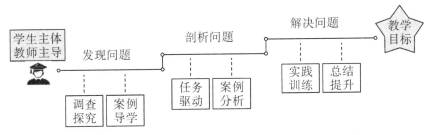

图 8-1　大学生心理健康教育课程以任务为驱动的教学策略

二、自助助人，实践活动温润"暖心"

新生学情调查显示，成都工业职业技术学院60%左右的新生有留守经历，他们渴求稳定的、温暖的、包容的人际关系。学校通过丰富的实践活动，如探索自我、人际交往、恋爱训练等主题的团体辅导活动，使学生在活动中感受和谐的人际关系，提升建立和谐人际关系的能力。一是传统佳节，感恩抒怀。学校在重阳节举办"感恩有你"教育活动，倡导学生传承尊老、敬老、爱老、助老的传统美德。学校通过"一封家书""表白墙""心爱漂流"等活动，营造浓厚的感恩教育氛围，培育学生感恩、博爱、珍惜等心理品质。清明时节，学校举办各类纪念活动，讲好党史故事，传承红色基因，从追思和缅怀中汲取前行力量。二是志愿服务，助人自助。学校建立大学生心理志愿者长期服务机制，在华阳、白沙场、四河等13个社区建立大学生思想政治教育基地。学校还组织大学生志愿者开展关爱留守儿童、社区卫生治理、建设文明社区宣传等志愿服务工作，累计参与活动200余人次，服务城市居民5 000余人，服务时长达300余小时，引导青年学生关注社会、感恩社会、服务社会，促进社会主义核心价值观在青年学生中"内化于心、外化于行"。

三、专业有效，咨询服务涵育"知心"

学校针对人际交往、情绪管控、生涯规划等方面的困惑、困扰、问题与疾病，坚持分层分类开展咨询服务。学校组织心理咨询师每年参加

40 学时以上的专业培训，定期聘请中国心理学会临床心理注册系统注册督导师进行案例督导，提升心理咨询师的专业胜任力。学校制定《学院心理健康教育工作制度》等制度，使各项工作更为细致和规范。学校通过新生入学教育让学生做到心理咨询服务的"五知晓"：知晓心育中心在哪、知晓心育中心电话、知晓心育中心官网、知晓线上心理咨询 QQ 号、知晓如何预约心理咨询，满足全校师生心理咨询需求。

四、联动精准，危机干预协作"同心"

一是完善顶层设计。学校先后出台《成都工业职业技术学院"三预"工作方案》《"三预"工作流程安排》等制度，编制《学生心理危机的识别与干预手册》《学生心理状况告知书》等相关资料，建立危机学生数据库，实时动态监测。学校根据学生具体情况，设计个性化的干预方案，做到一人一案。二是夯实中层担责。学校定期邀请校外心理危机干预专家到校督导、培训，全面加强学生工作管理干部、心理咨询师、辅导员、后勤安保人员、宿舍管理人员等人员的心理危机认知与管理能力提升，心理健康教育中心 9 名心理咨询师全部完成 48 学时以上的危机干预与危机事件应激管理实务技术培训，力争危机发生前各层级迅速反应，防患于未然，确保危机发生后，各层级相互配合，妥善处理，积极应对。三是搞好基层创新。学校以学生心理社团为纽带，以各类校园心理教育主题活动为平台，促进朋辈心理援助工作发展，定期开展心理知识讲座、心理专业技能培训、心理沙龙、团体辅导、心理电影展播、朋辈心理援助技能比赛（包含团队建设、主题答辩、案例分析等）、社区心理援助等活动，形成了朋辈心理援助专业技能系列培训项目，学习内容涉及角色定位、工作职责、工作技能、流程制度等，考核合格后，颁发由中国心理学会颁发的"朋辈MOOC 合格证书"。四是注重特殊时期心理危机预防工作。新生入校第一学期，学校组织开展新生心理健康普查工作，开设新生心理健康教育讲座、建立心理档案；毕业生离校五六月期间，学校开设就业心理辅导讲座，预防学生心理事故发生。

成都工业职业技术学院学生心理危机干预七级网络见图 8-2。

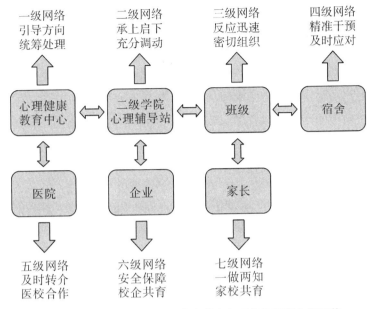

图 8-2 成都工业职业技术学院学生心理危机干预七级网络

五、科学规范，平台保障师生"安心"

一是测评平台科学规范。从 2011 年起，学校坚持每年秋季开展新生心理健康普查工作。从最早使用症状自评量表（SCL-90）抽样调查，到2013 年，学校自购心理软件，谨慎筛选心理测试量表（UPI）、SCL-90，并结合"人口学信息"综合筛查全面覆盖，始终坚持普查工作的科学性与规范性。2020 年，学校应用了由教育部组织研制的"中国大学生心理健康测评系统"和中国大学生心理健康筛查量表，全面掌握学生心理健康状况，更加提高了心理健康素质测评覆盖面和科学性。二是预约平台方便快捷。学校打通心理咨询预约掌上平台，通过"今日校园"App 公共服务中的"心灵之约"即可进行预约。三是综合平台功能齐全。学校建有心理健康教育中心网页，采用"PC 后台管理+移动终端前台"的模式，随时随地进行测评、咨询与管理，形成电子化信息档案管理。四是教学平台丰富多样。学校以"学习通"为主要信息化载体，帮助学生在课前课中课后全过程参与教学；运用生物反馈仪，直观自己情绪变化；运用"自在正念"App 坚持打卡训练，监控学生课后正念训练效果。同时，课程组优选"知到"App 慕课，满足学生更多个性化学习需要。

第二节　规模化应用积极心理学，建设积极心理品质

学校与清华大学合作，探索分层分类分场景激发学生积极情绪的方式。学校申报的四川省教育厅 2022—2024 年职业教育人才培养和教育教学改革研究重点项目——"西部工科职业院校积极教育的实践研究"获得立项，构建心理教育、思想教育、知识技能学习三位一体融通递进积极教育培养模式，相关论述刊载于四川教育动态 2023 年第 10 期。学校成为"1+X"社会心理服务试点学校和考点，获 2022 年"1+X"社会心理服务职业技能等级证书优秀考核站点，两位老师获优秀指导教师，参加全国第十届积极职业教育论坛并做主题发言。

资料8-1　成都工业职业技术学院积极教育研究中心

2022 年 8 月，成都工业职业技术学院组织了 58 名辅导员、学工干部、思政教师参加了清华大学积极心理学研究中心、社会心理服务中心主办的积极教育和社会心理服务职业技能教师培训。老师们系统地学习了积极教育的理念和方法，获得了社会心理服务职业技能培训教师资格和积极教育指导师资格。自此，学校与清华大学积极心理学研究中心加强了往来与交流。

2024 年 7 月 9 日，成都工业职业技术学院与清华大学达成共建积极教育研究中心的合作协议，并在成都工业职业技术学院举行了西部首家职业院校积极心理教育研究中心成立揭牌仪式。清华大学彭凯平教授成为成都工业职业技术学院积极心理教育研究中心的首席指导专家。成都工业职业技术学院积极教育研究中心未来将在彭凯平教授团队的指导下，建设旨在加强积极心理学在职业院校实践的应用研究平台，打通理论与实践的"最后一公里"，为职业院校实施积极心理教育探索成功经验

彭凯平教授指出，通过积极心理教育探索职业教育改革新思路，找到解决中国青少年心理健康新方向，培养职业院校学生"做人的技能"，展现了教育工作者强烈的使命感和责任感。他希望探索具有职教特色、成都特色、成都工职院特色的积极心理教育，推动中心充分发挥教育、研究、体验、传播和合作功能，共同打造西南地区职业教育积极心理教育研究示范中心。我们认为，目前学校主要是对出现了心理问题的学生进行心理干

预，已经不能满足新的时代要求，应该在学生出现心理问题之前就对其进行教育和培养。新时代学校教育需要积极心理学，职业教育更需要积极心理学，积极心理学也需要而且适合在职业院校规模化应用。职业院校应加强应用研究，把理论放到"田间地头"接受实践检验，从实践探索中总结提炼经验，完善理论，打通理论与实践融合"最后一公里"，促进积极心理学在广大职业院校生根发芽，结出累累硕果。

成都都工业职业技术学院积极心理教育研究中心是继深圳职业技术大学积极心理学研究中心后，全国第二家、西部首家专注于打通积极心理学理论与高职院校人才培养实践运用"最后一公里"的研究机构。中心将在清华大学彭凯平教授及其团队指导下，围绕积极心理教育在高职院校"落地"继续深入探究，以积极心理教育在高职院校的生动实践，奋力书写职业教育积极心理教育研究应用新篇章。

第三节　积极教育的实践效果

一、基于专业特色的心理育人课程体系建设

（一）实施背景

1. 时代呼唤，立德树人，心理育人

当前，学校以习近平新时代中国特色社会主义思想为指导，为全面贯彻高校思想政治工作会议精神，把立德树人的成效作为检验一切工作的根本标准，构筑大思政格局，落实高校思政工作质量提升工程实施纲要，全面推进十大育人体系建设。

心理育人即通过心理的方式来实现育人，是教育者从教育对象的身心实际出发，遵循人的心理成长规律和教育规律，通过多种方式实施心理健康教育，有目的、有计划地对教育对象进行积极心理引导，缓解心理困惑，开发心理潜能，提升心理品质，促进人格健全，以实现培育有理想、有能力、有担当的时代新人。

2. 积极教育，培育积极

近三年学校心理健康普查显示，存在严重心理问题的学生占比逐年小幅上升（见表8-1），其心理行为问题发生率也在攀升，在校学生的心理健康状况不容乐观，学校的心理危机干预工作的压力和难度增大。如此现

状，仅仅依靠小范围的个体或团体心理辅导，通过事后补救方式的矫正与治疗，实在是杯水车薪。自积极心理学兴起后，以其为理论基础的学校积极教育模式为我们开辟了心理育人的新路径，即从过去问题导向的帮辅思维向积极心理品质培养的教育养成思维转变。其中，建设培育积极品质的课程体系，并以其为主渠道，可以广泛、全面、高效地增强学生积极心理品质，提升其心理韧性，增强学生抗压及耐挫能力，同时也为学校的心理危机干预工作减压助力。

表 8-1　近三年学生心理健康普查结果

时间	2020 年	2021 年	2022 年
严重心理危机学生占比/%	11.5	11.88	12.08
有心理问题的学生占比/%	46.97	48.42	48.94

（二）主要目标

学校以课程教育为主渠道，建设高职院校心理育人课程体系。

1."育心"与"育德"相结合，强化课程思政

坚持"育心"与"育德"相结合，引导学生正确认识义和利、群和己、成和败、得和失，培育学生自尊自信、理性平和、积极向上的健康心态，注重学生积极心理品质的培养，坚持课程思政，切实增强"四个意识"、坚定"四个自信"。

2."线上"与"线下"相结合，丰富课程资源

课堂内，进一步完善数字化教学平台和网络化教学手段，同时不断丰富平台资源，提高数字化教学产品的有效性、生动性和及时性，更好地服务课堂教学，提升教学效果，强化教学质量。课堂外，挖掘更多的优秀线上教学资源（如慕课、微课等），同时开发校本精品在线课程。

3."共性"与"个性"相结合，夯实课程体系

做好学生的入口学情调查与分析，并结合各专业的人才培养方案，听取企业行业调研意见，充分结合学生的共性心理发展需要和专业人才培养的个性化需求，精细化公共基础课《大学生心理健康教育》的课程标准与实施方案，真正做到一专业一标准，一班一方案。同时，夯实必修课的课程体系建设。

（三）实施过程

学校以"三教"改革为抓手，从教师、教材、教法三维度，形成心理

育人课程体系建设的实施路径。

1. 建强课程师资力量

确保课程师资专业资质。目前，公共基础课《大学生心理健康教育》课程授课教师共 13 人，均具有国家二、三级心理咨询师资格、注册系统心理师资格、教育部"1+X"社会心理服务技能培训师中级资格、应用心理学研究生学历中的一项或多项，保证上课的师资水平。

注重心理育人师资人才梯队建设。培养集骨干教师、金牌讲师、注册系统咨询师于一体的专业教师团队，并以专职心理教师为核心，辐射带动兼职教师的专业成长和技能提升。

以"请进来、走出去"的工作思路，通过"培训、比赛、科研"三手齐抓的手段，不断提升学校心理健康教师专业水平。请进来：外请省内外心理专家、教学名师到校，分享心理辅导、心理课程建设、教育学心理学课题研究等经验；走出去：鼓励老师外出参加各级各类培训、赛课和学术交流活动。近三年来，学校心理健康教育专任教师继续教育学时超 90 学时，兼职教师继续教育学时超 40 学时。2024 年暑假，学校共有 58 名辅导员、学工干部、思政教师参加了清华大学积极心理学研究中心、社会心理服务中心主办的积极教育和社会心理服务职业技能教师培训，并全部获得了社会心理服务职业技能培训教师资格。学校心理教师每年均参加各级各类教学比赛，"以赛促教、以赛促学、以赛促改、以赛促建"，切实有效提升心理教师工作胜任力。

2. 编写优质校本教材

学校参照《普通高等学校学生心理健康教育课程教学基本要求》（教思政厅〔2011〕5 号）文件精神，结合高职院校人才培养方案，服务于培养高素质技术技能人才的目标，形成《大学生心理健康教育》的编写大纲。《大学生心理健康教育》分为三大篇章，共十二个专题，每个专题都包括三大内容："心海导航"（内容包括本专题的学习目标、知识结构等）；"心海学堂"（专题的理论知识部分，包括学生成长案例，以及在知识内容中穿插的"心灵解码"和"心海故事"等板块）；"心海畅游"（专题的实践运用部分，包括"心理工作坊""心理测量""课外拓展"）。

《大学生心理健康教育》及配套资源由任课教师编写和开发，以学生为主体，以能力为导向，注重课程内容的实践与应用，突出了丰富性、形象性、灵活性和可操作性，既可以作为大学生心理健康教育的教材，也可以成为大学生自我心理保健的读物和指导手册。

《大学生心理健康教育》通过知识传授、心理体验、行为训练，着力引导学生掌握心理健康与保健的基础知识和策略；提升学生岗位需要的管理自我、人际交往、情绪调节和压力管理等能力；培养学生自尊自信、理性平和、积极向上的健康心态；养成学生爱岗敬业、艰苦奋斗的劳动精神和追求卓越、精益求精的工匠精神。实现知识、技能和情感体验的三层次教学目标。

《大学生心理健康教育》教材结构见图8-3。

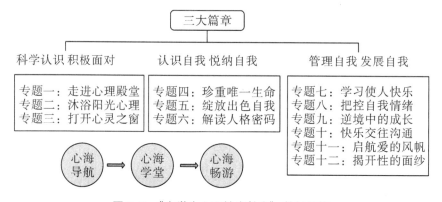

图8-3 《大学生心理健康教育》教材结构

3. 深耕教学凸显"匠心"

（1）采用任务驱动的教学模式。教研室将课程思政、工匠精神融入心理健康课，成立专门的课程教学研讨小组，邀请行政领导、企业负责人、专业课教师与心理健康教师集体备课；有针对性地制定以工匠精神为主线的课程标准、授课计划等，让学生在获得心理健康教育与辅导技巧的同时，又获得与技术技能相关的精神力量和正确的价值引领，既符合新时代高职心理健康课的改革趋势，又满足时代对工匠精神、社会主义建设者的召唤。总体来说，《大学生心理健康教育》设计为五个教学模块、16个主题，打造了以和谐为主线，以任务为导向的体验式课程体系，力求培养身心健康、自尊自信、理性平和、积极阳光、吃苦耐劳、敬业奉献的新时代工匠，促成学生与己和谐、与人和谐、与社会和谐、与自然和谐。

（2）不断丰富线上课程资源。学校精选智慧树网络学习平台上的西南民族大学《大学生心理健康教育》慕课作为学生课外拓展学习资源，并将学生网课学习情况作为学生成绩评定的一部分。2024年，学校完成《大学生心理健康教育》校本精品在线课程建设项目，2025 年即可上线供学生学习使用。

（四）条件保障

1. 完善顶层保障平台

学校建立并完善心理育人的相关制度体系，从制度上确保项目实施的人员配置、部门协同和经费保障，构筑"育心"与"育德"相结合的心理育人课程体系建设的顶层保障。

2. 畅通校外资源引进平台

学校建立校外专家指导机制，保障专业化指导，建设高校心育名师工作室常态化专业指导，搭建片区高校心育联盟共谋发展形成合力。

3. 完善数字化信息管理平台

学校利用"互联网+平台"思维和策略，选择可靠的网上学习平台，并不断完善平台功能，同时积极开发线上教学资源。

4. 搭建科研平台

学校建设心理育人的研究中心，使之成为"理论咨询机构""研究创新团队""社会心理服务组织""学术交流平台"。"理论咨询机构"是指中心要做推动职教心理育人的智囊、参谋和助手，为职教心理育人工作提供理论支持和参考性的工作预案；"研究创新团队"是指通过整合院内外优势资源，组建研究团队，形成合力进行研究，及时总结职教心理育人的新经验，探索新时期职业教育学生积极心理培养与教育工作的规律，为学校的心理健康教育、思想政治教育、专业教育等工作寻求新的思路，创新理论成果；"社会心理服务组织"是指发挥好队伍的专业优势，辐射周边，科普社会心理知识，为企业职工、社区居民等提供社会心理服务；"学术交流平台"是指中心成为心理育人的工作者、专家汇聚的平台，省内有影响力的研讨交流平台，职教心理育人研究成果展示推广的平台。

（五）实施效果

《大学生心理健康教育》课程坚持小班制教学，师生充分互动，学生量化评教满意度在公共必修课中名列前茅。课后效果调查显示，学生自助互助意识、人际交往、情绪调节、危机应对等技能提升明显。调查显示，90%以上的学生提到了"积极改变""收获很大""希望每学期都开心理健康课""改善了人际关系""更自信""接纳自己的不足"等关键词。网课学习情况调查显示，85.84%学生能积极悦纳自我，96.21%学生相信自己可以通过努力获得提高，79.04%学生有明确的人生理想与目标，89.13%学生能积极面对挫折。

《大学生心理健康教育》校本教材自2020年9月出版以来，累计印制1.4万余册，累计发行1.3万余册，已被北京、上海、四川、云南、福建、浙江、江西、湖北、安徽等地的多所高职院校选用，如湖北城建学院、河南城建学院、抚州幼儿师范高等专科学校、云南农业职业技术学院、成都工业职业技术学院等院校已将其作为大学生心理健康课教学用书。教材在成都工业职业技术学院使用期间，受到广大师生认可与喜爱，在教材使用调查中，90%的学生认为教材可读性与实用性强，100%的教师肯定教材的专业性和操作性。成都农业科技职业学院心理教研室主任张娜称赞教材符合职业院校学生特色，提供了丰富的教学资源，增加了课堂的生动趣味性，是一本适合高职院校学生的好教材。

（六）经验总结

1."五坚持"抓好课程教学基础工作

2016年9月至今，学校的大学生心理健康教育课程做到"五坚持"。一是坚持课堂教育主渠道，将课程纳入人才培养方案；二是坚持授课对象全覆盖，全校所有学生均需接受心理健康教育；三是坚持心育课程小班制，每个教学班按行政班（<50人）排课，实现小班制教学；四是坚持互动体验式教学，创设与教学内容相适应的具体场景或氛围，师生信息情感双向交流；五是坚持育德育心相结合，将心理学的理论、知识和方法融入学生思想政治教育，心理健康教育与思政教育交互融合，同向而行。

2. 形成"校本课程"成果特色

学校建设了公共基础课《大学生心理健康教育》的教材及配套资源，以及精品在线课程；形成了"一院一标准、一班一案"的教学实施体系；立项课题3个，并形成两篇论文。

3. 抓住"教师和课堂"两个核心

学校始终注重师资建设，不断提升教师专业素养和教学能力；始终坚持夯实教学常规，保证教学质量；始终坚持教学创新改革，优化教学实施，增强教学效果。

4. 不足与反思

今后，学校在课程的可持续发展方面仍需下功夫，在公共基础课课程建设的基础上，要继续推进选修课的课程建设，结合不同年级学生的心理需求，构筑三类心理选修课课程体系：心理知识科普类（社会心理学、心理学与生活）、心理知识应用类（人际心理学、心理学与个人成长、消费心理学）、课程心育类（生命教育、职业生涯教育、心理电影赏析），以此填充二、三年级心理课程的空白，同时也为"1+X"社会心理服务技能培训与考核服务，帮助更多的在校学生获得更多的职业技能，从而促进就业。

此外，课程建设还应包括专题化系列讲座资源建设，以及服务于学生朋辈心理援助队伍、班团干部、社区志愿服务队伍等学生群体的心理素养提升的系列培训课程资源建设。

希望在今后的心理育人课程体系建设中，学校能将公共基础课、选修课、专业技能培训课、讲座及特殊学生群体的心理素养提升课程有机结合起来，做到心理课程教育贯穿学生在校学习全过程，形成心理育人课程全过程体系。

二、建设积极心理文化，打造"润心成工"品牌

（一）背景介绍

党的二十大报告明确提出："重视心理健康和精神卫生。"成都工业职业技术学院马克思主义学院（心理健康教育中心）深入学习贯彻习近平总书记关于心理健康教育的重要论述，落实立德树人根本任务，立足高校心理育人功能定位，抓好积极心理文化建设，取得了系列成效。为进一步巩固和加强学校心理健康教育工作，不断探索学校积极心理文化建设工作新模式新路径，马克思主义学院规划建设心理健康教育中心，打造"润心成工"文化品牌，为学校实施积极心理文化建设提供多功能、有特色、重实效的平台载体。

（二）主要做法

1. 积极心理文化的定位、作用

积极心理文化是打造"蜀艺成工"特色校园文化品牌不可或缺的一环。抓好积极心理文化建设，有助于艺术化呈现"蜀艺成工"文化育人环境，一体化打造"蜀艺成工"文化育人平台，特色化提升"蜀艺成工"文化育人成效，进一步塑造"蜀艺成工"文化育人品牌，助力成都工业职业技术学院"省级双高"建设。

2. 积极心理物质文化建设

积极心理物质文化作为积极心理文化的有机组成部分，主要包含心理健康教育中心的设施、布局以及极具心理文化特色的场所等。第一，在办公区设置团体活动室，通过开展团体心理辅导活动，帮助学生处理好环境适应、自我管理、学习成才、人际交往、求职择业、人格发展、情绪调节等方面的共性问题。第二，设置心理发展辅导室，为学生及家庭提供一对一的心理咨询辅导服务和危机干预，帮助学生解决个体心理问题及成长发展问题，并且根据不同心理治疗流派设置了家庭治疗室、沙盘治疗室和福流体验室。第三，设置心灵电台，通过开设"师生共读经典著作"和"游历光影品鉴人生"栏目，由心理健康教育中心专职教师带领，不定期与学生晤面，通过书籍和影视作品，抵达学生心灵、感悟人生。第四，设置大学生心理协会活动室作为大学生心理协会的固定活动场所，定期举办心理趣味社团活动和心理知识科普等活动。

3. 积极心理制度文化建设

积极心理制度文化作为积极心理文化的保障机制，主要包含规范的规章制度和高效的组织管理系统。一是完善组织架构，将心理健康教育中心设置在马克思主义学院，实现心理文化建设与思想政治教育统一部署实施。二是协同建设积极心理文化师资队伍，面向思政课教师和辅导员开展积极心理教育文化知识培训，组织教师参加清华大学社会科学学院积极教育和"1+X"社会心理服务指导师培训。三是创新打造"家、校、医、行、企、社"六位一体心理文化建设共同体，让家庭、学校、医院、行业、企业和社会配合学校协同推进积极心理文化建设。四是利用"互联网+"、大数据等信息技术建立线上心理文化资源，建立多媒体心理课程资源库，建成今日校园心理预警报送系统，建设学生心理服务云平台，运用数字化思维建设积极心理文化工作制度新流程，形成对线下积极心理制度文化的有益补充。

4. 积极心理环境文化建设

积极心理环境文化作为积极心理文化的外部依托，主要通过打造积极文化体验中心，发挥环境浸润作用。心理健康教育中心在办公区的大厅及走廊打造积极心理文化体验中心；在大厅呈现积极心理文化建设工作的理念和体系、24 种积极品格优势和积极教育模型；在一、二楼楼梯间利用心理挂图科普心理健康知识和积极心理学理念；在一楼转角处打造心理阅读空间，满足学生个性化阅读需求；在一、二楼走廊打造了两条约30米长的心理文化长廊，两侧墙体以图文穿插的形式，完整呈现了学校积极心理教育的三大体系工作、虚拟现实积极心理训练中心功能介绍等成效。积极心理文化体验中心，以丰富的图片和文字科学全面地阐述积极心理教育，生动形象地展现积极心理文化建设成就。

5. 积极心理活动文化建设

积极心理活动文化作为积极心理文化的关键要素，主要通过丰富多彩的活动形式为其搭载平台、拓宽路径。一是开展"启航工职"入学教育周活动，对6 900余名大一新生开展24种积极心理品质测评，帮助学生识别自身优势品格，重塑个人信心。二是持续开展"奋进新时代 积极向未来"积极心理教育主题系列活动，涵盖积极心理品质养成、心理专家进校园、朋辈心理援助、医校合作、家校共育等活动，助推学校积极心理文化建设。三是开展留学生积极心理团体辅导活动，吸引学校首批泰国留学生参与，帮助留学生肯定自身优点，将积极心理品质运用到学习和生活中。四是开展"5·25心理健康活动月"系列活动，囊括"绿植领养"、"阳光微笑"用爱捐献、"衣"路有你、"心光闪耀"大学生创意海报征集、"放飞心灵，逐梦成长"等活动，有力推进学校积极心理文化的建设，营造良好的校园文化氛围。

（三）工作成效

1. 学生心理健康状态明显改善、学习成绩和就业率显著提升

2023年春季心理健康普查测评结果显示，相较于秋季普查数据，全校心理预警学生（一类）比例下降7%以上，心理问题学生（二类）下降3%~5%，潜在心理问题学生（三类）下降10%以上，学生整体心理健康水平显著提高。2023年，学校四六级考试通过率较2022年增长60%，2023年毕业生就业率达到95.64%，较2022年提升2%。

2. 课题研究成果获推广、校本教材获多所高职院校采用

成立以来，心理健康教育中心共立项全国职业院校大学生心理健康教育工作精品项目1项、四川省第二批高校思政工作精品项目心理育人1项、文化育人项目1项、省级重点教改项目1项，积极教育培养模式经验刊载于《四川教育动态》2023年第10期。成立以来，心理健康教育中心共推荐市哲学社会科学专家库专家1人、省基础教育教学指导专业委员会专家1人、省中国特色社会主义理论体系研究中心"百人专家库"专家1人。

3. 课程教学比赛获奖、论文获奖为同行提供借鉴

心理健康教师团队荣获全国职业院校教师教学技能比赛二等奖1次，四川省高校大学生心理健康教育课程比赛省级二等奖2次、一等奖1次；两位老师获四川省高校心理健康教育先进个人；心理教师在成都市委高校思政工作座谈会上发言，介绍我校心理健康教育工作。

心理健康教师团队撰写的2篇论文分别获得成都市职业教育教改优秀论文一等奖、三等奖。心理健康教育中心连续两年在四川省高校心理学会学术年会上获优秀组织奖，在省级、国家级学术会议上均有学校心理老师交流发言，向同行介绍学校的心理育人工作体系和特色化心育活动。

4. 心理健康教育社会影响力显著提升

心理健康教育中心深化与成都市四医院合作，远程心理评估及危机干预学生8人，绿色通道转介学生8人，到校义诊师生100余名。心理健康教育中心还推进家校协同，推送家长学习资料40学时，组织线上"智慧家长心理课堂"讲座2次，200余名家长参加。心理健康教育中心3名教师当选四川省高校心理健康专委会委员，在中小学开展专任心理教师培训1 000余人次，并与金牛区社会心理服务中心共建人才孵化基地。

（四）经验总结

马克思主义学院（心理健康教育中心）聚焦立德树人根本任务，不断探索创新心理育人、积极心理文化建设与校园文化建设协同发展路径，有力促进积极心理文化在校园的传播，形成了以下经验范式。

第一，硬件和软件手段双管齐下，搭载积极心理文化建设线上、线下平台，营造校园积极心理文化氛围。

第二，将积极心理文化建设置于育人格局中通盘考量，以积极心理文化赋能生命健康教育、思想素质教育、学习方法指导和职业生涯教育，在教育教学实践中运用好积极心理文化资源。

第三，推进"润心成工"积极心理文化品牌建设，保障积极心理赋能工作形成实效，提升学校整体文化内涵品位。

三、职业教育"积极心理+""四赋能一增效"提升育人实效

成都工业职业技术学院强化顶层设计，激发创新活力，通过基于专业特色的心理育人课程体系建设，探索数智赋能学生心理健康教育路径，为进一步加强、改进和完善高职院校学生心理健康教育工作，组建"政、

行、企、校、研"多方参与的"职业院校学生心理健康教育协同共同体"心理健康教育工作机制。成都工业职业技术学院还通过心理教育与职业教育相结合，以"四赋能一增效"提升育人实效的特色做法和经验范式，形成"一院一标准、一班一方案"的校本课程成果特色，走出一条具有成职特色的样板道路，构建适合职业教育特色的学生心理健康教育工作体系。

（一）"六位一体"构建高职院校教育心理学高质量发展体系

学校将培养大学生健康心理、良好心态作为重要教育内容，以科学的教育体系促进大学生综合发展，实现高素质复合型人才培养的目的。

在人才培养上，学校外引内培，通过"专业教师、兼职教师、社会专家"叠加模式，打造了一支结构合理、发展潜力巨大的教师队伍，培养了教育心理学改革发展的中坚力量。同时，学校还邀请众多教育心理学领域的学术顾问、教授等到校为学生作学术报告，用通俗易懂的语言与生动鲜活的案例与学生共同探索心理学领域的最新成果，拓展了学生的视野与思路。

学校还创新打造"家、校、医、行、企、社"六位一体协同心理健康教育共同体，让家庭、学校、医院、行业、企业和社会协同落实立德树人根本任务，推进心理健康教育与德育有机结合，真正把学生的心理品质、心理素质作为衡量德育工作的重要指标。

自2023年起，学校持续开展了"奋进新时代 积极向未来"大学生积极心理教育主题系列活动，涵盖积极心理品质养成、心理专家进校园、朋辈心理援助、毕业季心理辅导、医校合作、家校共育和面向教职工的"暖心惠师"7大类共23项活动，吸引上万人次参与打卡。这些教育活动充分发挥学校主导、家长主体、医院主治、行业联动、企业参与和社会支持的协同育人职能，建立"家、校、医、行、企、社"一体化的全过程、全要素心理教育与康复体系，形成优势互补、协同心理健康教育的新机制和新格局。

（二）"四个赋能"做好高职院校学生心理健康的"守望者"

成都工业职业技术学院充分挖掘积极心理学与学校教育教学工作的契合点，规模化运用积极心理学"四个赋能"提升育人实效。

一是赋能生命健康教育。学校将积极心理教育的理念融入体育教育、劳动教育和健康教育，强壮学生体魄；增强学生心理韧性，引导学生积极应对挑战和困境。二是赋能思想素质教育。学校开展联系学生"七个一"活动，思政课教师与心理健康教育教师联合备课，创新开展"启航工职"

入学教育和"思政之星"评比实践活动。三是赋能学习方法指导。学校开展积极情绪激发、定向越野、心灵涂鸦等活动，开设福流体验室，以高效学习方法解决学生学习难题，提升学习效能。四是赋能职业生涯教育。学校根据专业特点实施"一院一标准"，协调学生共性的心理发展需要和专业人才培养的个性化需求；根据学生心理基础实施"一班一策略"，为每个班级开展双创、就业教育提供依据；根据实时就业形势实施"一年一方案"，有针对性地制定积极心理教育介入毕业生就业工作方案。

这样的工作机制，源于学校的实际。调研显示，作为西部工科类高职学院，成都工业职业技术学院农村生源较多，有60%以上学生有留守经历，在心理上，自我悦纳度不高、自卑、遇事退缩、人际安全感不足等现象突出。针对生源实际，学校以"四个赋能"做好高职院校学生心理健康的"守望者"。

学校通过"启航工职"入学教育和对大一新生的心理测评，开展心理筛查，建立心理档案，并根据教学进度开设诸如运动跑步打卡、定向越野赛事、养护动植物等丰富多彩的户外体育锻炼和社会公益活动，来促进学生身心健康，强壮学生体魄。此外，成都工业职业技术学院定期举办"场景+情景+体验式"的现场教学活动，在让学生在应急、自救、消防等安全领域掌握基础技能，提高生命健康意识。

来自汽车专业的马同学高考失利，来学院就读后一度自暴自弃。学校在对其运用心理测评软件进行24种积极心理品质画像测评和"启航工职"入学教育中发现，马同学勇敢、好奇和友善的品格优势很突出，坚韧、好学和自我规范的品格优势相对较弱，于是对其针对性地进行思想政治教育和心理健康教育，通过引导其观看红色影片和对同专业同起点的学长成长为高级工程师、大国工匠的优秀事迹的了解，潜移默化让其慢慢树立起要做一个服务社会、贡献家国的积极人生观、价值观。

像马同学这样拥有自信、自律、毅力和人生意义感需加强的内在诉求的学生不是典型，是成都工业职业技术学院这样的高职院学生普遍存在的心理诉求。成都工业职业技术学院将积极心理教育与思想政治教育融合推进，落实"立德树人"根本任务。

如何让这部分学生在学习过程中获得进步感、成就感？学校还通过举办"学习方法"教学能力大赛，开设专升本、专升硕实验班，英语四六级集训班等特色实验班，每个班配备心理教师作为班主任，通过学习方法指导，高效解决学生学习难题，让学生体会实实在在的学习成就感，探索出一条学生职业生涯教育的积极心理健康建设的实践路径，即根据专业特点实施"一院一标准"，根据学生心理基础实施"一班一策略"，根据实时就业形势实施"一年一方案"。

这一举措还发挥传统教育中环境、仪式对个体精神秩序的建构作用，作为大学生心理教育的有益补充。

（三）探索数智赋能学生心理健康教育路径

学校还以数智赋能学生心理健康教育。学校坚持普查工作的科学性与规范性形成电子化信息档案存储管理，为提升心理育人成效打好数据基础。学校以学生为本，利用"互联网+"、大数据等信息技术建立心理健康档案，对学生做好跟踪指导和心理服务，实行"一人一档、一人一策、一人一帮、一人一案"，利用大数据采集、处理、分析、研判，建立德育与心理健康主题大数据监测体系，打造以数据探路、动态追踪、精准研判、危机预警为一体的学生态势感知系统。学校以数字化、专业化赋能心理健康教育，及时对学生学习、运动、消费、生活等各类大数据实施分类梳理和逻辑识别，建模描绘青年学生群体的心理特征。

此外，学校还设立多媒体课程资源库，建设校级精品在线开放课程，精心设计心理育人体系，运用数字化思维重塑心理健康教育工作流程，为学生心理健康筑起一道坚实屏障。

除了数智赋能，学校还全面激活学生心理疏导与危机干预机制，通过构建高职院校学生心理危机预防和干预工作体系，做到心理危机早预防、早发现、早诊断、早应对、早疏导，帮助学生顺利应对心理危机。

现在，学校多措并举，走出一条具有成职特色心理教育之路，构建优质均衡的成职教育心理健康教育服务体系，并取得累累硕果。

四、以"积极心理+"推进高职院校规模化应用积极心理学

笔者是成都工业职业技术学院的一名心理健康课教师，从 2023 年 11 月起，笔者便在所辅导的班级中，运用积极心理学"打卡三件好事"训练法，鼓励学生借助班级微信群每天分享发生在自己身上的三件好事。最开始学生们因为学习压力大、学习效能感不强，更多分享的是生活和学习中的难事，发牢骚较多，好事几乎没有。随着笔者以分享自己生活中的点滴美好加以引导，学生们开始慢慢感觉到身边的美好事物，比如，清晨的第

一缕阳光、一碗可口的饭菜、终于听懂了老师讲的一个公式……几个月下来，这个每天打卡三件好事的网络平台，变成了学生们自己的精神家园，大家在这里释放情绪、关爱他人、分享积极心态、传递正能量。

这是成都工业职业技术学院近年来开展积极心理健康教育工作的一个缩影。从 2022 起，学校积极推进与清华大学合作，针对高职院校学生特点，坚持"积极心理+"，融通积极教育与思政教育、学法指导、职业生涯教育，规模化应用积极心理学，增强思政教育的感染力和吸引力，从而引起学生情感上的共鸣，促使学生形成积极人格，鼓励学生创造幸福而有价值的人生，提高思想政治教育的实效性。

（一）积极心理+思政教育，推进铸魂育人

学校基于塞利格曼的"六大美德、二十四项品格优势"理论，培养学生受益终身的积极品格。一是识别赋能。新生入学第一周全部开展优势品格测试，学校帮助每位学生识别自身品格优势与美德，使其积极品格从懵懂自发状态转为被明确赋能状态，重塑人生信心。二是共情升华。学校基于优势品格的识别，与红色教育融合，在观看红色革命电影和分享红色经典故事中，引导学生将自身优势品质与革命先烈共情，厚植家国情怀。学校让同学们认识到自己的优势品格与伟大的革命先烈优秀品质是共通的，从而产生自豪感和认同感，增强自信心。三是鼓励培育。心理辅导员根据学生的积极品格档案，在学习生活中给予学生及时的点赞和鼓励，并询问学生克服困难、成长进步的心路历程，引导学生挖掘自身积极品质，再通过鼓励表扬，促使其积极行为从低频转为高频，积极品格更加牢固。

（二）积极心理+学法指导，提升学习效能

一是基于高职院校学生学习特点，在清华大学积极教育核心模型基础上开发"职业院校积极学习心理模型"，编制高职院校学生积极学习心理状态或行为的 6 大类 24 种标准，用于观察、测量和判断学生在学习中是否积极，进而可以分析原因，提出对策并实施干预。例如，对于"积极情绪"中"能够在面对学习中的挫折困难时较少表现出伤心、焦虑等消极情绪"测量结果"非常不符合"的学生，可以进一步分析其原因，进而提出针对性的干预策略，帮助教师、学生了解情绪的基本规律，学会引发和提升积极情绪，调节和降低负面情绪。二是从点到面，开展学习积极情绪激发探索。学校开设学法指导班、专升本班、专升硕实验班、英语四六级集训班，引导学生掌握学习方法，在克服困难、取得成功的学习过程中，激发积极情绪，锤炼积极品质，提高学习效能。例如，英语学法班推广"趣味阅听"活动，基于高职学生真实英语学习水平，从幼儿听力故事入手，在其"能力边缘"获取成功，体验"福流"，获得快乐和充实感，找到自信，再逐步增加学习难度，循序渐进提高英语学习兴趣和动力，从而提高学习成绩。

（三）积极心理+职业规划，培养职业人才

一是以积极职业生涯规划促进心理健康。学校在新生入学第一周开展"启航工职"教育，结合各专业开展职业、专业认知和体验活动，引导学生规划职业生涯发展目标，减少茫然和无助，产生个人发展的持续内在动力。二是以积极心理促进积极就业。学校在职业规划与就业指导课程中深度融入积极教育理念，将热爱生活、珍视生命、自尊自信、理性平和、乐观向上的心理品质和不懈奋斗、荣辱不惊、百折不挠的意志品质培养与职业教育融合，树立正确积极的职业观和就业观。三是以积极教育促进职业生涯发展。学校创新探索"就业第一年"职业体验和跟踪教育，即在三年级下学期毕业季开展职业生涯体验，整理新人进入职场中可能遭遇的若干情景，分析其对人的心理影响，并针对性地提出应对策略训练。另外，在学生毕业第一年，学校提供的思想教育与心理教育不中断，帮助新入社会毕业生亲身体会职业生活，调适各种思想和心理困扰。

成都工业职业技术学院以"积极心理+"推进高职院校规模化应用积极心理学，经过两年的实践探索后已取得明显成效。2023年，该校学生初次就业率达95.64%，同比增长1.64%；60.44%的学生实现高质量就业，增幅达27.32%；平均就业收入增幅7.2%。2024年，该校专升本实验班非理工农医类本科上线率98.75%；理工农医类本科上线率100%。

目前，成都工业职业技术学院与清华大学社会科学学院开展合作，建设成都大中小学积极心理教育研究实践基地，成立"积极心理教育研究中心"，深化心理科学研究、学校心理健康服务、心理人才培育等工作，瞄准建成全国性的积极心理教育先行示范区和积极教育师资培训基地。未来，该校将推动积极心理学"学院派"和"应用派"在研究中的融合，加强不同区域、不同对象、不同情景下积极心理学的应用研究，把理论放到"田间地头"接受实践的检验，从实践探索中总结提炼经验，完善理论，打通理论与实践的"最后一公里"，促进积极心理学在高职院校生根发芽，结出累累硕果。

五、规模化应用积极心理学，培养阳光奋进高素质技术技能人才

成都工业职业技术学院针对当前高职院校学生心理问题新特点新形势，通过规模化应用积极心理学，探索推进开学第一周点燃、体验奋进专注之乐、职场挫折心理训练、心理教育延伸工作第一年等措施，培养更多以积极视角看待世界的能力和以奋斗为乐的精神，使学生热爱学习、享受学习，更能够关爱他人、管理情绪，拥有良好人际关系和抵抗挫折能力，积极追寻生活的意义。

（一）以看到职业未来点燃学生成长成才希望

学生是积极还是消极看待自己、学校和学习，关键在新生入学第一周。学院落实习近平总书记"扣好第一颗扣子"重要指示，围绕"点亮生涯·启航工职"开展入学周主题教育，实施"积极心理+思政教育"。一是认识自我，识别赋能积极品格。新生全部开展24种优势品格测试，帮助识别自身品格优势与美德，使其积极品格从懵懂自发转为明确赋能状态，重塑人生信心。二是认识学校，积极适应大学生活。学校梳理新生入学后学习、生活、人际交往等典型场景，教会学生积极情绪体验方法，运用积极情绪减少消极情绪，积极应对矛盾冲突。三是认识专业，积极职业生涯规划。学校开展各专业职业认知体验，让学生看到职业未来，以及达到就业目标必需技能、必学课程，激发学生目标指引和职业归宿，产生个人发展持续内在动力。

（二）以体验奋进专注之乐鼓励学生坚持学习

高职院校学生是三年"躺平"还是积极成长，关键在于其能否体验奋进专注之乐。学校以积极心理促进心理健康安全兜底工作，以体验奋进专注之乐鼓励学生坚持学习，实施"积极心理+学习指导"。一是做好心理健康安全兜底工作。学校开展全覆盖心理测评和追踪访谈，完善健康教育、监测预警、咨询服务、干预处置"四位一体"工作体系；开设"定向越野"体育实验班8期，近1 000名学生参与，以运动之乐调节情绪、舒缓压力。实验班前后调查数据表明学生的积极心理指标均有显著提高，同时消极指标有显著下降：学生情绪活跃度均分从2.5提升到3.44，心理专注度均分从1.82提升到3.28，意志果敢度均分从2.6提升到3.16，自豪程度均分从2.2提升到3；消极情绪有较大下降，惊吓均分从3.2下降到1.4，不安均分从2.4下降到1.68，敌意均分从2下降到1.4，痛苦均分从

1.8 下降到 1.44。二是鼓励积极心理体验。学校建设积极心理体验中心，培养体验快乐的方法能力，鼓励学生在"勤奋之乐、助人之乐、健体之乐、合作之乐、实践之乐、创新之乐"中至少体验一种以上的快乐。三是探索积极学法改革。学校在高数、英语等公共课程中基于学生实际水平，降低初始学习难度，使其在"能力边缘"获取成功，体验"福流"，获得快乐和充实感。学校针对学有余力的学生开设专升本选修课，2024 届坚持参加专升本选修学生本科录取率达 100%，一位同学专升本成绩位列全省第 2 名。学校还鼓励学生参加各类技能竞赛，体验迎接挑战、全力训练时的"福流"，2023 年获国奖 10 项、省奖 111 项，创新创业大赛获国家级金奖 1 项，打破学校历史纪录。

（三）以职场挫折心理干预延伸工作第一年

学生是积极还是消极看待社会、工作和同事，关键在工作第一年。学校加强毕业季心理健康教育和积极就业心理培育，实施"积极心理+就业教育"。一是以心理护航促进就业季心理健康。学校做好就业季心理问题排查和异常行为预警，加强就业挫折、心理危机等学生跟踪思想辅导和心理咨询干预。2024 年，学校在就业季筛查三年级学生 5 226 人，对中重度抑郁 42 人、就业挫折 20 人、未毕业 376 人、未及时落实就业 806 人进行全过程辅导干预。二是以积极心理训练促进积极就业。学校在就业前期实习和就业指导融入积极教育，整理每个行业新人进入职场后可能遭遇的若干冲突情景，分析其心理影响，开展针对性应对策略训练，引导学生积极面对就业、积极面对毕业、积极面对新的生活，有效应对各种压力和挑战。三是以积极教育促进就业后职业适应。学校探索"就业第一年"跟踪教育，针对工作后容易对社会、工作等产生消极看法的事件，辅导员老师和班上骨干学生等分类型做好思想和心理教育，加强积极体验，帮助新入社会毕业生调适职业生活中遇到的各种思想和心理困扰，提升职业适应能力。

六、积极心理学视角下的高校心理工作实践

新华三芯云产业学院（以下简称"芯云学院"）以积极心理学为指导，努力探索学生积极心理教育工作的实施路径，取得了一定成效。

（一）高度重视，加大支撑力度，搭建积极心理服务平台

积极心理学研究的对象之一是"积极的环境"，积极的环境是积极情

绪体验产生的重要物质基础。因此，芯云学院以心理辅导室建设来营造积极环境，搭建积极心理服务平台。

成都工业职业技术学院高度重视金堂校区学生的心理工作，专项拨款28万元用于金堂校区心理辅导室建设。芯云学院优选建设区域，规划建设总面积约85平方米，划分为情绪宣泄、动感体验、个体访谈和家庭访谈等区域，并配备各类先进的心理健康自助系统设备，同时注重积极心理学及专业特色文化氛围的营造，这为芯云学院开展积极教育工作提供了强有力的环境保障。

（二）精准摸排，做好心理疏导，培育学生积极心理品质

（1）全面普查，重点关注高危人群。按照学校要求，芯云学院对一千多名新生进行了心理普查。为了确保施测的准确性和严肃性，芯云学院制定新生心理普查实施方案，统一协调安排各班学生在机房完成测试，增强了测试的客观性。

（2）谈心谈话，及时访谈干预预警学生。普查后，芯云学院安排辅导员老师立即进行一对一或团体心理访谈工作，及时了解学生的心理情况，有针对性地进行辅导，并转介高危学生到心理健康教育中心，由其继续跟进干预，同时做好家校沟通等支持配合工作。

（3）做好记录，实时更新学生心理动态数据。芯云学院建立心理问题学生动态管理数据库，定期更新学生心理状态数据，并上报学校心理健康教育中心，实现一生一策心理帮扶计划与学生成长记录。

（三）由点及面，开展心理教育，增强学生积极情绪体验

积极的情绪不仅能够增加个体的心理弹性，还能够促进心理健康，提升主观幸福感。芯云学院重视引导学生积极看待负面情绪，并激发其积极情绪体验。

学院领导高度重视学生心理健康工作，自开学以来，采用线上"微信指导"+线下"散步谈心"相结合的方式，悉心指导有心理问题学生50多人次。

为帮助同学们正确认识"抑郁"，树立积极向上的健康心态，芯云学院举办了"心向阳光"心理健康讲座，参与人数近200人。

（四）多措并举，丰富课余生活，塑造学生积极人格特质

芯云学院坚持"以学生为本"的理念，培养学生积极品质，开展了丰富多彩的学生活动。

（1）教师指导，组建心理协会。为营造学生身边的朋辈援助资源，芯云学院组建了学生社团——芯云心理协会，内设办公室、公关部、培训部、宣传部、新媒体部和活动保障部。芯云心理协会以服务同学为宗旨，通过开展丰富多彩、主题鲜明的心理健康教育活动，普及心理健康知识，提高芯云学子心理素质，培养奋楫笃行、臻于至善的大国工匠。

（2）不"健"不散，运动打卡健身健心。在学校"奋进新时代 积极向未来"的积极心理教育主题活动中，芯云学院承办了"我运动、我健康、我快乐"运动打卡活动。该活动旨在鼓励学生走出宿舍、走向操场，强健体魄、增强意志，养成积极向上的生活方式。活动总计参与人数过百，评出了23名获奖者，累计里程数最高360千米。

（3）心向阳光，开展"三件好事"打卡和情绪互助活动。在学校心理健康教育中心指导下，芯云学院先后开展了为期21天的"三件好事"打卡活动和"心向阳光，快乐成长"的情绪互助活动。

"三件好事"打卡活动采用"线上+线下"的方式开展，金堂校区参与人数达两百人。活动过程中，学生分享了对生活和学习的记录和感悟，有些学生打卡时还附上照片。通过分享，美美与共，学生们的心理健康水平和幸福感都有所提高，还培养了学生善于观察、善于发现的好习惯。

七、心理问题大学生就业帮助四部曲

作为一名高校辅导员，在这十年的就业工作中，有一类特殊人群的就业，笔者倍加关注，那就是有心理问题的孩子。尤其是最近几年，这类学生的数量逐年攀升，他们一般都比较自卑，逃避社交，迷茫又无助。

在指导心理问题孩子的就业路上，笔者总结了一个"生涯指导四部曲"：一破冰，二赋能，三行动，四复盘。首先是破冰，建立师生关系的基础，快速了解学生，给以关怀，彼此之间建立信任感。其次是赋能，帮助学生提高他的自我认知水平，增强自信心，发现自身价值，唤醒生涯规划意识。第三是行动，鼓励他们积极参与实践活动，增强人际交往能力，积累经验，为以后的就业做好准备。第四是复盘，教会他们反思，总结成功路上的经历，增强社会就业竞争力。

以今年毕业的20级新能源专业的吴同学为例，在刚开学的时候，笔者就一眼识别这孩子不太对劲，独来独往，沉默寡言，几乎不和人交流，不参与活动。那时他的初始状态就是情绪不稳定，觉得自己很差，不适应现

213

在的大学生活，室友告诉我他经常睡不着觉，经常莫名流泪，觉得生活没有什么意义。

刚开始，害怕他有戒备心理，笔者采用的是线上的方式与他交流，得知吴同学曾被华西医院确诊为中度抑郁，那这个时候笔者的破冰就是关心关注他，提醒他按时服药，并且运用心理学知识引导他正确地积极地看待这个心理问题。

笔者每周至少一次与他交流，在有一次交流过程中，笔者谈到了催打卡的事情，当时是疫情管理，学校要求学生每天线上打卡，但老是有同学忘记，笔者就尝试请他帮忙，打电话提醒最后几个没打卡的。起初他是犹豫的，因为他不敢和陌生人通话，但又基于师生的感情基础，他还是答应了。笔者教他在电话里怎么介绍，然后让他尝试。笔者猜想他第一次打电话肯定非常地紧张，所以在催完卡后非常激动地给他截图说完成了，比以往提前了几个小时。每次打完卡，笔者都会感谢他让今天的工作一下子变得轻松。

他后来是每天定好闹钟提醒笔者截图给他。几个月时间，上百张截图，上千个电话，笔者和吴同学成为催卡工作的战友。

吴同学的打卡工作做到后期就"失业了"，因为大家都被迫养成了定闹钟打卡的习惯。这个时候笔者就采取第三阶段的引导，让他行动起来，让他尝试面对面地与同学沟通，与老师交流，刚开始吴同学有点拘谨，但慢慢地被和谐的办公氛围带动，在与人交往中感受到快乐与满足。

最后，吴同学改变了自己，走出抑郁，成功地找到了一份心仪的工作，人生第一次获得了优秀新员工的奖状。

参考文献

［1］周宏，安晓鹏，刘孝群.大学生积极心理学［M］.上海：上海交通大学出版社，2018.

［2］韩兹莹，刘绪，李泽虹.大学生心理健康教育［M］.北京：高等教育出版社，2020.

［3］塞利格曼.持续的幸福［M］.赵显和，译.杭州：浙江教育出版社，2012.

［4］塞利格曼.教出乐观的孩子：让孩子受用一生的幸福经典［M］.洪莉，译.北京：京华出版社，2017.

［5］塞利格曼.认识自己，接纳自己［M］.任俊，译.杭州：浙江教育出版社，2020.

［6］塞利格曼.活出最乐观的自己［M］.洪兰，译.杭州：浙江教育出版社，2021.

［7］塞利格曼.真实的幸福［M］.洪兰，译.杭州：浙江教育出版社，2020.

［8］任俊.积极教育：提升孩子乐商，成就优势品格［M］.北京：清华大学出版社，2022.

［9］王薇华.幸福力教育：积极心理学的20节课心理［M］.北京：清华大学出版社，2023.

［10］刘翔平.当代积极心理学［M］.北京：中国轻工业出版社，2010.

［11］郑雪.积极心理学［M］.北京：北京师范大学出版社，2014.

［12］丛建伟，张忠宇.心理育人案例赏析：以积极心理学为视角［M］.北京：光明日报出版社，2021.

［13］崔景贵.积极心理学：教育范式的行动研究［M］.北京：知识产权出版社，2021.

［14］曾光，赵昱鲲.幸福的科学：积极心理学在教育中的应用［M］.北京：人民邮电出版社，2018.

［15］彭凯平.吾心可鉴：澎湃的福流［M］.北京：清华大学出版社，2021.

［16］樊富珉.社会现代化与人的心理适应［J］.清华大学学报（哲学社会科学版），1996（4）：6.

［17］廖冉，夏翠翠，蒋索.积极心理团体辅导促进新生心理健康的干预研究［J］.心理技术与应用，2015（4）：4.

［18］郑雪，严标宾，邱林.广州大学生主观幸福感研究［J］.心理学探新，2001，21（4）：5.

［19］王健，刘书梅，张沛超，等.积极心理干预对抑郁症状大学生情绪及主观幸福感的影响［J］.中国特殊教育，2016（11）：7.

［20］席居哲，叶杨，左志宏，等.积极心理学在我国学校教育中的实践［J］.华东师范大学学报（教育科学版），2019，37（6）：11.

［21］梅维娜.澳大利亚吉朗文法学校全校性积极教育研究［D］.长春：东北师范大学，2023.

［22］薛晓霞.积极教育学的理念和感悟［J］.高考，2020（21）：20-21.

［23］王玉玺.智能+积极教育：赋能儿童健康有意义的人生［J］.人民教育，2020（13）：3.

［24］张秋鸿.基于团体辅导形式的积极教育质性研究：以贵州大学家庭经济困难学生为例［J］.教育教学论坛，2021（14）：17-20.

［25］曾辰.积极教育的缘起、现状及前景展望：基于积极心理学的视角［J］.盐城师范学院学报：人文社会科学版，2018，38（2）：4.

［26］鲍梦珂，车丽萍.国内外大学生积极心理品质的研究热点：基于citespace知识图谱可视化分析［J］.校园心理，2023，21（5），337-340.

［27］张绿次，蒋玉勤，曾丽萍.大学生积极心理品质与心理健康的关系：以广西东部某高校为例［J］.教育观察，2022，11（26）：4.

附录 大学生积极心理素质自助训练手册

成都工业职业技术学院
CHENGDU VOCATIONAL & TECHNICAL COLLEGE OF INDUSTRY

大学生积极心理素质
自助训练手册

■ 编写指导：刘勇 冉启涛 韩兹莹 李泽虹
■ 主　　编：陈青美 侯俊骁 李倩 谭林 张弘霞

前　言

　　积极心理学是促进个人与社会发展，帮助人们走向幸福的一门科学，它诞生于20世纪末的美国，至今，追求积极、幸福生活的理念已深入人心，并在很多领域开枝散叶。

　　积极心理学致力于研究人的发展潜力和美德等积极品质，其主要关注人们心理与活动的三个方面即积极情感体验、积极人格和积极关系。

　　积极情感体验包括愉悦、满足、自信、希望、乐观、感激等情绪情感体验;增加积极情感体验，就能增进幸福感，强健身心，增强创造力和行动力。

　　积极人格，包括六大美德，以及由此衍生的24种积极人格品质。

01

追求蓬勃人生的幸福2.0理论

积极心理学之父马丁·塞利格曼教授提出来幸福的理论是幸福2.0理论（PERMA）是以蓬勃人生作为目标，每个要素都有意义，可以独特构成幸福感。每个元素都能促进幸福，都可以独立定义，都能被单独测量，但是每一种元素都比其他元素更加独立。

幸福
WELL-BEING
蓬勃人生
PERMA
积极情绪　投入　人际关系　意义　成就
Positive Emotions　Engagement　Relationships　Meaning　Accomplishments

积极关系：研究表明，与家人和朋友关系质量更高、更亲密的人，往往更幸福。

因此，本训练手册从这三面入手，通过每两周一次的专题练习，帮助同学们增加积极的情感体验，培养更多的积极人格品质，同时营造身边更多的积极人际关系。

此外，这本训练手册将陪伴你三年的大学生活，它将记录你的心路历程，与你一起创造属于你的成长手册，而你要做的仅仅是用心完成每一个练习，体会心情的变化，尝试与他人分享，并尽力收到一些反馈。

最后祝同学们大学生活幸福开心顺利快乐！

02

>>> 杜香式微笑

积极情绪具有一种共同的表情——杜香式(Duchenne)微笑。杜香式微笑即"真笑"特点是笑容饱满，牙齿露出，面颊提高，眼睛周围有褶皱。这种真心的微笑发自内心，因而富有感染力。

我的大学一年级

篇首语

随着社会的飞速发展，学生的心理健康问题日益突出。积极心理品质的培养不仅有助于提升学生的心理健康水平，而且能提高人生的幸福指数。积极心理品质对每个人都是极其重要的，它影响着人们的心理及生理状态，对身心健康具有重要作用。积极心理品质会使人保持乐观的情绪，呈现良好的身心状态；可以使人精神饱满，保持对生命热忱的态度，更好地体现人的生命价值和社会价值；会提高我们的学习成绩，会给我们足够与这个世界对抗和和解的勇气。在进入大学的第一学年，我们将通过一系列的活动和自我测试来认识自己，理解自己，最终悦纳自己。学会与人交往，建立健康、积极的人际关系，从而以更积极的心态去面对未来生活中的一切问题与困难。

04

专题一　积极适应大学生活

心理训练 >>>

● 环境适应

一、进入大学后"五个最"

进入大学后，我最满意的是_____

进入大学后，我最高兴的是_____

进入大学后，我最关心的是_____

进入大学后，我最担心的是_____

进入大学后，我最想做的是_____

　　写完后和你身边的同学、室友们交流一下，看看彼此都有怎样的想法？

二、发现幸福校园

（1）学校里的哪些事物让你觉得幸福？

_____

（2）你最喜欢的活动有哪些？

_____

（3）学校里哪些事物让你觉得悲伤？

_____

（4）你最不喜欢的活动有哪些？

_____

（5）为了让学校成为一个幸福而健康的场所，你能够做
些什么？

_____

（6）为了让学校成为一个幸福而健康的场所，你希望学
校做些什么？

_____

06

"定格美丽校园"

拍摄一张你最喜欢的校园风景并把它贴在这里

● 人际适应

三、认识新朋友

_____是我在大学校园里认识的第一位同学。

_____是我在大学校园里认识的第一位老师。

我的室友是：

_____

我的室友_____的优点是_____

我的室友_____的优点是_____

我的室友_____的优点是_____

我的室友_____的优点是_____

我的室友_____的优点是_____

我的室友_____的优点是_____

我的室友_____的优点是_____

我的室友_____的优点是_____

找个机会，把你对室友的赞美和感谢告诉他（她）。

受大家欢迎的寝室活动是什么？

_____

为了让寝室成为一个融洽、积极而健康的场所，我可以为寝室、为室友做些什么？

_____

四、我的人际百宝箱

当我有好消息时，最想跟谁分享？（   ）

当我要搬很重的东西时，我会找谁帮忙？（   ）

当我生病的时候，希望谁陪我去医院？（   ）

当我有烦恼困惑时，最想找谁倾诉？（   ）

当我孤独时，最想找谁陪伴？（   ）

当我经济出现问题时，最可能找谁帮忙？（   ）

当我要去旅行时，想让谁和我同行？（   ）

当我学习遇到不懂的地方，我会找哪些人来帮我解答疑惑？
（   ）

当我取得成就时，最想跟谁分享喜悦？（   ）

09

● 学习适应

五、大学与中学的学习生活一样吗？有什么不同之处？
有什么相同之处？

心理锦囊：

从中学到大学，我们的角色转换了。进入大学后，我们已经有一只脚踏进了社会，生活从原来的"三点一线"变得丰富多彩。书本上的知识不再是唯一的学习途径，社团、生活、实践、朋友……处处留心皆学问。原来的乡音再难听到，天南海北需要磨合，认识不认识的人需要自己主动走出去说"Hello"。

此外，我们的奋斗目标也从升学变成了就业，一个合格的大学生应该学有所长，毕业后能够适应社会的发展，因此要重新确定更高的理想和目标。

10

六、对专业的认识

如果你的朋友想了解你的专业，你会怎么介绍？

心理锦囊：

为了让朋友充分了解你的专业，你可以事先做一些调查和信息搜集，比如向身边的老师、同学、学长或优秀毕业生请教，或者查询相关网站和信息平台，了解你的专业的课程设置、培养目标、发展前景、就业状况、学历提升等相关信息。

11

● 生活方式适应

七、好习惯与坏习惯

我们每个人既有好习惯，又有坏习惯。它们能够影响到我们的生活方式和整体幸福感。

把你所认识到的自己的好习惯和坏习惯列出一个表格。与他人(比如家人、朋友、同学或老师)进行讨论，看看他们是否同意。

好习惯	坏习惯

你认为其中哪些习惯能够让你成为更加幸福的人？什么是幸福的习惯？你每天做什么才能够让自己产生更多积极的感受呢？

◢12▪

229

八、什么是幸福？

古希腊哲学家亚里士多德认为，为了实现真正的幸福，你既需要"良好的感受"，也需要"持续的幸福"。

关于快乐和幸福，一共有两大主要观点。

感受良好　　和　　　　**持续幸福**

所谓感受良好，就是要拥有积极的感受，体验到愉悦，建立起良好的人际关系。

持续幸福是优越而有意义的生活的结果。当你感到自己的生活非常优越而且其他人也持类似观点时，你就已经达到持续幸福的状态了。

做这些事情我会感受很好	做这些事情我会持续幸福
玩乐！ 挑战消极想法！ 保持健康！ 拥有积极的人际关系！ 还有：_____ _____ _____ _____ _____	发展我的才能！ 关注未来！ 设定良好的目标！ 为他人做出积极的贡献！ 还有：_____ _____ _____ _____ _____

★ 专题二　积极认识自我

▨ 心理训练 >>>

九、我是谁?——养成认识自我的习惯

　　自我认知指的是对自己的洞察和理解,包括自我观察和自我评价。自我观察是指对自己的感知、思维和意向等方面的觉察;自我评价是指对自己的想法、期望、行为及人格特征的判断与评估,这是自我调节的重要条件。

你对自己的看法是什么?

我是谁?

　　这个从不改变的特质的问题,可以说是人的精神内核,从审美上有着最为直接的体现。

◢14◣

下面我们通过十个自我了解的问题来让我们认识自己
（不人云亦云，不充当乌合之众，敢于投奔自己心之所向的光明之境。）

我认为我是……

我认为我是……

我认为我是……

我认为我是……

我认为我是……

我认为我是……

我认为我是……

我认为我是……

我认为我是……

我认为我是……

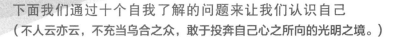

15

十、天生我才

我最欣赏自己的外表：_____

我最欣赏自己的性格：_____

我最欣赏自己对家人的态度：_____

我最欣赏自己对朋友的态度：_____

我最欣赏自己对学习的态度：_____

我最欣赏自己做事的态度：_____

我最欣赏自己从困难中崛起的经历：_____

我最欣赏自己的一次成功经验：_____

我做的最有勇气的一件事：_____

我印象最深的别人赞赏我的话：_____

我做的最受父母认可的一件事：_____

我坚持时间最久的一个爱好：_____

朋友最佩服我的一件事：_____

16

十一、让我自豪

请填写 1~2 件不同年代你引以为自豪、引以为荣的积极生活事件。

（例如，年代与事件：我7岁时身高才1米1，但能在深水池中连续游泳200米，成为全班游泳最好的人；感受：得意,自豪；为什么能做到：好学、勇敢、坚持）

年 代	积极事件	当时的感受	为什么能做到 （哪些性格优势发挥了作用）
小学			
初中			
高中			
大学			

十二、我的性格优势

以下是常见的24种性格优势，请根据自己的实际情况做出选择：

序号	优点和美德	从来没有	绝大多数时间没有	多半时间没有	一半时间有	多半时间有	绝大多数时间有	所有时间都有
1	创造性或灵活性	1	2	3	4	5	6	7
2	好奇心或兴趣	1	2	3	4	5	6	7
3	开放	1	2	3	4	5	6	7
4	爱学习	1	2	3	4	5	6	7
5	远见或智慧	1	2	3	4	5	6	7
6	勇敢和勇气	1	2	3	4	5	6	7
7	坚定不移、持之以恒、勤奋、刻苦	1	2	3	4	5	6	7
8	诚实或真诚	1	2	3	4	5	6	7
9	热情或活力	1	2	3	4	5	6	7
10	爱或依恋	1	2	3	4	5	6	7
11	善良	1	2	3	4	5	6	7
12	社会智力(人际)	1	2	3	4	5	6	7

18

■ 大学生积极心理素质自助训练手册

序号	优点和美德	从来没有	绝大多数时间没有	多半时间没有	一半时间有	多半时间有	绝大多数时间有	所有时间都有
13	忠诚和协作	1	2	3	4	5	6	7
14	公平正直	1	2	3	4	5	6	7
15	领导能力	1	2	3	4	5	6	7
16	宽恕或仁慈	1	2	3	4	5	6	7
17	谦虚	1	2	3	4	5	6	7
18	谨慎、判断力	1	2	3	4	5	6	7
19	自制或自我调节	1	2	3	4	5	6	7
20	对美的欣赏	1	2	3	4	5	6	7
21	感恩	1	2	3	4	5	6	7
22	希望或乐观	1	2	3	4	5	6	7
23	有趣或幽默	1	2	3	4	5	6	7
24	信念或精神	1	2	3	4	5	6	7

你认为自己排在前面的六项性格优势（请按顺序填写内容）：

（1）＿＿＿＿＿＿＿（2）＿＿＿＿＿＿＿（3）＿＿＿＿＿＿＿

（4）＿＿＿＿＿＿＿（5）＿＿＿＿＿＿＿（6）＿＿＿＿＿＿＿

19

你打算怎样在今后的学习、工作和生活中善用你的性格优势？

1.--

2.--

3.--

4.--

5.--

6.--

心理锦囊：

　　任何人、事物，只要是你欣赏的，喜欢的，崇拜的，就是因为磁场相吸，你内心有此潜质。所以，你可以根据这些来进一步认识你自己。

◢20■

专题三 积极规划自我

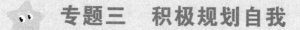

心理训练 >>>

十三、思考当前和未来的技能和优势

我擅长的事情……	为了提升技能，将来我或许能够做的事情……
♥	♥
♥	♥
♥	♥
♥	♥
♥	♥
♥	♥
♥	♥

十四、大学生生活拼图——明确大学目标

说明：本练习的目的是帮助你了解大学生活所要规划的内容。请将你要规划的内容逐一填写在表格中。

课程学习	专业发展	人际关系
个人情感	身心健康	休闲生活
自我成长	社团参与(社会工作)	勤工俭学

十五、制订计划、设定优先级

预先计划好你的一天，管理自己的时间。

列出你想要完成的事情	我的每日计划
（一）	7：00
	8：00
（二）	9：00
	10：00
（三）	11：00
	12：00
（四）	13：00
	14：00
（五）	15：00
	16：00
（六）	17：00
	18：00
（七）	19：00
	20：00
（八）	21：00
	22：00
（九）	23：00
	24：00

心理锦囊：
你有自己确定优先级的方法吗？

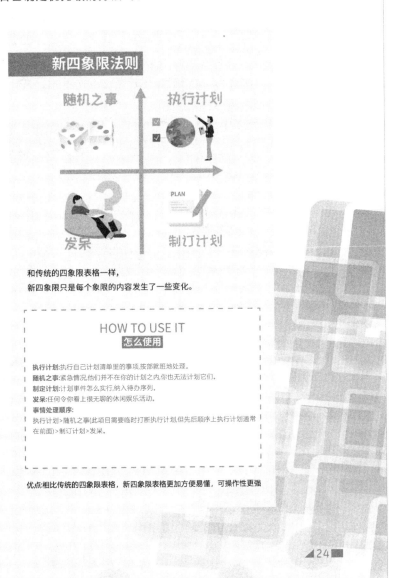

新四象限法则

随机之事　　执行计划

发呆　　制订计划

和传统的四象限表格一样，
新四象限只是每个象限的内容发生了一些变化。

HOW TO USE IT
怎么使用

执行计划:执行自己计划清单里的事项,按部就班地处理.
随机之事:紧急情况他们并不在你的计划之内,你也无法计划它们.
制定计划:计划事件怎么实行,纳入待办序列.
发呆:任何令你看上很无聊的休闲娱乐活动.
事情处理顺序:
执行计划>随机之事(此项目需要临时打断执行计划,但先后顺序上执行计划通常
在前面)>制订计划>发呆.

优点:相比传统的四象限表格,新四象限表格更加方便易懂,可操作性更强

24

十六、我的锻炼日志

锻炼身体可以带来心理和精神上的好处，其中包括整体幸福感的提升，自尊的提升和自信心的提升，焦虑、抑郁和压力水平的降低。身体上的好处，更好的体形，降低了肥胖、心脑血管疾病、心脏病、中风、糖尿病、高血压和某些癌症的发病率。

所以，要坚持锻炼！找到适合你、激励你的锻炼项目：舞蹈、体操、足球等。然后，制定一个每周锻炼表，并且填好锻炼日志。

	我选择的锻炼项目	时间	锻炼之前的感受	锻炼之后的感受
星期一				
星期二				
星期三				
星期四				
星期五				
星期六				
星期日				

■ 25 ▶

专题四　积极提升自我

▨ 心理训练 》》》

十七、看我72变——超越自我

如果你学会了孙悟空的72般变化，你最想变成哪四个你认识的人？

第一变

因为：_____

第二变

因为：_____

第三变

因为：_____

第四变

因为：_____

十八、信心提升因素与信心降低因素

人物、地点、情景和记忆，都能够提升或者降低我们的信心。试着给出相应例子。

信心提升因素	信心降低因素

暂停，思考，然后再反思

· 你怎样才能减少生活中信心降低因素的数量？

· 你能够做些什么？列举出你减少信心降低因素的一系列策略。

这样能够提升你的整体幸福程度！让你的周围布满信心提升途径！

十九、三年后，你被评为了优秀毕业生，写出四点理由

理由1

理由2

理由3

理由4

28

二十、最好的我——限时写作活动

　　花二十分钟来记录你的想法——你能想象出未来最好的自己可能是什么样的吗?——包括家庭、学业、事业、友谊、家人等方面。

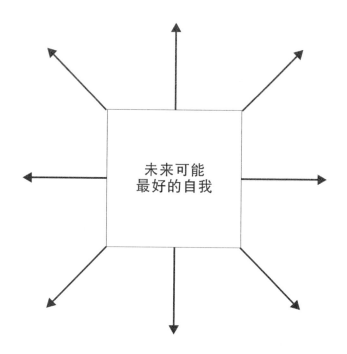

未来可能
最好的自我

每天进行这个练习，持续一周，然后思考这一活动对于你的幸福程度产生了哪些影响？

30

结　语

　　大一的生活悄然已逝。记得刚步入大学时，怀着一颗好奇和期待之心，摸索，期盼着。在这一年里，有欢笑，有泪水，有失败，有收获……但不管怎样！大学是我们每一个人梦想的象牙塔，为了来到这里我们经历了风风雨雨，既然跨进了这道门槛，那么就让我们在这梦想的舞台里尽情地挥洒个性吧！

我的大学二年级

篇首语

　　大一的你可能懵懂稚嫩，可能朝气蓬勃，对新环境充满了好奇，现在来到大二年级，你是否想变得更加成熟稳重，想成为更好的自己?或是遇到事情不能集中精力坚持下去，遇到情绪、人际、恋爱等问题不知怎么思考，让我们一起成长吧!

专题一　积极管理情绪

▧ 心理训练 »

一、情绪万花筒：情绪的种类

基本的情绪有以下几种。

快乐：一个人盼望和追求的目的达到后产生的情绪体验。

愤怒：追求的目的受到阻碍，愿望无法实现时产生的情绪体验。

恐惧：企图摆脱和逃避某种危险情景而又无力应付时产生的情绪体验。

悲哀：失去心爱的事物，或理想和愿望破灭时产生的情绪体验。

认识四种基本情绪

快乐　　　愤怒　　　悲哀　　　恐惧

此外，情绪还可以分为积极情绪和消极情绪。

积极情绪：那些让我们有愉快感受的情绪，比如，宁静、舒适、舒服、满足、满意、轻松、自在、温暖、安全、欣慰、舒畅、从容、喜悦、愉悦、欢喜、开心、高兴、兴奋、快乐、亲切、爽快、着迷、陶醉、胜任感、同情、感激、激动、得意、自豪等。

消极情绪：那些让我们有不愉快感受的情绪，比如，无奈、无助、寂寞、失落、伤感、孤单、迷茫、沮丧、烦躁、失望、受伤、遗憾、恐惧、悲伤、反感、孤独、苦闷、郁闷、困惑、忧虑、焦虑、担忧、厌烦、不公平、气馁、愤怒、憎恨、哀伤、混乱、自卑、无力感等。

在过去的一周里你经历了哪些情绪？（请写下来）

————————————————————————————————

————————————————————————————————

————————————————————————————————

高职院校积极教育实践探索

二、理解情绪

当下列情况发生时，我的感受是什么？

在气泡里写出你所经历的情绪，可以在空白气泡里
写下你的个人经历。

三、调节消极情绪

英国哲学家培根说："如果你把忧愁向一个朋友倾诉，你将卸载一半忧愁"这就是现代心理学常用的解压法宝——宣泄。

合理宣泄讲求方法：

| 1.向亲友诉说 | 2.大哭一场 | 3.学会发怒 | 4.多参加各种活动 | 5.走进大自然 |

心理健康歌

心无病，防为早，心理健康身体好。

气平衡，要知晓，情绪稳定疾病少。

调心理，寻逍遥，适应环境病难找。

练身体，动与静，弹性生活健心妙。

要食养，八分饱，脏腑轻松自疏导。

人生气，易衰老，适当宣泄人欢笑。

你调节情绪的方法有：

四、自我放松法

心理学家认为，人们长期处于高度紧张状态会使自身免疫力降低，从而引起生理和心理疾病。学会自我放松则可以缓解情绪带来的身心疲劳，恢复身心的平静。

渐进式放松训练 (progressive relaxation training)是指一种逐渐的、有序的、使肌肉先紧张后放松的训练方法。

渐进式放松训练强调，放松要循序渐进地进行，要求被试者在放松之前先使肌肉收缩，继而进行放松。

这样做的目的，是进一步要求被试者在肌肉收缩和放松后，通过比较从而细心体验所产生的那种放松感。同时它还要求被试者在放松训练时，自上而下有顺序地进行，放松一部分肌肉之后再放松另外一部分，渐进而行。

找一个安静的地方，舒适地躺着或坐着，然后按照以下步骤操作。

● 首先，深呼吸三次，每次都慢慢地呼气。吸气时，自己的肚子会慢慢地鼓起来，像一只充了气的气球；呼出气时，这只气球就会慢慢地瘪下去。呼气时，想象身体的紧张开始消除。

● 握紧拳头，坚持5秒，然后放开8~10秒。在绷紧、放松其他肌肉群时，使用同样的时间间隔。

● 绷紧手臂，把前臂举起来，靠近肩膀，双臂同时用力。绷紧……放松。

● 绷紧前额，尽可能地抬高眉毛，绷紧……放松。想象你前额的肌肉在放松时变得又光滑又柔软。

● 绷紧颈部背面的肌肉，尽可能地埋头，碰到自己的前胸（为了避免这组肌肉群受伤，动作轻柔一些）。把注意力集中在绷紧颈部的肌肉，绷紧……放松。

● 绷紧肩膀，把肩膀抬起来，似乎要去捧自己的耳朵。绷紧……放松。

● 绷紧胸部的肌肉，深深地吸一口气，屏住5秒钟，然后慢慢地放松。想象你胸部的任何多余的紧张都随着呼气而消逝了。

● 绷紧腹部的肌肉，腹部紧缩，绷紧……放松。想象有一股放松的感觉散布在腹部。

● 绷紧腰部，使之呈弓形（如果你腰疼的话，可以省去这一步），绷紧……放松。

● 绷紧臀部，把两边尽量并拢，绷紧……放松。想象臀部的肌肉变得放松、柔软。

● 绷紧腿部肌肉，把脚趾朝向身体弯曲（小心弯曲，以防抽筋），绷紧……放松。

● 绷紧你的脚，脚趾向下弯曲，绷紧……放松。

● 用心感受一下全身，看看还有没有残余的紧张。如果某个部位还是很紧张的话，那组肌肉再重复做一两次绷紧……放松。

● 现在想象一股很放松的感觉像波浪般慢慢地散布全身，从头开始，慢慢地渗透到每组肌肉群，直到脚趾。

38

五、愤怒管理

愤怒的积极方面包括哪些？

――――――――――――――――――――――

如果你不把愤怒表达出来，会发生什么？

――――――――――――――――――――――

心理锦囊：
怎样做才能积极地应对愤怒？这里有些管理愤怒的建议：

及早察觉出你的愤怒	如果你已经到了大喊大叫的程度，那么或许为时已晚了。要掌握自己逐渐愤怒的警示信号，这样你才能够迅速改变情绪。某些信号是共通的，譬如感到燥热，音量提高，双手握拳，身体颤动，以及咄咄逼人等。
暂时休息	暂时离开那些让你感到愤怒的情景。如果还有其他人在场，就解释说你需要几分钟冷静一下。如果一方或者多方情绪愤怒，那么问题通常难以得到解决。
深呼吸	用一分钟的时间，专注呼吸。计算自己的呼吸——四秒钟吸气，四秒钟憋气，然后再四秒钟呼气。要真的用钟表计时，否则你可能会自欺欺人。计算自己的呼吸也有助于让你的思绪暂时离开让你愤怒的情景。
锻炼身体	锻炼身体可谓是一个情绪的发泄口。锻炼过程中，大脑分泌的化学物质能够让你产生一种放松感和幸福感。
表达你的愤怒	一旦你冷静下来之后，就请表达你所受到的挫折。要刚毅自信，但是不要挑衅对抗。将愤怒表达出来，能够避免将来遭遇同样的问题。
思考后果	当你再次做出被愤怒驱使的行动时，会导致哪些后果？争论能够说服其他人同意你是正确的吗？争执过后你会变得更加幸福吗？
可视化	想象一段放松的旅程。注意你的每一种感官。你看到什么，闻到什么，听到什么，感觉到什么，尝到什么？也许你在一片沙滩上，沙粒从脚趾间流过，海浪在远处拍打。花几分钟时间，想象你在这段放松旅程中的每一处细节。

专题二 积极人际关系

 心理训练 》》》

六、我的交友能力

暂停一下，思考，然后反思

你的交友技巧怎么样？

真诚地评价自己！你是哪种类型的人？你的技能怎么样？对照每句话给自己评分。

1=非常不符合 2=不符合 3=一般 4=符合 5=非常符合

评判项目	我的评分
（1）我可以恰当地倾听朋友的话。	1 2 3 4 5
（2）我不会妄自评价朋友。	1 2 3 4 5
（3）我尊重他们的观点和感受。	1 2 3 4 5
（4）面对他们，我会坦承自己的观点和感受。	1 2 3 4 5
（5）我可以告诉朋友，自己并不赞同他们。	1 2 3 4 5
（6）我不会在背后谈论他们。	1 2 3 4 5
（7）我不会贬低他们。	1 2 3 4 5
（8）我尽量不会因为自己的问题而向他们发泄情绪。	1 2 3 4 5
（9）我可以察觉并且体会到他们的感受。	1 2 3 4 5
（10）我可以激励我的朋友，让他们做到最好。	1 2 3 4 5

评判项目	我的评分
（11）我可以在他们情绪低落的时候给他们以支持。	1 2 3 4 5
（12）我不会强迫朋友做我想做的事情。	1 2 3 4 5
（13）我能够尊重他们在某些方面与我有所不同的事实。	1 2 3 4 5
（14）我可以接收他们有时想自己待一会儿这一事实。	1 2 3 4 5
（15）我可以接受他们拥有其他朋友这一事实。	1 2 3 4 5

暂停一下，然后思考

你能够成为一名更好的朋友吗？

你最强大的技能是什么？

你需要强化的技能是什么？

七、择友标准

　　10岁以前，你最好的朋友是谁？现在你最好的朋友是谁？为什么选择他们当朋友？

▲42■

259

八、朋友都是好听众——学会倾听

当他们认真地听我们说话时，你对自己的看法是什么？

当他们不认真地听我们说话时，你对自己的看法是什么？

心理锦囊：

优秀的倾听者通常有以下几个表现：

良好的倾听者不只是在别人说话时保持沉默。正相反，人们认为最好的听众是那些时不时提问，以带来新发现和洞察的人。这些问题稍微挑战了说话者既有的假设，但用建设性的方式提问。坐在那里默默点头并不能证明你在认真倾听，但你若问一个好问题，就会让对方知道你不仅在听他说话，而且还认真理解谈话内容，所以想获得额外的信息。良好的倾听一直被视为一个双向对话，而不是单向的"说者对听者"的互动。最好的对话方式应该是主动积极的。

良好的倾听者会进行一些互动，以协助对方建立自信心。最好的倾听者会让谈话成为对方积极的正面体验，如果倾听者表现被动或采取批评态度，就做不到这一点。好的倾听技巧要能为对方创造可以公开讨论争议和差异的安全环境。

良好的倾听被视为相互合作的对话。在这种互动中，反馈在双方间顺利进行，没有人会因为对方的观点而出现防卫心理。相比之下，糟糕的倾听者会显得攻击性太强——他们倾听只是为了抓住对方在推理或逻辑上的错误，保持沉默只是在为反驳做准备。这样的人可能是一个优秀的辩手，但却不是一个好的倾听者。好的倾听者可能挑战一些假设，提出不同意见，但这在说话者听来是在试图帮助他，而不是想赢得一场争论。

良好的倾听者总是用对方可以接受的方式提出一些反馈，给对方提供不同的做法。这一发现有些令人惊讶，因为我们经常听到这样的抱怨："某某根本不听我说，他只是突然加入进来，想要解决这个问题。"也许数据告诉我们：提建议本身并不是问题，问题是提建议的方式。另一个可能性是，我们更倾向于接受我们认为是好的倾听者提出的建议（在整个谈话过程中都保持沉默，然后突然跳出来提建议的人可能被视为不可靠。而太好争论或喜欢批评别人的人，试图提建议的时候可能被视为不值得信赖。）。

虽然很多人都认为好的倾听者像海绵一样，会正确地吸收对方说的话。然而以上研究表明，好的倾听者就像蹦床：说话者可以从他们那里得到各种构想，他们不只是吸收你的想法和精力，更放大，激活、澄清你的思想，和他们谈话让你感觉更好，因为他们不仅仅是被动理解你的想法，更主动支持你，这可以获得更多能量和更高的视野，就像跳蹦床一样。

九、成长故事会——学会分享

你将参加一个"人生大反转"的故事分享会，你会分享你生活中的哪一段经历？

■45▲

262

十、来自远方的感谢信——学会赞美

　　向自己要感谢的人写信，向他们表达你对于他们的善意所怀有的感激之情，并将感谢信送达要感谢之人。

46

263

十一、善意之举

帮助他人不仅对被帮助的人有好处，对我们自身的幸福和健康同样具有积极作用。当别人体会到了你的善意之后，他们自身也会变得更加和善——所以说，善意是具有传染性的！

恰如前人所说："如果你想要有好的感受，那么就去做做好事吧"。

每天多行一善。

善行可以是一句赞扬、一只伸出的援手、一个拥抱、一件礼物或者其他事物，行为可大可小，接受的人或许甚至感觉不到它。

最好是，你在平时所行善举的基础上还能多做一些善事。而且，这些行为不会对你或他人造成危险！

每天至少多行一善，如此持续一周，最好是不同于平时所行的善事。

以下是若干善举的示例。

♥ 让座	♥ 走路时捡起路上的垃圾
♥ 为他人开门	♥ 在超市排队时礼让他人
♥ 对他人进行(真挚的)赞扬	♥ 告诉其他人他们对你来说很重要
♥ 让他人笑出声来	♥ 给同学买蛋糕或水果吃
♥ 给他人一个拥抱	♥ 主动提出帮别人购物
♥ 花时间真正地去倾听他人	♥ 做一些你通常不会做的家务
♥ 让新人感受到欢迎之情	♥ 向需要帮助的人施以援手
♥ 为迷路的人指路	♥ 将自己的旧东西捐给慈善机构
♥ 与陌生人聊天	♥ 拜访那些可能感到孤独的人
♥ 和别人分享你喜欢的一本书	♥ 献血
♥ 表达歉意(你肯定知道要跟谁道歉)	♥ 与失去联系的人再次建立起联系
♥ 原谅其他人犯下的过错	♥ 组织一次筹款活动
♥ 探访生病的朋友、亲戚或者邻居	♥ 支持一次慈善活动
♥ 为别人购买一件意想不到的礼物	

十二、父母的来信

你突然收到了一封你父亲给你写的信，你觉得信的内容会是？

你突然收到了一封你母亲给你写的信，你觉得信的内容会是？

▲48◀

大学生积极心理素质自助训练手册

你给父亲的回信：

你给母亲的回信：

49

十三、恋人的画像

爱是我们生命中的重要课题，无论你已经拥有了爱情，或是即将拥抱爱情，都需要对自己所选择爱人的条件进行认识。一般说来，男生较注重外在美，而女生则大都注重内在美。近几年来，这种情况有所变化，男女生的择偶标准越来越趋于一致，觉得性格很重要，你最看重的前三个择偶标准是以下哪些呢？

1.外貌　　2.性格　　3.身高　　4.经济条件　　5.地理位置
6.能力　　7.眼缘　　8.学历　　9.家庭背景　　10.其他

1._____　　2._____　　3._____

心理锦囊：

（一）了解恋爱中常见的心理学效应

【罗密欧与朱丽叶效应】

在莎士比亚的经典名剧《罗密欧与朱丽叶》中，罗密欧与朱丽叶相爱，但由于双方世仇，他们的爱情遭到了极力阻碍。但压迫并没有使他们分手，反而使他们爱得更深，直到殉情。这样的现象我们叫它"罗密欧与朱丽叶效应"。所谓"罗密欧与朱丽叶效应"，就是当出现干扰恋爱双方爱情关系的外在力量时，恋爱双方的情感反而会加强，恋爱关系也因此更加牢固。

【契可尼效应】

契可尼效应是指人们对于尚未处理完的事情，比已经处理完的事情更加印象深刻。从心理学的角度来说，对于尚未处理完成的事，潜意识就会不断地提醒我们去完成，因为人天生有一种办事有始有终的驱动力。所以一旦这件事件没有被完成，潜意识的提醒就会成为一种动机，让我们产生去完成的驱动力，并给我们留下非常深刻的印象。初恋总是难以忘怀，在情感关系中，初恋普遍是一件"未能完成"或"不成功"的事件，所以它才令人如此难忘。所以，让我们念念不忘的也许不仅仅是那个人，还是那份求而不得的遗憾，以及无法完成的那种失落感。

【吊桥效应】

吊桥效应是指一个人走过吊桥的时候，心跳会不由自主地加速，如果这个时候，碰巧遇到一个异性，便会错认为自己的心跳加快等心理反应是对方引起的，然后对对方产生心动的感觉。

这个效应的原理是当人们在受到外部强烈刺激的时候，大脑在短时间内接收了大量信息需要紧急处理，这个过程需要消耗大量氧气，这个时候心脏就需要加速跳动来为大脑供给氧气，所以就会不由自主地产生心跳加速的情况。当我们在这种危险、刺激的情景遇到另一个人，就会误认为自己心跳加速、手心冒汗等反应是由眼前这个人引起的，所以，心动不一定就是真爱。

（二）爱需要学习

正确理解求爱的内涵，学会主动表达，同时也要选择合适的表达方式，恋爱切记不可操之过急，恋爱是"谈"出来的，恋爱中不妨听听好朋友与家人的意见(缺少理性的感性最终是不能感动人的,缺少感性的理性是不理性的)，当然我们还要有保持恋爱新鲜感和持久的能力。

爱的五种语言:

（1）肯定的言语。在表达爱的时候要给予对方肯定和信心，在言语上支持、鼓励对方，学会换位思考，为对方着想，让另一半在跟你相处的时候有如沐春风的感觉。

（2）精心的时刻。要让对方能感受到跟你在一起的时候是一心一意的关注、重视，给他（她）全部的注意力。保持肢体的接触和眼神的交流，能给另一半留下深刻的印象。

（3）有意义的礼物。给另一半你们两个人之间特别的或者是花费心思去准备的礼物，并且凸出为此努力的仪式感，能让他（她）感受到你满满的爱意。送礼物不管是在婚姻生活还是恋爱生活中都是促进感情的催化剂，有意义的礼物关键还是在用心上面。

（4）自愿的行动。当另一半有需要你做某件事的时候，你要表现

出积极并且乐意为他（她）付出的一个姿态。多主动去做另一半喜欢的事情，处处先想到他（她）的需要

（5）身体的接触。牵手、抚摸、拥抱、亲吻这些爱人之间需要经常表达的行为，要多多表现出来。爱除了要大声说出来，还要用身体的行动来表现。

（三）失恋不失志当然，我们也有可能会面临这样的结果——失恋，当你失恋时，可以参考以下建议，也许会对你有所帮助。

（1）冷静理智地面对这段爱情，分析一下到底问题出在哪里?既然分手已是事实，那就正视现实。失恋并不是是非对错的问题，也许是适合不适合的问题，努力从中找到你的收获。

（2）采用合理化的防御机制，例如使用阿Q的精神胜利法："他也没那么好"

（3）以合理的方式宣泄自己的不良情绪，比如，体育锻炼、短暂出去旅游等。

（4）可以考虑把失恋转化为更好地学习、自我改造的前进动力。

（5）避免有意无意地去翻看对方的社交网络信息，不要因为对方的一些近况导致自己的心情陷入消极循环的怪圈。失恋而不失意志，勇敢地面对现实，放松心情，调试情绪，转移注意力，或者向心理咨询机构求助。总之，随着时针一圈圈转过，日历一页页撕去，他（她）会渐渐地淡出你的记忆，你的心伤便会慢慢愈合。

52

专题三　积极提升自我

十四、登山活动

将你所有的目标或者希望做的事情，写在一张纸上，或者画出来也行。将它们剪成纸片，然后粘贴在下图所示的高山上。将那些最容易实现的放在山脚，将那些最难实现的放在山顶　将那些实现难度稍低的放在山腰。接下来——从第一个最简单的任务开始——当你成功之后，再稍稍向上爬一点，尝试下一个任务。切记——欲速则不达！

最困难的

最容易的

十五、接受挑战

我的主要挑战：

第一步——我的成功步骤包括：

☐
☐
☐
☐

第二步——我的应对性自我对话：

第三步——将自己的成功可视化：

在你想象着已经实现了第一步之后，重复自己的应对性自我对话！不断地对其进行练习。

第四步——实验！

选择一个时机去面对自己的恐惧或者挑战——去尝试——迈出第一步，并且使用自我对话。

第五步——奖励！

为自己的成功而犒劳自己。

不要放弃！不断前行！

如果一开始你没成功，那么就将上述步骤分解成更小的步骤。

◢54■

心理锦囊:

自我提升的五大方式

1.习惯所有的自我提升都要求大家养成不同的习惯,这是肯定且毫无疑问的。养成习惯是改变自己行为模式的重要方式。自我提升就是改变你的行为模式,让你的生活变得更好。自动化是一个很关键的词语,因为改变你习惯的行为是很难的事情,比如起床之后第一时间看手机就是个自动化的行为,改变它的方式只能用另一个自动化行为取代,比如起床之后第一时间去喝水。

2.设定目标没有目标谈努力就是徒劳,就好像你都不知道终点在哪里,努力地往前冲刺又有什么意义呢?设定目标不光是决定你想要的方向,而且还要指定实现目标的计划。设定目标被无数心理学研究确定是达成目标的有效方式。但是要注意的是,只是确定目标和方向并不足够,必须和计划,系统或习惯结合才能帮助达成目标。

经典的目标设定法为SMART方式(specific,足够细致;measurable,可衡量;attainable,可以实现;relevant,有关联性;timebound,有时间节点)。实施过程中不光要注意最终目标,也要注意目标中的分解小目标。比如你要变成富人,总要从第一个十万,或者第一个百万开始吧。另外计划要非常注意可实现性,比如如果你只有1万,非要制定1年变成100万的目标,那就有点自我折磨了。

3.感觉的自我调控

许多自我提升建议都包含了管控,引导或者倾听我们自己的感觉。确实,所有的自我提升其实说到底都是让我们自己感觉更好而已。举个例子,你很焦虑今天去见这个客户,因为你觉得这个客户不会下单,这个焦虑会让你的行为变得很不自信,而这种不自信会影响你见客户的结果,让你下次见他的时候更加不自信。所有你能改变的开端就是改变你的焦虑,或者调整你的情绪。

4.学习

这里我要说的学习是在生活中的各种学习。每次我们从某些体验中获得改变,学到做事情的方法,或者记住某些教训,这些都是学习的过程。学习是自我提升的关键步骤。许多人也许觉得离开学校就不用学习了。但是有意识的学习确是自我提升很关键的一步。

在日常的工作和生活中学习到对自己有用的知识和技能，进而应用到工作和生活中，让学习也成为一种习惯，对自我提升有非常大的帮助。

5. 想法和信念

想法在你的脑子中形成，这些想法也许永远不会被说出来，但是我们脑子中那些不断自我确认的想法是自身生活质量的重要组成部分，也是达成目标的重要工具。你的想法和信念是自我提升的关键。

如果你想更多的了解，可以看看这几本书。

·《绝对自控》

·《象与骑象人：幸福的假设》

·《唤醒心中的巨人》

专题四　积极意志品质

心理训练 》》》

十六、认识错误思维

及时发现并且立即停止！

错误思维一共包括六种类型

（一）一味贬低！	（二）一味夸大！
▌仅仅关注于消极层面； ▌一件事情虽然总体上是好的，但却只关注到其消极面； ▌对事物的积极面不做考虑（譬如，"他之所以想要跟我一起出去，不过是因为他找不到其他人了。"）	▌将事情的恶劣程度夸大； ▌秉持"全或无"的思想（譬如，"我只达到了78%，还没到100%，还不够好！"） 夸大问题（譬如，"我的答案是错误的，全班同学都在嘲笑我！真是一场灾难！我永远过不去这个坎儿了！"）
（三）预测失败！	（四）过于情绪化的想法！
▌臆测他人预料自己会失败（譬如，我敢打赌他们都在取笑我！不用猜我就知道他讨厌我！） ▌预阅未来 知道自己会遭遇失败（譬如，我知道我没法胜任那份工作／我知道他们不会喜欢我。）	▌由于这种错误思维的存在，我们的情绪会变得异常强烈，阻碍我们思考并且理解事物的方式； ▌由于我们的感受很坏，所以我们认为所有的事情都很糟——情绪完全掌控了我们； ▌我们会给自己贴上消极的标签（比如，我很垃圾，我很蠢，我是个失败者。）
▌设定过高的目标或者因自恃过高而失败； ▌我应该，我必须，我不能，我希望，我不应该，等等； ▌为自己设置一个不可能达到的标准	▌所有出错的事情或者已经出错的事情都是我们的错——甚至那些我们无法控制的事情（譬如，我一开车门，车就坏了！我一打开电脑，系统就崩溃了。）

十七、葡萄干练习

可以两人或多人结伴练习，其中一人语速适中念以下这段话，其他参与者则手拿葡萄干进行正念觉察。

拿起一个葡萄干，握在你的手里。仔细地观看它，就像是有从来没见过葡萄干的外星生命要造访地球，而你将向对方介绍这种食物一样。当你观看这一颗食物时，要尽可能地注意到进入你脑海的所有想法和影像。要知道，那些只不过是想法而已，要时刻将注意力返回到葡萄干上来。要注意手里这一物体的颜色。表面看起来怎么样？是充满皱褶还是比较光滑？用眼睛和手指去探索手里的物体。是干燥还是湿润？注意一下阳光照在这个物体上的样子。将葡萄干放在鼻子附近。是否有什么味道？用你的眼睛、手指和鼻子去探索。你的注意力是否还在你手中的葡萄干上？如果是这样，那么，当你准备好之后，请将葡萄干放在你的嘴里。探索这一物体。你注意到自己的嘴里分泌出口水了吗？要尽己所能地将注意力放在葡萄干上，同时关注自己的思绪。你的想法是期待着尽快吃掉这个葡萄干然后吃下另一颗，还是说专注在嘴里的这颗葡萄干的感觉上呢？轻轻地咬一下这颗葡萄干。品尝它的滋味。慢慢地咀嚼这颗葡萄干，同时要注意每一种感官。在你咽下这颗葡萄干的时候，首先要注意到自己吞咽葡萄干的意图。然后，感受着葡萄干滑下你的喉咙，进到你的肚子。你能否感觉到自己的身体和几分钟前相比刚好增加了一颗葡萄干的重量呢？

请写下你练习的感受。

58

十八、培养坚毅的品质

为了成功，培养坚毅的品质。

面对困难时你如何才能坚韧不拔？你能够运用自身哪些优势？

59

276

自我坚毅品质测试

为了成功，培养坚毅的品质。

面对困难时你如何才能够坚韧不拔？你能够运用自身哪些优势？

非常准确地描述了我（VT）；准确（T）；对于我的描述不准确（NT）

兴趣	
我的兴趣每年都发生变化	
我曾经对某一理念或者项目非常感兴趣，但是很短的时间之后我就意兴阑珊了	
对于那些需要很长时间才能完成的项目，我没有办法保持注意力的集中	
我经常会设定目标，但有时候我会改变主意然后选择另一个目标	
新的理念和新的项目会把我的思绪从先前的理念或项目上面转移走	
每隔几个月我就会对新的项目产生兴趣	

努力	
我曾经花费很长时间完成了一个目标	
我曾经克服重重阻碍实现了某一挑战	
我对任何事都有始有终	
挫折不会阻挡我前进的脚步	
我是一个刻苦的人	
我是一个谨慎的人	

计分标准：

第一栏"兴趣"，VT:-2 T:-1 NT:1

第二栏"努力"，VT:2 T:1 NT:-1

最后将两栏得分相加即坚毅品质得分，4.5分及以上为非常优秀，3.6分以上为良好。

60

十九、专心致志——大学生专注力训练

舒尔特方格

你能用最短多少时间从1数到25？和你的同学一起比比吧！

9	3	14	23	20
17	5	1	10	16
19	12	8	13	21
2	24	15	4	6
11	7	25	18	22

二十、关注压力——我们如何进行应对

确认六种学生在学校内外所遭受的压力。然后完成下列图标，思考出针对下列情景的积极和消极反应方式。表中已经列举出了一个例子。

压力源	积极应对	消极应对
你一直在请病假，所以你落下了很多功课。各科老师催促你能够尽快完成它们。你感到自己应付不过来了	✓与朋友交谈 ✓告诉你的母亲/父亲/监护人 ✓制定一个恰当的时间表 ✓按照既定的时间表学习 ✓请求帮助	X不去上学 X自欺欺人 X不去寻求帮助 X与朋友出去游玩，不以为意
一、		
二、		
三、		
四、		
五、		
六、		

结　　语

　　成长很大一部分是接受，接受分道扬镳、接受世事无常、接受孤独挫败、接受突如其来的无力感、接受自己的缺点。然后发自内心地改变，天黑开盏灯，下雨带把伞。难过先难过，但也不作死，天亮以后，满血复活。仔细回想曾走过的路，人生何尝不是，漫漫长路充满着未知，遇到挫折，我们要学会迎难而上，遇到成功，要学会谦逊，懂得付出就会有收获的道理。人的成长在心理方面体现得尤为重要，心理健康才会身体健康，这样我们的人生才会多一份色彩。

我的大学三年级

篇首语

　　每到凤凰花开的时节，就是毕业生与学校告别、开启人生新旅程的时刻。论文写作、答辩、求职择业都在徐徐展开，即将踏上新征程的你感受到了来自现实和内心的双重压力。既有面对未来的迷茫焦虑，也有面对离别的伤感与惆怅。让我们一起梳理和面对就业迷茫、自我角色转换、求职技巧与分离焦虑，助力自己顺利毕业，以积极向上的精神面貌迎接新人生。

专题一 我的职业观

心理训练 》》》

一、心理测验

自然原始岛屿。岛上自然生态良好，有各种野生动植物。居民以手工见长，自己种植花果蔬菜、修缮房屋、打造器物、制作工具、喜欢户外运动。缺点是这个岛上人人普遍闷头干活，沟通和交流不多。

深思冥想的岛屿。有多处图书馆、科技馆及博物馆。居民喜好观察、学习、思考分析、崇尚和追求真知，常有机会和来自各地的哲学家、科学家、心理学家等交换心得。缺点是这群关注终极问题的思考者，很少能享受到一些"庸俗"的快乐。

美丽浪漫的岛屿。充满了美术馆、音乐厅、酒吧、街头雕塑和街头艺人，弥漫着浓厚的艺术文化气息。居民喜欢舞蹈、音乐与绘画，天性浪漫热情。许多文艺界的朋友都喜欢来这里寻找灵感。缺点是在激情之余，这里严重缺乏条理和逻辑性。

现代井然的岛屿。岛上建筑高科技，且现代化，是进步的都市形态，以完善的户政管理、地政管理、金融管理见长。居民个性冷静保守，处事有条不紊，善于组织规划，细心高效。缺点是这里生活得如此稳定，以至于所有能发生的情况都有了规定，他们只要翻本子就可以了。

显赫富庶的岛屿。居民善于企业经营和贸易，能说会道。经济高度发展，处处是高级饭店、俱乐部、高尔夫球场。来往的多是企业家经理人、政治家、律师等缺点是这里的人们高竞争快节奏、高压力，导致很少有人可以平衡工作和生活。

友善亲切的岛屿。居民个性温和、友善、乐于助人、岛上的人们建立了一个密切互助合作、重视教育、关怀他人、充满人文气息。缺点是这里的人们过于温暖平和，他们经常被认为缺乏竞争意识，无原则地一团和气。

（1）如要在岛上度假1个月，仅从兴趣出发，不用考虑其他因素，你会选择：（单选）

_____

（2）如果至少要在岛上工作5年，需要考虑其他因素，你会选择：（单选）

_____

（3）如果有一天你退休了，有钱又有闲，打算去一个岛上定居，你会选择：（单选）

_____

（4）你打死都不愿意选择哪一个岛？（单选）

_____

心理锦囊：

测试结果分析：

ACEIRS这6个岛事实上分别代表了6种职业类型，它们的描述以及矛盾关系如下：

A岛—艺术型(Artistic) vs C岛—常规型(Conventional)

E岛—企业型(Enterprising) vs I岛—研究型(Investigative)

R岛—实用型(Realistic) vs S岛—社会型(Social)

问题1的答案体现了你最感兴趣的职业活动类型；

问题2的答案体现了你的职业能力倾向；

问题3的答案体现了你的职业价值观倾向；

问题4的答案则是你最不喜欢的职业活动类型。

霍兰德代码如何解读

霍兰德	兴趣	价值观	能力才干
I（探索型）	科学、数学、哲学、阅读、写作	智慧	犀利、思维、分析力、洞察
A（创意型）	文艺、艺术、美的运动	自由、美感	创新、想象力
S（社会型）	交际、文艺、团体、运动、旅游、居家	关系、爱	共情、亲和力
E（推动型）	经营、交际、团体、运动	影响力、成就、财富	领导力、推动力
R（实操型）	技艺、科技、运动	务实、经验、健康	专注力、身体协调性
C（传统型）	金融、工作、社会、知识	社会价值、成功、钱	执行力、细节

66

二、我该何去何从?

请在下面的方框中写下自己当前的优劣势

优　势

劣　势

三、择业观

　　毕业后的第一份工作，请为以下选项排序，把你认为重要的排在前面：
A.工资　B.工资环境　C.专业对口　D.发展空间
E.晋升空间　F.交通便利　G.单位规模　H.单位知名度

　　毕业季心理锦囊一：

　　如果你在选择职业上存在困惑，就请重新审视一下自我定位。要明确自己的职业追求是什么，分清哪些是自己的优势，哪些是自己心之所向的追求。权衡自己的优劣势，做出适合自身情况的抉择；进行充分的自我分析，并确立职业目标和定位。了解自己的职业价值观，树立正确的职业价值观。职业价值观是个体在评价和选择职业时最看重的原则、标准和品质，职业价值观直接驱动着个体的就业选择，直接影响我们的职业态度，甚至会影响职业选择的成败。职业价值观决定了哪些因素对你是重要的，哪些因素对你是不重要的；哪些因素是你优先考虑和选择的，哪些因素不是你优先考虑和选择的。职业价值观的分析可以从以下三个方面展开：发展因素，包括兴趣、机会均等、公平竞争、工作富有挑战性、能发挥自己才能、工作自主性大、晋升空间大、专业对口、发展空间大等；保障因素，包括工资、福利、保险、职业稳定、工作环境舒适、交通便捷、生活方便等；声望因素，包括单位知名度、单位规模和权利大、行政级别高、社会地位高等。因此，要了解自己的职业价值观，树立正确价值观对你做出职业选择至关重要。

68

285

专题二　角色转变

四、了解自我："我的过去"

（回顾自己生命的每个阶段，结合当下需求展望未来可能实现的理想）

举例：小学，我是<u>　爱哭　</u>的人，那时，我想成为<u>勇敢而胆大　　</u>的人

小学，我是_____的人，那时，我想成为_____的人

初中，我是_____的人，那时，我想成为_____的人

高中，我是_____的人，那时，我想成为_____的人

大学，我是_____的人，那时，我想成为_____的人

五、规划人生："我的未来"

请畅想一下你的未来，内容包括：

（1）我是谁？详细描述自己的能力和理想：

（2）我在哪？说明自己未来的状态：

（3）我将要到哪里？列出到达理想彼岸的步骤和路径选择：

毕业季心理锦囊二：

走出校门，进入职场生活，身为毕业生的你们又踏上了人生道路上新的征程。对于这份角色的转变，相信同学们内心一定既有新鲜，又有不适之处。除了部分同学继续学习深造外，其余的人则需要做好"踏入社会"的入职准备。快速调整自己并适应角色的转变，对大家将来的职业发展具有极其重要的作用。任何角色从产生到适应都不是一蹴而就的，而是需要经历一个心理过程。我们可以通过以下尝试尽快实现角色转变：

（1）了解自我、规划人生。无论目前是否寻得满意工作，大家应对自己的人生进行规划。

（2）选择职业、获得角色。对所选职业的企业背景、发展历程和企业文化进行全面的了解，通过该职业所要求的内容提供尽可能详细的个人简历，充分查询资料应对考试与面试，按照所在职业的礼仪，如穿着、入座、谈吐等参与求职。

（3）甘于吃苦、虚心学习。初入职场，大家常常急于发挥个人"才干"，渴望做出贡献，却对小事琐事不屑一顾。但实际上只有甘于吃苦、虚心学习，从小事做起、脚踏实地，才能很快地适应工作，及时进入角色并实现角色的转变。

（4）勇于承担、乐于奉献。毕业生树立对岗位高度的主人翁责任感和积极的奉献精神，努力承担岗位责任，主动适应工作环境，最终认同新角色，才能够真正在新岗位中真正发挥个人热情和能力，获得个人发展和社会进步的双赢成果。

（5）关心社会、热爱国家。毕业生应记得"天下兴亡，匹夫有责"的道理。了解世界，拓宽视野，增长知识，以自己的实际行动做有利于推动社会文明的进步之事，为创建一个互帮互助、相互关爱的和谐中国而努力。

 专题三 求职困扰

六、当面试被问"你认为你的核心竞争力是什么?" 你会如何回答?

七、你现在有机会采访你最想应聘的公司CEO,在 简单的寒暄之后,你要问的第一个问题是什么?

72

289

毕业季|心理锦囊三：

（一）求职实用攻略

（1）量身定制简历，突出优势；

（2）精准的求职目标，是要更高的工资，更舒适的环境，还是梦想的延续；

（3）了解面试工作单位和岗位，收集各种信息，提前做好准备；

（4）适当主动，HR和面试官一般都很忙碌，适当主动咨询会给你增加一些机会，同样也是刷存在和展现你对这份工作的重视。

（5）足够的耐心和正能量，面试碰壁是必不可少的，这会让你很沮丧，但请记住，每个人都会经历这个阶段，要坚持不懈，保持积极态度。

（二）求职时紧张焦虑，最常见的原因是担心求职会失败，我们采取以下的办法

（1）认知调节法。不要把招聘单位的面试看得过于重要，也不要把招聘者看得过于神秘。面谈的时候，不要去考虑结果，只把注意力集中于面谈上，只要尽了力，失败也没什么可遗憾的。

（2）预演法。面试之前做好各方面准备，对自己的优劣势有一个清醒的认识，对面试有可能提到的问题都认真思考一下，想好如何回答。

（3）慢说法。面试时说话尽量慢点，有助于稳定情绪和理顺思路，也可以缓解紧张。

（4）自我暴露法。面试时坦诚告诉面试官你有些紧张，对方会理解你，你也会因此变得轻松。

（三）面试时经常会被问到的问题

（1）介绍一下你自己这个问题可能大部分公司都会问到，如果只是简单的说自己的姓名、年龄、工作经验，可能会显得过于平常，因为这些简历里面也都有，面试官也可以直接看到，而且如果大部分人都是这么回答的话，也没有任何新意。

其实面试官之所以问这个问题，就是想知道你是否可以胜任该工作。

你可以展现你的个人优势，突出自己的优点，尽可能给面试官一种眼前一亮的感觉。

另外在回答完每个问题之后，可以说一句"谢谢"，企业非常重

73

290

视一个人的优良品德，非常喜欢有礼貌的面试者，对别人尊重也是对自己尊重。

2.你对加班的看法？

其实面试官问这个问题，并不一定是因为工作需要加班，他可能只是想了解你能为公司做出什么样的牺牲。

可参考的回答：

如果上班工作有效率，工作量合理的话，应该不太需要加班如果公司确实有需要，我一定义不容辞，调配自己的时间，全力配合。但是我也会思考一下加班的原因，如果是自己的问题，定会提高自己的工作效率，尽自己最大能力减少不必要的加班。

另外，如果你是单身，也可以说明，并告诉面试官你没有任何家庭负担，可以全身心投入工作，为公司尽自己的绵薄之力。

3.说出你的优缺点

这是一个很有可能被问到的问题，同时也是面试者最头疼的问题之一。

相信对于优点，大多数人都没有任何问题，毕竟或多或少都可以说出几条。大家只需要注意一点，切忌浮夸，尽量贴合实际，但是也不能过于谦虚地说自己没有任何优势哦……但是对于缺点，回答的时候就需要慎重了，毕竟你是去面试的，你的缺点有可能会被面试官放大，而导致你面试不成功。如果说自己没有缺点，那也是不现实的，毕竟人无完人。

那么对于优缺点这个问题应该怎么回答才最为妥当呢？

优点可参考的回答：

（1）乐于助人、适应能力强、交际能力强、幽默、乐观、性格开朗、吃苦耐劳、组织管理能力强，另外，也可以说一下自己工作的经验，并表示自己非常适合这份工作，相信自己能成功。

（2）适应能力强，有责任心和做事有始终。

（3）根据我对贵公司的了解，以及我在这份工作上所累积的专业、经验及人脉，相信正是贵公司所找寻的人才。而我在工作态度、情商上，也有成熟的一面，和主管、同事都能合作愉快。

缺点可参考的回答：

（1）其实面试者虽然问你这个问题，但是他并不希望你回答缺点是什么。如果求职者傻乎乎地说自己非常懒、工作效率低、小心眼等，

◢74■

291

毋庸置疑，企业肯定　不会录取你。

（2）但是也不要自作聪明地回答："我最大的缺点是过于追求完美"，有的人以为这样回答会显得自己比较出色，但事实上，已经岌岌可危了。

（3）可以考虑从自己的优点说，中间加一点小缺点，但是最后一定要把问题转到优点上，重点突出优点。也可以根据自身实际情况，适当说出自己的缺点，但一定要说明自己在不断改进。可以说出在之前工作中影响不大的一个缺点。

（4）可以说自己比较文弱、不善包装、有些理想化等。

（5）对于这个职位和我的能力来说，我相信自己是可以胜任的，只是缺乏经验，这个问题我想我可以进入公司后以最短的时间来解决，我的学习能力很强，我相信可以很快融入公司的企业文化，进入工作状态。

建议：

无论优点还是缺点，都要联系自己所面试的岗位，尤其是优点。

4.你对薪资的要求？

这个问题也不太好回答。如果你要求太低，会贬低自己的能力，如果你要求太高，又会显得你分量过重，公司受用不起。

其实面试者之所以问你这个问题，可能就是想看看他给你提出的工资是否符合你的要求，因为他们给你说的工资其实基本上是能给予的最高工资了。

可参考回答：

（1）我对工资没有硬性要求。我相信贵公司在处理我的问题上会友善合理。我注重的是找对工作机会，所以只要条件公平，我不会计较太多。

（2）如果你必须自己说出具体数目，请不要说一个宽泛的范围，那样你将只能得到最低限度的数字。最好给出一个具体的数字，这样表明你已经对当今的人才市场作了调查，知道自己的价值。

5.你的职业规划？

这是问题大家也都不希望被问到的，但是几乎每个人都会被问到。大部分的回答是管理者。

大家可以根据自己的工作类型来回答，比如"**高级顾问""**部门经理"等。

最普通的回答：

（1）我准备在技术领域有所作为

（2）我希望能按照公司的管理思路发展

6.你为什么愿意到我们公司来工作？

对于这个问题，你要格外小心。如果你已经对该单位有了一定的了解，你可以回答一些详细的原因。

比如说：

（1）贵公司本身的高技术开发环境很吸引我。

（2）贵公司一直都发展稳定，近几年来在市场上很有竞争力。

（3）我认为贵公司能够给我提供一个与众不同的发展道路。

（4）对我来说，能在这个领域找到工作是最重要的；能在贵公司任职对我来说最重要。

（5）希望能借此发挥我的所学及专长，同时也吸收贵公司在这方面的经验，就公司、我个人而言，缔造"双赢"的局面。

7.你还有什么问题要问吗？

面试官不喜欢说没有问题的人，因为企业很注重员工的个性和创新能力。同时也不喜欢问个人福利等。

可以回答：

（1）贵公司对新入职员工有没有什么培训项目，我可以参加吗？

（2）贵公司的晋升机制是什么样的？

充分体现出你对学习的热情、对公司的忠诚以及你的上进心。

76

专题四　职场人际关系

八、你认为最好的朋友是谁，说说你们的关系是如何发展的？

九、如果你的好朋友在职场中被针对，你会如何安慰他/她？

毕业季|心理锦囊四：

刚毕业的大学生进入职场，需要学习的内容很多，需要熟悉和了解的地方很多。其中人际关系就很重要，需要好好思考，认真实践。这里分享一下刚毕业大学生如何处理职场人际关系。

（1）要懂得发挥自己的优势和特长。不管是刚毕业的大学生还是职场中的老人，都需要有自己的风格和特点，要懂得扬长避短，发挥自己的优势，才会让别人记住自己

（2）要学会察言观色。作为职场中的人，需要保持很强的观察能力，特别是职场新手，要处理好人际关系，需要察言观色，分辨对方是什么人，自己具备什么价值等。

（3）要懂得尊重别人和自己。职场中，互相尊重是最基本的礼仪，需要保持自己的态度，也需要把握住关键的商务礼仪，让自己懂得如何保持初心，也能够朝着自己的目标努力。尊重别人，也尊重自己，会让自己处理好各类关系。

（4）知道自己的优势和劣势之外，还需要有自己的原则和底线职场中，即便有求于人，也需要把握住节奏，有自己的原则和底线，不能为了达成目的就失去了做人的底线和原则，不然最终都会得不偿失。

（5）要做好自己专业上的事情。刚毕业的大学生进入职场，要珍惜自己的工作岗位，需要严格要求自己，发挥自己的专业优势，为客户解决问题，创造价值才能够获得客户的认可与支持，自然人脉会积累更多。

（6）多听从领导的安排和指导。一个人要有自己的判断，但对于职场新手而言，有很多不懂的地方，还是需要多听从领导的安排，多借鉴领导的意见，看看他们是如何处理人际关系的，这一点很重要。

职场小故事

一天，两个园林工人在一起吃饭时闲聊。甲说："整天挖坑种树的，每天都是重复这一个事情，简直让人烦透了！"乙说："虽然每天咱们都在挖坑种树，但是你心里想着，咱们的工作是在建设一个美丽的新花园，这样心情就好多了！"甲说："你别自欺欺人了，明明就是在重复地种树嘛，跟建设新花园有什么关系！"许多年以后，甲依旧在花园里挖坑种树，而乙却成了一名园林设计师。

改变现状的方法很简单，心中要有"新花园"。

78

大学生积极心理素质自助训练手册

专题五：毕业留念

十、"_____我想对你说……"

你不需要去经历每一个故事

但你应该选择自己的生活，并让自己的故事精彩

毕业，它不是一个终点

它是一个新篇章的开始

愿我们精彩继续

去做一个有故事的人

相信时光不老，我们不散

相信终有一天

我们会闪耀光芒

是的

青春不散场

我们

终会相逢